FRANK SCHMIDT

Institutionelle Markteintrittsschranken, potentielle Konkurrenz und Unternehmensverhalten

Volkswirtschaftliche Schriften

Begründet von Prof. Dr. Dr. h. c. J. Broermann †

Heft 483

Institutionelle Markteintrittsschranken, potentielle Konkurrenz und Unternehmensverhalten

Ein Beitrag zur Endogenisierung der Marktstruktur

Von

Frank Schmidt

Duncker & Humblot · Berlin

Die Deutsche Bibliothek – CIP-Einheitsaufnahme

Schmidt, Frank:
Institutionelle Markteintrittsschranken, potentielle Konkurrenz und Unternehmensverhalten : ein Beitrag zur Endogenisierung der Marktstruktur / von Frank Schmidt. – Berlin : Duncker und Humblot, 1998
(Volkswirtschaftliche Schriften ; H. 483)
Zugl.: Dortmund, Univ., Diss., 1996
ISBN 3-428-09043-8

Fotoprint: Berliner Buchdruckerei Union GmbH, Berlin
Printed in Germany

ISSN 0505-9372
ISBN 3-428-09043-8

Gedruckt auf alterungsbeständigem (säurefreiem) Papier
entsprechend ISO 9706 ♾

Vorwort

Diese Arbeit entstand während meiner Tätigkeit als wissenschaftlicher Mitarbeiter am Lehrstuhl für Wirtschaftspolitik der Wirtschafts- und Sozialwissenschaftlichen Fakultät an der Universität Dortmund und wurde dort als Dissertationsschrift vorgelegt. Meinem Doktorvater, Herrn Prof. Dr. Hartmut Berg, danke ich für die gewissenhafte Betreuung meiner Promotion. Ihm sowie Herrn Prof. Dr. Wolfgang Leininger als Gutachter und Herrn Prof Dr. Ulrich Teichmann als weiterem Mitglied der Promotionskommission schulde ich zudem Dank für eine Fülle von hilfreichen Diskussionen und Anmerkungen. Die nunmehr vorliegende Schrift ist meinen Eltern gewidmet.

Dortmund, im Dezember 1997 Frank Schmidt

Inhaltsverzeichnis

Abbildungsverzeichnis

A. Potentielle Konkurrenz auf politisierten Märkten - Markteintritt, entry deterrence und endogene institutionelle Markteintrittsschranken

„Every industry or occupation that has enough political power to utilize the state will seek to control entry"[1]

Die Bedeutung der Markteintrittsbedingungen für die Funktionsfähigkeit des Wettbewerbs ist seit Bains Arbeit „Barriers to new competition" aus dem Jahre 1956 fester Bestandteil des industrieökonomischen Forschungsprogramms.

Der Fokus der Forschung hat sich seit den 70er Jahren von der Betrachtung struktureller mehr und mehr zu der strategischer Markteintrittsschranken verschoben. Gegenstand von Arbeiten zum Komplex der „entry deterrence" ist die Frage, ob etablierte Anbieter die Höhe der Markteintrittsschranken, denen sich ihre potentiellen Konkurrenten gegenübersehen, beeinflussen können. Droht Markteintritt, so wird das Marktverhalten wesentlich mitbestimmt durch das Bemühen der etablierten Unternehmen, diesen nach Möglichkeit zu verhindern. Das Marktergebnis wird folglich nicht nur durch die Interaktion der im Markt befindlichen Unternehmen determiniert, sondern auch von der Interaktion zwischen diesen und ihren potentiellen Konkurrenten, von der gegebenenfalls betriebenen Abwehrstrategie sowie den letztendlich gewählten Eintrittsstrategien der potentiellen Newcomer[2].

In diesem Kontext ist die Funktionsfähigkeit des Wettbewerbes dann gegeben, wenn ausbleibende Markteintritte Folge hoher Effizienz der etablierten Anbieter sind, verbunden mit intensivem Wettbewerb dieser Unternehmen untereinander; sie ist eingeschränkt, wenn die Etablierten in der Lage sind, Markteintritte trotz gleicher oder gar höherer Leistungsfähigkeit der potentiellen Newcomer zu verhindern und dennoch zumindest mittelfristig Gewinne zu erzielen.

---

[1] Stigler, G. J., 1971, S. 5.

[2] Das Bemühen, Art und Höhe der Markteintrittsschranken als endogene und nicht als exogene Variable zu behandeln, wird von Braulke als Teil einer „allgemeinen Tendenz zur Endogenisierung der Rahmenbedingungen" interpretiert, Braulke, M., 1992.

In der Literatur ist mittlerweile eine Fülle von denkbaren Strategien der „entry deterrence“ beschrieben worden[3]. Die Grundidee eintrittsabschreckenden Verhaltens liegt darin, daß etablierte Unternehmen durch ihr Handeln Einfluß auf die Eintrittsentscheidung des potentiellen Konkurrenten nehmen können. Bloße Drohgebärden reichen hier jedoch nicht aus; relevant für die Eintrittsentscheidung ist ausschließlich das Marktverhalten, das der Newcomer bei Auswertung aller ihm zugänglichen Informationen nach tatsächlich vollzogenem Markteintritt erwartet. Da Newcomer zumeist nicht vollständig informiert sind, nimmt die Analyse von Eintrittsentscheidungen und entry deterrence bei unvollkommener bzw. asymmetrischer Information der Akteure in der Literatur breiten Raum ein.

Die meisten industrieökonomisch orientierten Beiträge zur Theorie der Markteintrittsschranken fassen institutionelle Markteintrittsschranken als exogenes Phänomen auf. Ihre außerordentliche Relevanz für die Erklärung von Marktstruktur und -verhalten ist zwar unbestritten[4]; die vielfältigen Bemühungen zur Endogenisierung von Marktstrukturmerkmalen scheinen jedoch an Markteintrittsschranken, die ihre Ursache in staatlichen Eingriffen in die Marktstruktur oder das Marktverhalten haben, weitgehend vorbeigegangen zu sein. Dieser Mangel wird nach Ansicht des Verfassers auch dadurch nicht geheilt, daß staatliche Eingriffe in die Marktstruktur Erklärungsgegenstand der Neuen Politischen Ökonomie sind. Diese begreift staatliche Interventionen zwar nicht als Resultat wohlfahrtsmaximierenden Politikerhandelns, sondern berücksichtigt explizit deren Eigennutzkalkül, hebt aber die grundsätzliche Dichotomie zwischen staatlichem Handeln und unternehmerischer Strategie nicht auf. Zwischen Industrieökonomik als Theorie von Marktprozessen und Politischer Ökonomie als Theorie des politischen Prozesses ist eine Synthese bislang noch nicht geglückt.

Fruchtbar zu machen ist hier nach Ansicht des Verfassers einerseits der theoretische Ansatz der „rent seeking society“[5]. Dieser unterstellt, daß Unternehmen oder auch andere Wirtschaftseinheiten einzeln oder durch die Bildung von Interessengruppen Einfluß auf politische Entscheidungsprozesse und somit letztlich auch auf die institutionellen Rahmenbedingungen ihrer Märkte zu nehmen

---

[3] Einen Überblick über Strategien der Eintrittsverhinderung gibt Neven, Neven, D., 1989.

[4] Vgl. etwa Weizsäcker, C.C.v., 1982.

[5] Tollison, R., 1982.

versuchen. Anliegen der ersten Arbeiten zu diesem Problem war der Hinweis darauf, daß privates Handeln, welches auf Redistribution durch den Staat gerichtet ist, hohe soziale Kosten verursachen kann, indem es produktive Ressourcen bindet[6]. Das Konstrukt der „rent seeking society" schärft jedoch auch den Blick dafür, daß individuelle Einkommensmaximierung nicht auf Güter- und Faktormärkte beschränkt bleibt, sondern alle Möglichkeiten, die sich im jeweiligen institutionellen Kontext bieten, ausschöpft.

Das zweite Konzept, das auf seine Tauglichkeit zur Fundierung einer positiven Theorie institutioneller Markteintrittsschranken hin untersucht wird, ist das der endogenen Zolltheorie. Diese versucht, eine bestimmte Form institutioneller Markteintrittsschranken, nämlich Zölle und auch nicht-tarifäre Handelshemmnisse, auf die Nutzenmaximierungkalküle von politisch Handelnden und organisierten Interessen zurückzuführen. In diesem Sinne ist sie positive Theorie, die auch auf binnenwirtschaftliche Phänomene der Eintrittsregulierung angewendet werden kann.

Ziel der vorliegenden Arbeit ist es, die Trennung zwischen strategischen und durch staatliches Handeln verursachten Markteintrittsschranken aufzugeben. Die Bedingungen des Markteintritts, somit die Höhe und die Art der Markteintrittsschranken sind Folge der Interaktion etablierter Unternehmen, potentieller Konkurrenten und Nachfrager mit den ihnen gegenüberstehenden Entscheidungsgremien auf politischen Märkten.

Im Angesicht drohenden Markteintritts wählen die etablierten Anbieter die optimale Abwehrstrategie auch unter Berücksichtigung administrativer Eintrittsschranken. Neben „reinen" Strategien, die entweder ausschließlich auf staatliches Handeln oder auf Marktorientierung setzen, sind durchaus auch „gemischte" Strategien denkbar, die beide Elemente miteinander verknüpfen. Die „rent seeking-Option" können oder müssen jedoch auch Newcomer in ihre Markteintrittsstrategie integrieren. Eintritte in institutionell geschützte Märkte sind somit prinzipiell möglich. Gefordert ist allerdings eine um die politische Dimension erweiterte Definition der Markteintrittsfähigkeit.

Im zweiten Kapitel dieser Arbeit werden zunächst einige Begriffsklärungen vorgenommen. Skizziert wird das Verhältnis aktueller zu potentieller Konkurrenz. Bei der hier zu diskutierenden Marktabgrenzungsproblematik wird ange-

[6] Tullock, G., 1967; Posner, R., 1974.

regt, zu den Abgrenzungsdimensionen des räumlich, sachlich und zeitlich relevanten Marktes zusätzlich die Dimension des „politisch relevanten Marktes" einzuführen. Auf diese Weise können bei der Bestimmung eintrittsfähiger Unternehmen auch deren politische Kompetenzen berücksichtigt werden.

Im dritten Kapitel wird ein Überblick über die industrieökonomische Literatur zum Komplex der strukturellen und strategischen Markteintrittsbarrieren gegeben. Von besonderem Interesse sind die divergierenden Definitionen von Markteintrittsschranken sowie die daraus abgeleiteten Ursachen und unterschiedlichen wettbewerbspolitischen Bewertungen von eintrittshemmenden Marktstrukturmerkmalen und Unternehmensstrategien. Die Basis bilden dabei die „klassische" Markteintrittsschrankendefinition von Bain und die von ihm herausgearbeiteten eintrittshemmenden Faktoren. Ausgehend von der Kritik am Markteintrittsschrankenbegriff Bains werden die neueren Ansätze der strategic entry deterrence vorgestellt, in deren Rahmen die Endogenisierung von privaten Markteintrittsschranken weitgehend geglückt ist.

Im vierten Kapitel werden institutionelle Markteintrittsschranken definiert und illustriert. Angeregt wird eine weite Definition, die nicht nur die direkten bzw. formellen Zugangsbeschränkungen, wie etwa die kartellrechtlich sanktionierten Gebietsmonopole im Versorgungsbereich oder Importbeschränkungen in Form von Zöllen oder mengenmäßigen Beschränkungen erfaßt, sondern auch andere staatliche Maßnahmen, die den potentiellen Wettbewerb zwar nicht formell und offensichtlich, aber sehr wohl materiell begrenzen, wie etwa die Praxis der Forschungsförderung und Subventionsvergabe, arbeitsrechtliche Bestimmungen oder umweltpolitisch motivierte Regulierung. Für deren Wirkungsweise ist wiederum das Verständnis der Mechanismen strategischer Eintrittsabschreckung unabdingbar. Märkte, auf denen der Staat direkt oder indirekt signifikanten Einfluß auf die Markteintrittsbedingungen ausübt, sollen als „politisierte Märkte" gekennzeichnet werden.

Anschließend werden ökonomische Begründungen institutioneller Markteintrittsschranken referiert und kritisch betrachtet. Markteintrittsschranken sind zu errichten, wenn unbehinderter Markteintritt zu Ineffizienzen führen würde. Dies wird vermutet, wenn ein natürliches Monopol vorliegt oder wenn unbeschränkter Markteintritt zu „ruinöser Konkurrenz" führen würde. Auch die Empfehlungen der strategischen Handelspolitik laufen darauf hinaus, daß eine auf (nationale) Wohlfahrtsmehrung bedachte Politik sowohl ausländischen Anbietern den Marktzugang erschweren als auch danach trachten sollte, inländischen Anbietern durch Subvention oder Hinnahme bzw. Förderung von Konzentrationsprozessen das Hineinwachsen in international wettbewerbsfähige Größenordnungen zu ermöglichen. Die zu treffenden Förderentscheidungen werden regelmäßig als Eintritts- oder Mobilitätsbarriere für diejenigen Unternehmen fungieren, die hier nicht zum Zuge kommen.

Die genannten Begründungen für Eintrittsregulierung sind aus ökonomischer Sicht durchweg kritikwürdig. Allein durch sie ist das tatsächliche Ausmaß staatlicher Regulierung weder zu rechtfertigen noch befriedigend zu erklären.

Marktzugangsbeschränkungen, die auf staatlichen Eingriffen beruhen, haben nicht nur Allokationswirkungen, sie führen auch zu Einkommenstransfers zu Gunsten der etablierten Marktteilnehmer. Für die Theoretiker der rent seeking-society sind diese Verteilungswirkungen - und nicht etwa die angestrebte Korrektur von Marktunvollkommenheiten - vielfach die zentralen Motive staatlichen Eingriffs. Eine ihrer Grundthesen lautet, daß ökonomische Akteure versuchen, wo immer möglich Einkommenstransfers zu ihren Gunsten zu erwirken. Transferleistungen werden auf politischen Märkten gehandelt. Sie werden - knapp gesprochen - angeboten von Politikern und Verwaltungen und nachgefragt von Haushalten und Unternehmen, deren Gegenleistung in Beiträgen zur Nutzenmaximierung der Anbieter durch Hilfe zum Erhalt oder Gewinn politischer Macht besteht. Unter dieser Prämisse sind die meist als (exogenes) Strukturmerkmal angesehenen administrativen Markteintrittsschranken als Element unternehmerischer Strategien endogenisierbar. Im fünften Kapitel wird versucht, den politischen Markt für Redistribution, spezieller für institutionelle Markteintrittsschranken zu charakterisieren. Als Marktteilnehmer werden Interessengruppen bzw. Unternehmen auf der Nachfrageseite und Politiker und Bürokraten auf der Angebotsseite betrachtet. Angestrebt wird eine Analyse der Motive und Restriktionen, die das Handeln der Teilnehmer des politischen Marktes bestimmen. Referiert und kritisch gewürdigt werden schließlich verschiedene Ansätze zur Modellierung des Tauschprozesses auf politischen Märkten.

Die Endogenität institutioneller Markteintrittsschranken ist nicht so zu interpretieren, daß etablierte Unternehmen, die sich erfolgreich um den staatlichen Schutz ihrer Märkte bemühen, vor Markteintritten vollständig und vor allem dauerhaft geschützt sind. Markteintritte sind weiterhin möglich, wenn auch nur als zweistufiger Prozeß, bei dem dem „eigentlichen" Eintritt in den ökonomischen Markt der Eintritt in den politischen Markt vorausgehen muß. Hieraus folgt zudem eine geänderte Bewertung der Markteintrittsfähigkeit von Unternehmen, die nun neben organisatorischen und technischen Faktoren auch die

Kontrolle über politische „Schlüsselressourcen" berücksichtigen muß. Ansätze zu Bestimmung der Eintrittsfähigkeit in politisierte Märkte werden in Kapitel sechs erarbeitet. Schließlich kann auch Deregulierung als Resultat der Koordination von Angebot und Nachfrage auf politischen Märkten interpretiert werden. Eine vollständige Entpolitisierung deregulierter Märkte ist zwar wenig wahrscheinlich, dennoch kann der Wettbewerb der pressure groups einen Beitrag zum Erreichen ökonomischer Effizienz leisten. Die im sechsten Abschnitt angestellten Überlegungen werden am Beispiel des Telekommunikationsmarktes illustriert.

Die vorliegende Arbeit plädiert für eine stärkere Verknüpfung von Industrieökonomik und Politischer Ökonomie. Das Verhalten von Unternehmen, gerade die Interaktion etablierter Anbieter mit potentiellen Konkurrenten ist ohne Berücksichtigung des institutionellen Umfeldes nur sehr unvollkommen zu verstehen. Die wirtschaftspolitischen Schlußfolgerungen, die hieraus zu ziehen sind, fallen ambivalent aus. Der Prozeß politischer Willensbildung kann von Unternehmen oder Verbänden zweifellos zum Zwecke der Wettbewerbsbeschränkung instrumentalisiert werden. Die Betonung kompetitiver Elemente legt jedoch die Vermutung nahe, daß diese auf politischen Märkten von vornherein oder nachträglich in Frage gestellt werden können. Einfache Rezepte, mir deren Hilfe ineffiziente Staatseingriffe verhindert werden können, sind aufgrund der komplexen Problematik nicht zu formulieren. Ob rent seeking-Verhalten in einer demokratisch verfaßten Gesellschaft zu vermeiden ist oder ob es überhaupt vermieden werden sollte, erscheint zweifelhaft. Hier fehlen verläßliche Maßstäbe, die es erlauben, wohlfahrtssenkendes rent seeking von legitimer Partizipation am Prozeß der politischen Willensbildung zu unterscheiden.

B. Marktabgrenzung und Markteintritt

I. Marktabgrenzung

Die Auseinandersetzung mit dem Phänomen der „potentiellen Konkurrenz“ wirft wie die überwiegende Zahl der wettbewerbstheoretischen- und politischen Fragestellungen die Frage nach dem jeweils relevanten Markt auf. Wie andere Wettbewerbsbeziehungen ist auch der potentielle Wettbewerb nur marktbezogen eine sinnvolle Kategorie. Dies gilt für konkrete Fallstudien, ist aber auch bei theoretischen Arbeiten von Belang. In jedem Falle hat die Marktabgrenzung zweckbezogen zu erfolgen[1]. Für die Aufstellung der Produktionsstatistik gelten andere Anforderungen an die Abgrenzung des relevanten Marktes als etwa bei der Prüfung, ob ein Unternehmen über eine marktbeherrschende Stellung verfügt. Hier ist die Bestimmung aktueller und potentieller Konkurrenten und die zwischen ihnen bestehende Reaktionsverbundenheit Zweck der Marktabgrenzung.

Die Abgrenzung des relevanten Marktes erfolgt üblicherweise in sachlicher, räumlicher und zeitlicher Hinsicht. Im Kontext dieser Arbeit sind vornehmlich die sachliche und räumliche Marktabgrenzung von Interesse. Aufgrund der besonderen Bedeutung, die von uns dem Einfluß des Staates auf das Marktstrukturmerkmal der Eintrittsbarrieren zugemessen wird, ist es angebracht, zusätzlich auch die politische Dimension von Märkten zu berücksichtigen. Zu diesem Zweck wird die Kategorie des „politisch relevanten Marktes“ eingeführt. Politische Aspekte spielen aber auch bei der räumlichen Marktabgrenzung eine wichtige Rolle.

1. Die Abgrenzung des sachlich relevanten Marktes

Die vorgeschlagenen Verfahren zur sachlichen Marktabgrenzung sind zahlreich, jedoch durchweg nicht unproblematisch. In jedem Falle orientieren sich

---

[1] „Die jeweiligen, allgemeinen oder auch ganz speziellen Zwecke präjudizieren sowohl die an die Marktabgrenzung zu stellenden Anforderungen als auch diese selbst.“, Bauer, H.H., 1986, S. 23.

die Verfahren an den verschiedenen Marktobjekten, die in Güter, Anbieter und Nachfrager unterschieden werden können[2].

Abgrenzungsverfahren, die an den Marktgütern ansetzen, versuchen in der Regel, die zwischen diesen bestehenden Substitutionsbeziehungen aus Sicht der Nachfrager zu bestimmen (Bedarfsmarktkonzept). Die Marktgrenze wird zwischen Gütern gezogen, zwischen denen eine „Substitutionslücke" vermutet wird[3]. Hier sind die relevanten Elastizitäten, namentlich die Substitutionselastizität und die Kreuzpreiselastizität der Nachfrage, heranzuziehen[4].

Anwendbar ist dieses Verfahren grundsätzlich nur, wenn im Vorhinein Güter bestimmt worden sind, die als Bezugspunkt für die zu treffende Abgrenzung dienen. Eine allgemeingültige Marktabgrenzung ist folglich nicht durchführbar. Ein Markt ist demnach nicht als ein Konstrukt zu verstehen, das mit Hilfe objektivierbarer wissenschaftlicher Analyse gewonnen werden kann. Notwendig sind vielmehr a priori Annahmen über die nutzenstiftenden Eigenschaften von Gütern und die zwischen ihnen bestehenden Substitutionsbeziehungen. Nur so können Güter ausgewählt werden, die als Ausgangspunkt der Marktabgrenzung dienen können. In der wettbewerbspolitischen Praxis dürfte dieses grundsätzliche Problem allerdings vergleichsweise selten auftreten, da die jeweilige Fragestellung, meist die nach Verstärkung oder Entstehung einer marktbeherrschenden Stellung als Folge von Unternehmenszusammenschlüssen, bereits Anknüpfungspunkte für die Marktabgrenzung - die Sortimente der jeweiligen Unternehmen - vorgibt[5]. Nach vorgenommener Abgrenzung lassen sich die Anbieter der Güter, die dem sachlich relevanten Markt zugeordnet werden können, zur Gruppe der aktuellen Wettbewerber zusammenfassen.

Um neben den aktuellen auch die potentiellen Wettbewerber zu erfassen, ist in einem zweiten Schritt zu bestimmen, welche Unternehmen in der Lage sind,

---

[2] Vgl. Bauer, H.H., 1986, S. 30ff.

[3] Die Monopolkommission fordert zudem, „daß in der Regel nur jene Produkte berücksichtigt werden sollten, die aus der Sicht der Nachfrager (...) kurzfristig substituierbar sind". Langfristig substituierbare Güter werden dagen zum „marktnahen Bereich" gezählt. Monopolkommission, 1984, S. 196, Tz. 610.

[4] Monopolkommission, 1984, S. 209.

[5] Die US-Merger Guidelines von 1984 betrachten einen Markt solange als zu eng abgegrenzt, wie ein fiktiver Monopolist aller Güter für einen gewissen Raum eine Preiserhöhung von 5% *nicht* gewinnbringend durchsetzen kann. (Zitiert nach FIW-Dokumentation H. 6, 1985.)

Güter herzustellen bzw. anzubieten, die dem relevanten Markt zugeordnet werden können. Eine rein güterorientierte Abgrenzung ist hier nicht mehr angemessen, da an die Substitutionsbeziehung zwischen dem augenblicklichen Produktionsprogramm der aktuellen und dem der denkbaren potentiellen Wettbewerber nicht angeknüpft werden kann. Folglich ist auch die Industriestatistik, die Unternehmen nach den von ihnen produzierten Gütern klassifiziert, für das Erfassen potentieller Wettbewerber nur insofern hilfreich, als sie angebotsorientiert vorgeht, und bei abnehmendem Aggregationsgrad verstärkt auf die Ähnlichkeit der Produktionsverfahren abstellt. Allerdings vermögen vergleichbare Produktionsprozesse zwar Hinweise auf das Bestehen einer potentiellen Konkurrenzbeziehung zu geben, notwendige Voraussetzung einer solchen sind sie allerdings nicht, da auch technisch-physikalisch andersartige Produkte, die folglich auch mit einer abweichenden Technologie produziert werden, aus Nachfragersicht enge Substitute sein können[6]. Für Branchen, in denen weitgehend standardisierte Technologien verwendet werden gilt, daß auch Newcomer hier als potentielle Konkurrenten in Frage kommen, die bisher keine vergleichbaren Aktivitäten entwickelt haben.

Entscheidend für eine Marktabgrenzung oder die Abgrenzung des marktnahen Bereiches in der Definition der Monopolkommission , die auch potentielle Wettbewerber einbezieht, ist nurmehr die Produktionsflexibilität der Unternehmen, die Aufschluß darüber gibt, ob und zu welchen Kosten eine Produktionsumstellung bzw. die Bereitstellung zusätzlichen Angebots möglich ist. Das Kriterium der Umstellungsfähigkeit ist dabei streng ökonomisch zu interpretieren: Nur wenn Unternehmen in der Lage sind, ihre Produktion in begrenzter Zeit und zu Kosten umzustellen, die es erlauben, ein Angebot zu unterbreiten, das Nachfrage in nennenswertem Umfang auf sich zu ziehen vermag, ist ihre Berücksichtigung als „potentielle Konkurrenten" sinnvoll. Hierbei ist zunächst an solche Unternehmen zu denken, die ein dem sachlich relevanten Markt zuzuordnendes Produkt bereits zur „unternehmensinternen Versorgung" herstellen oder über für dessen Produktion nutzbare „Überschuß- bzw. Reservekapazitäten" verfügen[7].

Die Umstellungsflexibilität von Unternehmen, die über keine Kapazität zur Herstellung von dem sachlich relevanten Markt zuzuordnenden Gütern verfü-

---

[6] Zumeist wird die Substituierbarkeit allerdings langfristiger Art sein. In diesen Fällen spricht das BKartA von Restwettbewerb. BKartA, 1990, S. 17.

[7] Monopolkommission, 1984, S. 196f, Tz. 612.

gen, kann durch Bezug auf die ihnen verfügbaren Ressourcen näher bestimmt werden. Die Unternehmensressourcen definieren einen Angebotsraum[8], der, wenn diese nicht vollständig spezifisch sind, größer ist, als die aktuelle Produktpalette. Eine (potentielle) Wettbewerbsbeziehung besteht zwischen Unternehmen, deren Angebotsräume signifikante Überschneidungen aufweisen.

Hinweise auf den Angebotsraum von Unternehmen kann die physikalische Ähnlichkeit der Produkte geben, da sie möglicherweise den Schluß auf vergleichbare Produktionsverfahren erlaubt. Das Auffinden solcher Unternehmen ist, wie angedeutet, mit Hilfe der Industriestatistik möglich. Verläßliche Aussagen über die Umstellungsflexibilität von Unternehmen sind hierdurch jedoch kaum zu gewinnen, da lediglich deren technische, nicht aber deren ökonomische Komponente hier ihren Niederschlag findet.

Der Begriff der ökonomischen Umstellungsflexibilität wirft noch weitere Fragen auf. So muß geklärt werden, in welcher Zeit die Produktionsumstellung möglich sein muß, um die Existenz einer potentiellen Wettbewerbsbeziehung plausibel erscheinen zu lassen. Zu berücksichtigen ist dabei auch der Zeitbedarf, der gegebenenfalls für einführende Werbung, den Aufbau einer Vertriebsorganisation oder eines Servicenetzes zu veranschlagen ist[9]. Die Konkurrenzfähigkeit des zukünftigen Angebotes ist ex-ante nur schwer abschätzbar, zumal dann, wenn der Zielmarkt durch einen hohem Grad an Produktdifferenzierung gekennzeichnet ist. Auch die erwartete Rendite ist nur schwer zu bestimmen, da sowohl Umstellungskosten als auch die zu erzielenden Erlöse im Vorhinein kaum präzise zu beziffern sind. Unternehmen, die bei Aufnahme von Produktion und Vertrieb des Gutes Verbundvorteile realisieren, dürften hier Vorteile geltend machen können[10].

Neben der objektiven Fähigkeit zur Umstellung bzw. Erweiterung des Produktionsprogramms muß streng genommen zudem die (subjektive) Bereitschaft des Unternehmens zum Markteintritt gefordert werden. Hier könnten etwa die Organisationsform des Unternehmens, sein Diversifikationsgrad und die in der Vergangenheit beobachtete Unternehmenspolitik als Indikator dienen.

---

[8] Das Konzept des „supply space" geht zurück auf Narver, J.C., 1970.

[9] Kann ein Unternehmen innerhalb eines Jahres das Angebot aufnehmen, so empfehlen die Merger Guidelines dessen Einbezug in den relevanten Markt. Merger Guidelines, 1994, S. 17.

[10] Monopolkommission, 1984, Tz. 638, S. 201f.

Eine am Angebotsraum der Unternehmen orientierte Marktabgrenzung fügt den aktuellen Wettbewerbern die potentiellen Wettbewerber hinzu, die direkt dem relevanten Markt oder aber dem marktnahen Bereich zuzuordnen sind. Bei den hier verfügbaren Verfahren sind gravierende Ermessensentscheidungen allerdings unvermeidlich, da die technisch interpretierte, einigermaßen verläßlich abschätzbare Umstellungsfähigkeit lediglich notwendige, aber nicht auch schon hinreichende Bedingung für die Existenz eines potentiellen Konkurrenten ist.

Dabei gilt, daß die Zahl der identifizierten eintrittsfähigen Unternehmen umso geringer ausfällt, je strenger die genannten Kriterien ausgelegt werden, je kürzer also die Zeitspanne gewählt wird, in der eine Umstellung der Produktion möglich sein soll oder je höher der Marktanteil beziffert wird, den ein Newcomer erreichen muß, um die Verhältnisse auf dem Zielmarkt wesentlich zu beeinflussen.

2. Die Abgrenzung des räumlich relevanten Marktes

Die Abgrenzung des räumlich relevanten Marktes orientiert sich an den ökonomischen Entfernungen zwischen den Standorten verschiedener Anbieter und den sich daraus ergebenden Wettbewerbsbeziehungen. Je größer die Entfernung ist, umso geringer dürfte ceteris paribus die zwischen zwei Anbietern bestehende Wettbewerbsintensität sein. Gemessen wird die ökonomische Entfernung durch die anfallenden Transportkosten. Der Transportkostenbegriff wird dabei so weit gefaßt, daß er nicht auf die reinen Frachtkosten beschränkt ist, sondern auch Zölle oder Umrüstkosten entsprechend nationalen Vorschriften berücksichtigt. Transportkosten sind dabei nicht absolut zu betrachten, sondern zum erzielbaren Preis in Relation zu setzen. Ist der Anteil der Transportkosten am Preis sehr hoch, so ist der Markt in der Regel lokal oder regional abzugrenzen (Zement; Betonpflaster). Sind die Transportkosten vernachlässigbar, so sind nationale oder supranationale Märkte als relevant anzusehen. Zu berücksichtigen sind jedoch auch Charakteristika der Nachfrage, etwa nationale Besonderheiten des Konsumentenverhaltens.

Eine einmal vorgenommene räumliche Marktabgrenzung hat, mehr noch als die in den anderen Dimensionen, nur vorläufigen Charakter, da ökonomische Entfernungen rasch wachsen oder schrumpfen können. Verantwortlich ist hierfür weniger die Entwicklung der „reinen" Transportkosten als vielmehr die große Bedeutung von tarifären und nicht-tarifären Hemmnissen im zwischenstaatlichen Warenverkehr, die auch kurzfristig eine hohe Variabilität aufweisen können.

Es ist unverkennbar, daß die räumliche Marktabgrenzung ein starkes politisches Element enthält, sobald Frachtkosten im engeren Sinne eine Marktabgrenzung nahelegen, die über Staatengrenzen oder über die Grenzen von Freihandelszonen hinausgeht und auch Eigenheiten der Nachfrage eine nationale Marktabgrenzung nicht nahelegen. Politische Entscheidungen, die die Höhe von Handelshemmnissen zum Gegenstand haben, beeinflussen somit auch unmittelbar die Trennung zwischen aktuellen und potentiellen Konkurrenten und den Disziplinierungsdruck der potentiellen Wettbewerber. Die Rolle der Handelspolitik ist umso bedeutender, da Unternehmen, die in anderen räumlichen Märkten bereits als etabliert gelten, den gleichen (sachlichen) Angebotsraum haben wie inländische Anbieter. Ihre Markteintrittsfähigkeit ist folglich als hoch zu veranschlagen. Gleichwohl ist die Wahrscheinlichkeit ihres tatsächlichen Markteintritts schwer zu beurteilen[11]. Eine liberale Handelspolitik ist in jedem Falle ein geeignetes Instrument, um die Intensität des potentiellen Wettbewerbs zu erhöhen. Umgekehrt können inländische Anbieter das Wirksamwerden potentieller Importkonkurrenz bzw. Markteintritte ausländischer Anbieter wirksam verhindern, wenn es ihnen gelingt, auf die Ausgestaltung der Handelspolitik Einfluß zu nehmen.

3. Die Abgrenzung des politisch relevanten Marktes

Märkte haben nicht nur eine räumliche, sachliche und zeitliche Dimension, sondern sind zudem charakterisiert durch die gesetzlichen Rahmenbedingungen, die das Handeln von Anbietern und Nachfragern determinieren, durch Art und Umfang staatlicher Interventionen und durch die Institutionen, die diese durchführen.

Es wird im folgenden angeregt, als Ergänzung zu den genannten Kriterien der Marktabgrenzung das Konzept des „politisch relevanten Marktes“ einzufüh-

---

[11] So konzediert das BKartA: „Das Fehlen von Handelshemmnissen und das Vorhandensein ausländischer Wettbewerber auf räumlich angrenzenden Märkten (...) spricht tendenziell für potentiellen Wettbewerb“. Zugleich wird dies als nicht ausreichend erachtet, um ggf. die Enstehung einer marktbeherrschenden Stellung im Inland zu verneinen. BkartA, 1990, S. 18.

ren[12]. Die an politischen Elementen orientierte Marktabgrenzung dient der Identifikation von Unternehmen oder anderen Marktteilnehmern, die vergleichbare Interessen hinsichtlich ihres politischen Umfeldes hegen, sowie der Bestimmung eintrittsfähiger Unternehmen in regulierte bzw. politisierte Märkte.

Gleiche Interessen designieren Unternehmen zu potentiellen Mitgliedern einer Interessengruppe und zugleich zu potentiellen Nachfragern nach staatlichen Markteingriffen. Gleiches gilt für Nachfrager oder potentielle Konkurrenten.

Die politische Marktabgrenzung kann als eigenständige Kategorie begriffen werden, da sie an Kriterien anknüpft, die mit den Charakteristika der Marktgüter oder denen der Anbieter und Nachfrager nicht direkt verknüpft sind. Sie betrachtet vielmehr die institutionellen Rahmenbedingungen des sachlich oder räumlich relevanten Marktes, insbesondere deren politische Dimension.

Sie hat auf der Anbieterseite solche Unternehmen zusammenzufassen, die in vergleichbarer Weise von staatlicher Regulierung betroffen sind, die mit den selben Aufsichtsbehörden zu tun oder Subventionen bei der selben Förderinstitution zu beantragen haben. Der politisch relevante Markt kann mit dem sachlich relevanten Markt zusammenfallen, er kann aber ebensogut enger oder weiter definiert sein.

So können unterschiedlich spezialisierte Anbieter von Pharmazeutika, wenn zwischen ihren Produkten weder eine Substitutionsbeziehung besteht, noch ihre Angebotsräume Überschneidungen aufweisen, verschiedenen sachlich (oder räumlich) relevanten Märkten zugeordnet sein. Dennoch unterliegen alle Anbieter der Kontrolle durch die selbe Aufsichtsbehörde: Die Einführung neuer Medikamente ist an die prinzipiell gleichen Zulassungsbedingungen gebunden, alle Unternehmen sind in vergleichbarer Weise von gesundheitspolitischen Entscheidungen betroffen. Es liegt folglich nahe, sie als demselben politische relevanten Markt zugehörig zu betrachten. In diesem Falle umfaßt der politisch relevante Markt eine Reihe unterschiedlicher sachlich oder räumlich relevanter Märkte.

Neben denkbarer Interessenharmonie zwischen Marktteilnehmern verweist das Konzept des politisch relevanten Marktes jedoch auch auf mögliche Kon-

---

[12] Gemeint ist hier der politisch relevante *ökonomische* Markt, nicht der relevante *politische* Markt, der erst an späterer Stelle explizit eingeführt wird. (Vgl. Abschnitt E.II).

kurrenzbeziehungen. Staatliches Handeln kann die Wettbewerbsposition eines Anbieters signifikant beeinflussen. Es ist folglich plausibel, daß Unternehmen, die danach trachten, die eigene Position zu verbessern, versuchen werden, politischen Einfluß geltend zu machen, um für sie günstige Interventionen zu erreichen. Konkurrenzbeziehungen sind dann zu konstatieren, wenn Interventionen die Anbieter ungleich behandeln und im wesentlichen Privatgutcharakter haben. Dieser Fall liegt etwa vor, wenn Unternehmen um firmenspezifische öffentliche Subventionen, etwa im Bereich der Technologieförderung konkurrieren. Bei begrenztem Forschungshaushalt schmälern die Erfolge eines Unternehmens die Chancen der Wettbewerber, ebenfalls in den Genuß von Subventionen zu gelangen. Analog können Firmen darum konkurrieren, daß von ihnen entwickelte technologische Standards in den Rang allgemeinverbindlicher Normen erhoben werden. Auch hier erlangt das erfolgreiche Unternehmen Wettbewerbsvorteile gegenüber unterlegenen Konkurrenten. Ausgetragen wird diese Form des Wettbewerbs auf dem politischen Markt.

Die vermutlich größte Bedeutung hat das Konzept des politisch relevanten Marktes für die Identifikation potentieller Wettbewerber bzw. für die Formulierung der Anforderungen, die ein Unternehmen erfüllen muß, um als eintrittsfähig zu gelten. Das bei der sachlichen Marktabgrenzung verwendete Konzept der Angebotsräume stellt auf die einem Unternehmen zur Verfügung stehenden produktiven Ressourcen ab. Dies soll Aussagen über die Fähigkeit von Unternehmen ermöglichen, in einem bestimmten, über gehandelte Güter definierten Markt als Anbieter tätig zu werden.

Ein (Güter-) Markt wird dann dem Angebotsraum eines Unternehmens zugerechnet, wenn dieses bereits über die dort erforderlichen „Schlüsselressourcen" - physisches Kapital, aber auch Management-Skills im weitesten Sinne - verfügt (Vgl. Abschnitt B.II.2). Mit Hilfe des Konzepts des politisch relevanten Marktes können diese Überlegungen in sinnvoller Weise weitergeführt werden. Werden Märkte in nicht unerheblichem Umfang durch staatliche Eingriffe reguliert oder bestehen gesetzliche Vorgaben, die nicht lediglich allgemeinen Charakter haben, so können Unternehmen dort nur dann erfolgreich agieren, wenn sie über die Fähigkeit verfügen, dieses Regelsystem zu handhaben.

Als Beispiel kann nochmals der Bereich der sogenannten Hochtechnologie dienen. Dieser ist (in der politischen Dimension) dadurch gekennzeichnet, daß der Staat in nicht unerheblichem Maße in das Marktgeschehen eingreift. Er betätigt sich als Koordinator von Forschungsprogrammen oder fördert FuE-Aktivitäten direkt finanziell. Nicht selten sind staatliche Stellen auch wichtigster

Abnehmer der entwickelten Endprodukte oder fungieren in frühen Marktphasen als „Pionierkonsumenten" (genannt sei das Beispiel der Magnetschwebebahn Transrapid). Unternehmen, die im Hochtechnologiebereich als Anbieter bestehen wollen oder den Markteintritt erwägen, benötigen neben dem technischen und organisatorischen know-how auch genaue Kenntnisse des politischen Umfeldes. Erforderlich ist etwa die Kenntnis einschlägiger Richtlinien, die für die Gewährung von Subventionen maßgebend sind. Gefordert ist die Fähigkeit, Interessen bei der Förderbürokratie geltend zu machen, eigene Projekte als „förderungswürdig" darzustellen. Ist der Staat potentieller Hauptabnehmer oder ist er als „Pionierkonsument" unverzichtbar, so sind rechtzeitig Abnahmegarantien zu erwirken. Ist die Zeitspanne zwischen Projektierung und Marktreife sehr lang, besteht die Gefahr, daß Projekte, etwa in Folge geänderter Mehrheitsverhältnisse oder gewandelter wirtschaftspolitischer Prioritäten, politisch in Frage gestellt werden. Hier gilt es folglich, Einfluß in Entscheidungsgremien zu erlangen und Mehrheiten stets neu zu sichern.

Politische Kompetenz kann daher in so zu beschreibenden Märkten als „Schlüsselressource" charakterisiert werden. Unternehmen, die in der Lage sind technisch ausgereifte Produkte zu entwickeln, ohne gleichzeitig ihr politisches Umfeld in einer für sie günstigen Weise beeinflussen zu können, kommen für den relevanten Markt als Anbieter möglicherweise nicht in Frage. Diese Überlegung wird im nächsten Abschnitt nochmals aufgegriffen und schließlich in Abschnitt F.II detailliert ausgeführt.

II. Markteintritt

1. Markteintritt als Grenzlinie zwischen aktueller und potentieller Konkurrenz

Konkurrenz zwischen Unternehmen bezeichnet Rivalität bei der Verfolgung der jeweiligen Unternehmensziele wie Rendite, Umsatz oder Wachstum. Im weitesten Sinne sind somit alle Unternehmen eines Wirtschaftsraumes Konkurrenten, da sie einerseits um das zumindest kurzfristig nicht vermehrbare Gesamtbudget der Konsumenten und andererseits um knappe Produktionsfaktoren konkurrieren. Wettbewerbspolitisch relevant sind jedoch solche Rivalitäten nur dann, wenn zwischen Unternehmen eine fühlbare Reaktionsverbundenheit besteht, sie sich also in ihrem Verhalten aneinander orientieren. Fokus dieser Konkurrenzbeziehung ist der Markt.

Mit dem Eintritt in den relevanten Markt wird die Grenze von der potentiellen zur aktuellen Konkurrenz überschritten. Als (aktuelle) Konkurrenten werden Unternehmen zumeist nur dann betrachtet, wenn sie auf einem sachlich und räumlich abgegrenzten Markt gleichzeitig als Anbieter tätig sind. Unterhalb dieser Schwelle wären Unternehmen grundsätzlich als bestenfalls potentielle Konkurrenten anzusehen. Hier sind weitere Differenzierungen angebracht.

Der Begriff des Markteintritts wird zumeist so interpretiert, daß ein Unternehmen auf einem Markt, auf dem es bisher nicht präsent war, erstmalig ein Angebot unterbreitet. Erst in diesem Moment aktualisiert sich eine zuvor potentielle Konkurrenzbeziehung. Der Eintritt in einen zuvor nicht bedienten Markt ist für ein Unternehmen eine Investitionsentscheidung, die fast immer ein Moment der Irreversibilität aufweist. Dies bedeutet, daß Ressourcen, die zum Markteintritt eingesetzt werden, nicht jederzeit und kostenlos wieder alternativer Verwendung zugeführt werden können. Markteintrittsentscheidungen erfordern umfangreiche Vorbereitungen wie Marktforschungsaktivitäten, Produktentwicklung, Aufbau entsprechender Produktionsanlagen und Vertriebswege sowie die Initiierung von Werbeaktivitäten. All dies begründet zu den etablierten Anbietern eine neue Qualität der Reaktionsverbundenheit bereits vor dem Zeitpunkt, zu dem das neue Angebot den Nachfragern erstmals präsentiert wird. Vieles spricht folglich dafür, die Grenze zwischen aktueller und potentieller Konkurrenz so zu ziehen, daß sie bereits zu einem früheren Punkt überschritten wird, etwa dann, wenn die Markteintrittsentscheidung nicht mehr (zu geringen Kosten) reversibel ist, also etwa in dem Moment, in dem der Bau von Produktionsanlagen vereinbart wird oder bereits Lieferverpflichtungen eingegangen werden. Aus Sicht der etablierten Anbieter hat sich die Konkurrenzbeziehung aktualisiert, wenn die Markteintrittsentscheidung als unwiderruflich wahrgenommen wird.

Denkbar ist auch, die Konkurrenzbeziehungen zwischen Unternehmen in verschiedenen Dimensionen zu betrachten, von denen manche als aktuell, andere hingegen als potentiell klassifiziert werden können. So können Unternehmen hinsichtlich ihrer FuE-Aktivitäten bereits in einer aktuellen Wettbewerbsbeziehung stehen, ohne sich bereits als Anbieter auf einem Gütermarkt gegenüberzustehen.

Auch hier ist das Konzept des politisch relevanten Marktes anwendbar. Eintritt in Märkte mit hoher Regulierungsdichte erfordert politische Kompetenz. Eine potentielle Wettbewerbsbeziehung aktualisiert sich bereits dann in nicht unerheblichem Maße, wenn ein Unternehmen in den politischen Markt eintritt, also etwa Lobbyaktivitäten aufnimmt, selbst wenn die Aufnahme von Produktionstätigkeit nicht absehbar ist.

Die reine Anbieterfunktion wird damit zu einer Kategorie neben anderen, die zur Unterteilung in aktuelle und potentielle Konkurrenten verwendet wird; sie muß abweichend von der gängigen Lesart auch nicht die für die auf einem Markt herrschende Wettbewerbsintensität wichtigste Katgorie sein. Die zwischen aktuellen Anbietern bestehende Wettbewerbsintensität kann sehr gering sein, während die, die zwischen Anbietern und Nicht-Anbietern besteht, deutlich höher ist.

2. Markteintritt und Markteintrittsfähigkeit

Die Unterscheidung von Unternehmen in aktuelle und potentielle Wettbewerber macht einstweilen keine Aussagen darüber, wie die Gruppen jeweils in sich zusammengesetzt sind. Ebenso wie etablierte Unternehmen sich in wesentlichen Eigenschaften unterscheiden, dürfte auch die Gruppe potentieller Konkurrenten keineswegs homogen sein. Während aktuelle Konkurrenten hinsichtlich ihrer Marktposition bzw. ihrer Wettbewerbsfähigkeit zu unterscheiden sind, ist das entsprechende Kriterium für potentielle Konkurrenten ihre Eintrittsfähigkeit.

Kolbe weist darauf hin, daß das Vorhandensein markteintrittsfähiger Unternehmen für die Intensität des potentiellen Wettbewerbs von zentraler Bedeutung ist[13]. Dies schließt die Fähigkeit zur Überwindung von Eintrittshemmnissen oder die Fähigkeit, sich gegen Abwehrstrategien etablierter Anbieter durchzusetzen, explizit mit ein[14]. Die Bedeutung von Markteintrittshemmnissen für die Wettbewerbsintensität ist ohne Bezug auf die Charakteristika potentieller Konkurrenten nicht zu erschließen. Kolbes Ansatz ist insofern eine sinnvolle Weiterentwicklung des Bainschen Eintrittsbarrierenkonzeptes, das lediglich den Grenzfall des Markteintritts neu gegründeter Unternehmen betrachtet.

Der Nachweis der Eintrittsfähigkeit, der die Fähigkeit zur Überwindung von Markteintrittshemmnissen einschließt, wird somit zum zentralen Problem bei

---

[13] Kolbe, C., 1991.

[14] Es ist durchaus plausibel, daß Eintrittshemmnisse in allen wettbewerbspolitischen „Problemmärkten", also in Märkten mit hohem Konzentrationsgrad, vorhanden sind. Nicht alle Eintrittshemmnisse sind freilich als „barriers to entry" im engeren Sinn zu werten.

der Beurteilung der Intensität des potentiellen Wettbewerbs. Kritisch ist die Zukunftsbezogenheit des Potentialbegriffs: Ob ein Unternehmen tatsächlich eintrittsfähig ist, kann stets erst ex-post, also nach tatsächlich erfolgtem Markteintritt sicher beurteilt werden. Denn nur bei erfolgreichem Eintritt kann rückwirkend auf die Markteintrittsfähigkeit geschlossen werden, wobei der Erfolgsbegriff wiederum interpretationsbedürftig ist. Aus betriebswirtschaftlicher Sicht ist ein Markteintritt dann als erfolgreich zu bewerten, wenn sich das eingesetzte Kapital höher verzinst als in der besten alternativen Verwendung. Wettbewerbspolitisch erfolgreich ist er demgegenüber dann, wenn der Eintritt die Wettbewerbsintensität mittelfristig signifikant erhöht. Hierzu ist vermutlich das Erreichen eines bestimmten kritischen Marktanteils nötig. Die von Kolbe entwickelten Kriterien für die Eintrittsfähigkeit sind hier von großem Nutzen[15]. Sie sollen im Verlauf dieser Arbeit durch die politische Dimension der Eintrittsfähigkeit ergänzt werden.

[15] Auch Bain geht von unterschiedlichen Eintrittsfähigkeiten aus, ohne dies allerdings weiter zu differenzieren: „It is not realistic to assume that all potential entrants are alike (..) in their capacity to enter...", Bain, J.S., 1956, S. 9.

C. Strukturelle und strategische Markteintrittsschranken auf Märkten ohne staatliche Aktivität

Der Disziplinierungsdruck auf etablierte Unternehmen, der durch die von potentiellen Wettbewerbern ausgehende Markteintrittsdrohung ausgeübt wird, ist abhängig von der Leichtigkeit, mit der Newcomer den Markt betreten können. Von besonderem Interesse ist folglich das Vorhandensein und die Höhe von Markteintrittsschranken[1]. Je höher die Markteintrittsschranken, umso höher sind die Anforderungen, denen sich potentielle Konkurrenten gegenübersehen, und umso geringer ist folglich die Zahl eintrittsfähiger Unternehmen. Mit der Höhe der einen Markt umgebenden „barriers to entry“ steigt c.p. der Verhaltensspielraum der etablierten Anbieter, steigt deren Möglichkeit, den Marktpreis dauerhaft über das Wettbewerbsniveau zu heben. Für die Entstehung und dauerhafte Ausübung von Marktmacht werden Marktzugangshemmnisse gemeinhin als notwendige, wenn auch nicht hinreichende Bedingung gewertet[2].

I. Markteintrittsschranken - Versuch der Begriffsbestimmung

Der Begriff der Markteintrittsschranke wurde J. S. Bain gepägt, der in seinem 1956 erschienenen Werk „Barriers to new competition“ den Versuch unternimmt,

„ ...to measure the varying force among industries of „potential“ competition, (...) and to inquire whether and in what way variations in this force influence the market performance of established firms. “[3]

---

[1] Die Begriffe „Markteintrittsschranke“ und „Markteintrittsbarriere“ werden synonym verwendet.

[2] So auch die Auffassung des BkartA: „Solange ein marktstarkes Unternehmen keine überhöhten Preise fordern (...) kann, weil es sonst mit dem Markteintritt potentieller Konkurrenten rechnen muß, (...) (kommt) eine Einzelmarktbeherrschung nicht in Betracht.“, BkartA, 1990, S. 15f.

[3] Bain, J. S., 1956, S.vi.

Bain kritisiert die aus seiner Sicht zu ausschließliche Fokussierung der Marktanalyse auf die bereits etablierten Unternehmen sowie die zwischen ihnen bestehenden Wettbewerbsbeziehungen und ergänzt diese um die Beziehungen zwischen jenen und potentiellen Newcomern. Die Stärke dieser Beziehung werde bestimmt durch die „condition of entry", auch bezeichnet als „state of potential competition", für mögliche neue Anbieter. Diese dominiere zwar nicht die aktuelle Konkurrenz hinsichtlich der zu erwartenden Marktergebnisse, stelle aber einen nicht zu ignorierenden Einflußfaktor auf Marktverhalten und Ergebnis dar[4].

Bain operationalisiert die Bedingungen des Marktzugangs mit Hilfe derjenigen Vorteile, die etablierte Unternehmen gegenüber potentiellen Konkurrenten aufweisen. Diese finden ihren Niederschlag in dem Betrag, um den

„... established sellers can persistenly raise their price above a competitive level without attracting new firms to enter the industry."[5]

Sind Anbieter dauerhaft in der Lage, den Preis über das Wettbewerbsniveau zu heben, ohne Markteintritte in Betracht ziehen zu müssen, so sei das Vorliegen struktureller Faktoren zu vermuten, die das Wirksamwerden neuen Wettbewerbs, hier das Auftreten neuer Wettbewerber, verhindern. Die zentrale Schlußfolgerung lautet, daß zwischen erzielter Rendite und Anbieterkonzentration eine positive Korrelation besteht. Die Dauerhaftigkeit einer als übernormal erachteten Rendite wird begründet mit dem mangelnden Disziplinierungsdruck durch potentielle Konkurrenten, mithin also mit dem Vorliegen signifikanter „barriers to entry".

Eine Definition für das Strukturmerkmal der barriers to entry liefert Bain streng genommen nicht. Vielmehr wird vom Marktergebnis (hier: überhöhte Profite) auf die Marktstruktur geschlossen: Das Ausbleiben von Markteintritten trotz attraktiver Gewinnmargen etablierter Anbieter führt zum Schluß auf Markteintrittsbarrieren. Näher bestimmt werden kann der Markteintrittsschrankenbegriff jedoch nur indirekt durch Rückgriff auf die von Bain genannten eintrittsbehindernden Faktoren. Es ist jedoch nicht möglich, für diese Faktoren einen gemeinsamen Nenner zu finden, der unmittelbar verdeutlicht, welche Vorteile etablierte Unternehmen gegenüber potentiellen Wettbewerbern genie-

---

[4] Bain, J.S., 1956, S.3.

[5] Bain, J.S., 1956, S.3.

ßen[6] und, vielleicht wichtiger noch, woran eine wettbewerbstheoretische Bewertung anzuknüpfen hat.

Die wesentlich engere Definition von Stigler konstatiert das Bestehen von Markteintrittsschranken nur dann, wenn neu in den Markt eintretende Unternehmen eine beliebige Ausbringungsmenge nur zu strikt höheren Kosten produzieren können als die bereits etablierten Firmen:

„A barrier to entry may be defined as a cost of producing (at some or every rate of output) which must be borne by a firm which seeks to enter the industry but is not borne by firms already in the industry"[7]

Die Existenz von Markteintrittsbarrieren wird dann verneint, wenn die Unternehmen hinsichtlich ihrer Kostenstruktur ex-post, also nach erfolgtem (hypothetischen) Eintritt, keine Unterschiede aufweisen. Ob nach dieser Definition die Kosten des Markteintritts an sich zugleich Markteintrittsschranken begründen, ist nicht eindeutig[8]. Entscheidend ist, ob die zurückliegenden, möglicherweise irreversiblen Markteintrittsinvestitionen etablierter Unternehmen in deren aktuelle Kostenfunktion, die mit der des Newcomers verglichen wird, eingehen sollten. Werden diese Kosten nicht berücksichtigt, so ist die Stiglersche Definition ähnlich, wenngleich wohl nicht äquivalent der Definition von Baumol und Willig[9]. Diese definieren eine Markteintrittsbarriere als notwendige Kosten des Markteintritts, denen kein Äquivalent bei den etablierten Unternehmen gegenübersteht[10]. Diese Definition weist auf die zentrale Rolle hin, die sogenannte sunk costs des Markteintritts in der Theorie der contestable markets spielen[11].

---

[6] Gilbert bemerkt, daß Bains Definition „...can be defended as a means to measure the height of entry barriers, rather than as a means to identify why entry is easy or hard.", Gilbert, R.J., 1989, S. 477.

[7] Stigler, G.J., 1968, S. 67.

[8] Geroski, P.; u.a., 1990.

[9] Anders die Autoren selbst: „It is essentially the same as Stigler's.", Baumol, W.J.; Willig, R.D., 1981, S. 408. Stigler betont allerdings die Produktionskosten und nicht die Kosten des Markteintritts i.e.S.

[10] „An entry barrier is anything that requires an expenditure by a new entrant into an industry, but that imposes no equivalent costs upon an incumbent.", Baumol, W.J.; Willig, R.D., 1981, S. 408.

[11] Baumol, W.J.; u.a., 1982; 1986.

Eine wichtige Weiterentwicklung des Konzepts der Markteintrittsbarrieren stammt von Caves und Porter. Sie bemängeln dessen Beschränkung auf die Errichtung neuer Produktionskapazität und regen die Erweiterung auf alle Formen der Unternehmensmobilität an. Dies basiert auf der Idee, daß zwischen etablierten Anbietern systematische Unterschiede bestehen können, die es angemessen erscheinen lassen, diese in ihrer Gesamtheit nicht als homogene Branche zu begreifen, sondern in Gruppen einzuteilen[12]. Mobilitätsbarrieren, können auch zwischen diesen Gruppen bestehen und nicht nur zwischen Markt-in- und outsidern[13]. Die Barrieren, denen sich Newcomer gegenübersehen, differieren nach dem Marktsegment, in welches der Eintritt angestrebt wird.

Das Konzept der Mobilitätsbarrieren ermöglicht ein differenzierteres Verständnis von Marktprozessen, indem es die innere Struktur der Anbieterseite eines Marktes berücksichtigt. Auch für Märkte mit starkem politischen Einfluß ist eine Segmentierung plausibel. Abgrenzungskriterium könnte hier die Art und der Umfang regulierender Eingriffe sein. In Hochtechnologiemärkten ist ein Kernsegment vorstellbar, welches dadurch charakterisiert ist, daß die Firmen an öffentlichen Forschungsprojekten partizipieren und einen bedeutenden Teil ihrer Produkte an staatliche Institutionen veräußern, während das Randsegment Firmen umfaßt, die überwiegend ohne Fördermittel arbeiten und zumeist private Kunden beliefern. Als Mobilitätsbarriere zwischen Rand- und Kernsegment wirkt hier u.a. die erforderliche Kompetenz zum Umgang mit den einschlägigen Förderinstitutionen, die bestenfalls substituiert werden kann, wenn die Firmen über interne oder externe Finanzierungsmöglichkeiten verfügen, die ein ähnlich hohes FuE-Volumen erlauben.

Der Gebrauch des Begriffs der Markteintrittsschranke beeinhaltet in der wettbewerbspolitischen Diskussion stets eine Wertung[14]. Eintrittsschranken gelten als Faktoren, die einen funktionsfähigen Wettbewerb erschweren, indem sie die disziplinierende Wirkung drohender Markteintritte abschwächen oder

---

[12] Segmentierungskriterien sind etwa der Grad der Produktdifferenzierung, die Breite der Angebotspalette oder das Ausmaß vertikaler Integration, Caves, R.E; Porter, M.E., 1977, S. 251.

[13] Die Ursachen der Mobilitätsbarrieren unterscheiden sich nicht von denen der Barrieren für Markteintritte: „...barriers to mobility *between groups* rest on the same structural features as barriers to entry into any group from outside the industry." ebd., S. 250.

[14] Anders Kolbe, der „Alle Faktoren, die den Gewinnerwartungswert senken und das Eintrittsrisiko erhöhen..." als Eintrittsbarrieren bezeichnet, Kolbe, C., 1991, S. 6.

gänzlich außer Kraft setzen[15]. Aus wohlfahrtstheoretischer Sicht drohen Fehlallokationen, da die Produktion in der durch Markteintrittsschranken geschützten Branche hinter dem Optimum zurückbleiben kann, wenn die Intensität des aktuellen Wettbewerbs z.B. durch kollusives Verhalten der Marktteilnehmer nur gering ist. Weizsäcker definiert barriers to entry daher explizit durch Verweis auf ihre negative Wohlfahrtswirkung, die daher rührt, daß weniger Produktionsfaktoren als wünschenswert in der jeweiligen Verwendung beschäftigt werden[16]. Diese weite Definition schließt auch (positive) Externe Effekte ein: Da der Verursacher sich die extern anfallenden Erträge nicht aneignen kann, bleibt das Niveau der Aktivität suboptimal. Zugleich wird deutlich, daß „limitations of entry“ nicht stets unerwünscht sein müssen: Negative Externalitäten implizieren ein zu hohes Aktivitätsniveau. Begrenzungen des Markteintritts sind in diesem Fall potentiell wohlfahrtssteigernd.

Der Vorteil der Vorgehensweise Weizsäckers liegt darin, daß ausdrücklich auf die mangelnde Objektivierbarkeit von Markteintrittsbarrieren verwiesen wird, da ihre Definition nicht zuletzt von der zugrundeliegenden Vorstellung über sozial wünschenswerte Zustände oder spezieller von einer funktionsfähigen Wettbewerbsordnung abhängig ist. Problematisch ist, daß der Nachweis der Existenz von Markteintrittsbarrieren im Sinne Weizsäckers nur geführt werden kann, wenn vorher ein soziales Optimum definiert worden ist. Allerdings stellt sich das Problem des zugrundeliegenden Wertmaßstabs auch bei anderen Definitionen, ohne dort hingegen explizit kenntlich gemacht zu sein. Die voneinander abweichenden Definitionen Bains und Stiglers sind ohne Zweifel symptomatisch für die unterschiedlichen ordnungspolitischen und speziell wettbewerbstheoretischen Denkweisen der Harvard- und der Chicago-School. Die Vertreter der Chicago-School zeichnen sich durch ein höheres Vertrauen in die Marktkräfte aus. Dies äußert sich darin, daß eine sehr enge Definition von

---

[15] So ist das Vorliegen von „rechtlichen oder tatsächlichen Schranken für den Markteintritt anderer Unternehmen“ entsprechend §22 Abs.1 GWB bei der Feststellung einer „überragenden Marktstellung“ zu berücksichtigen, die wiederum Indiz für Marktbeherrschung und damit für Beschränkungen des Wettbewerbs ist; vgl. Schultze, J.-M., 1988, S. 71f.

[16] „Barriers to entry into a market then can be defined to be socially undesirable limitations to entry of resources which are due to protection of resource owners already in the market“, Weizsäcker, C.C.v. 1980b, S. 13; an anderer Stelle variiert Weizsäcker die Stiglersche Definition: „a barrier to entry is a cost of producing which must be borne by a firm which seeks to enter an industry but is not borne by firms already in the industry *and which implies a distortion in the allocation of resources from the social point of view*“ (Hervorhebung vom Verf.), Weizsäcker, C.C.v., 1980a, S. 400.

Markteintrittsschranken präferiert wird, während andere Eintritts*hemmnisse* als genuines Merkmal funktionierenden Wettbewerbs angesehen werden, die keinerlei staatliche Eingriffe erfordern[17]. Ein hohes Gewinnniveau in konzentrierten Märkten interpretiert die Harvard-School als Indiz für mögliche Wettbewerbsbeschränkungen, während Chicago-Ökonomen auf die überdurchschnittliche Leistungsfähigkeit derjenigen Unternehmen verweisen, die sich im Wettbewerb durchgesetzt haben.

Die vorliegenden Definitionen von Markteintrittsschranken kombinieren positive und normative Elemente miteinander. Nach Ansicht des Verfassers setzt das Vorliegen einer Markteintrittsbarriere neben der Behinderung des Markteintritts den Nachweis voraus, daß zugleich die disziplinierenden Wirkung des potentiellen Wettbewerbs beschränkt wird. In anderen Fällen sollte lediglich von Eintrittshemmnissen oder eintrittsbehindernden Faktoren gesprochen werden. Ein pragmatisches Vorgehen kann darin bestehen, positive und normative Elemente voneinander zu trennen. In einem ersten Schritt wären dann eintrittsbehindernde Faktoren zu benennen, die anschließend einer Bewertung unterzogen und gegebenenfalls, wenn negative Auswirkungen auf den Wettbewerb und die Faktorallokation festgestellt werden, als Markteintrittsbarriere zu klassifizieren sind[18].

II. Ursachen struktureller Markteintrittsschranken und Konzepte zu deren Endogenisierung

Mangelnden Disziplinierungsdruck durch potentielle Konkurrenten führt Bain zurück auf absolute Kostenvorteile und Produktdifferenzierungsvorteile etablierter Unternehmen sowie auf das Vorliegen signifikanter Betriebsgrößenvorteile. Für alle drei Fälle nennt Bain eine Reihe von Beispielen: Absolute Kostenvorteile entstehen, wenn etablierte Firmen exklusiven oder präferierten Zugang zu den relevanten Produktionstechniken haben oder wenn sie durch Unvollkommenheiten auf den Faktormärkten essentielle Inputs günstiger beziehen können als ihre potentiellen Wettbewerber. Produktdifferenzierungsvorteile resultieren im wesentlichen aus den Präferenzen der Nachfrager für etablierte Marken bzw. etablierte Anbieter. Betriebsgrößenvorteile können in reale Ska-

---

[17] Rittaler faßt die Position der Chicago School wie folgt zusammen „But in general it can be said that they either deny that barriers to new competition are an important structural factor, or they treat such barriers as being of minor importance in determining competitive conduct and hence disregard them.“, Rittaler, J.B., 1989, S. 156.

[18] Vgl. Geroski, P.; u.a., 1990, S.12.

lenerträge, also unterproportionale Erhöhung des Faktoreinsatzes bei Outputsteigerung, und pekuniäre, etwa durch Verhandlungsmacht von Großeinkäufern auf Faktormärkten bedingte, Skalenerträge unterschieden werden. Hinzu kommt die Stückkostendegression, die bei Existenz von fixen Kosten der Produktion bei steigender Ausbringung realisiert werden kann.

Der aufgrund dieser eintrittsbehindernden Faktoren erzielbare, über dem Wettbewerbsniveau liegende Preis markiert eine Obergrenze, deren Erreichen voraussetzt, daß die etablierten Firmen (wenn kein Monopol vorliegt) gemeinsame Profitmaximierung betreiben. Die Existenz von Markteintrittsschranken ist notwendige, nicht schon hinreichende Bedingung für das Erzielen von Oligopolrenten. Die von den kooperierenden Firmen oder dem Monopolisten letztlich gewählte Preissetzung kann als Strategie des „limit pricing" charakterisiert werden[19]. Der „limit price" ist der höchste Preis, den die etablierten Unternehmen fordern können, ohne Markteintritte in Rechnung ziehen zu müssen. Er entspricht bei freiem Marktzugang dem Wettbewerbspreis, bei vollkommen versperrtem („blockaded") Marktzugang dem Monopolpreis. In allen anderen Fällen liegt der limit price zwischen diesen Werten.

Bains Argumentation hat die industrieökonomische Forschung stark beeinflußt. Der Begriff der Markteintrittsschranke hat Eingang in die gängige Terminologie gefunden und ist als Ursache für Funktionsmängel des Wettbewerbs zumindest im Prinzip anerkannt. Die Erzielung dauerhafter Monopolrenten bei freiem Marktzugang gilt umgekehrt als wenig wahrscheinlich. Es sind jedoch auch eine Reihe von grundsätzlichen Einwänden erhoben worden. Insbesondere die generelle Wertung der von Bain genannten eintrittsbehindernden Faktoren als Markteintrittsschranken und damit zugleich als Indiz für Funktionsmängel des Wettbewerbs ist strittig[20].

Bains Kategorisierung der Faktoren, die Markteintrittsschranken begründen, ist, aller Kritik zum Trotz, ein guter Ausgangspunkt für die Darstellung der einschlägigen industrieökonomischen Literatur[21]. Die überwiegende Zahl der

---

[19] Bain definiert den „limit price" als „ ... highest common price which the established seller(s) believe they can charge without inducing at least one increment to entry...", Bain, J.S., 1949, S. 454.

[20] Vgl. exemplarisch Demsetz, H., 1974.

[21] So das Vorgehen bei Geroski, P.; u.a., 1990, vgl. auch den Aufbau von Gilberts Artikel „Mobility Barriers and the Value of Incumbency" im „Handbook of Industrial Organization", Gilbert, R.J., 1989.

neueren Konzepte läßt sich in die von ihm vorgenommene Einteilung recht gut einpassen und kann als Modifikation und Weiterentwicklungen seiner ursprünglichen Thesen oder auch als Gegenentwurf gedeutet werden.

Üblicherweise wird zwischen strukturellen und strategischen Markteintrittsschranken unterschieden[22]. Während strukturelle Markteintrittsschranken als Charakteristikum des Marktes interpretiert werden, das von den Unternehmen nicht unmittelbar beeinflußt werden kann, sind strategische Eintrittsbarrieren Folge zielgerichteter Handlungen etablierter Anbieter. Ob beide Kategorien strikt voneinander zu trennen sind, ist jedoch zweifelhaft. Die Handlungen von etablierten Unternehmen, nicht nur angesichts drohenden Markteintritts, wirken mittelbar zurück auf die Marktstruktur[23].

Es ist strittig, ob „reine" eintrittsverhindernde Strategien in dem Sinne existieren, daß sie keinerlei strukturelle Asymmetrien zwischen etablierten Anbietern und potentiellen Konkurrenten voraussetzen. Hier würde allein das Recht des ersten Zuges den etablierten Anbietern die Beschränkung des potentiellen Wettbewerbs erlauben[24]. Ob klar zwischen strategischen und strukturellen Markteintrittsschranken getrennt werden kann, erscheint zweifelhaft: Eintrittsverhindernde Strategien basieren auf den Gegebenheiten der Marktstruktur; die kann ihrerseits durch zielgerichtetes Handeln von Unternehmen zum Nachteil potentieller Konkurrenten verändert werden. Die getrennte Analyse von strukturellen Eintrittsschranken einerseits und eintrittsverhindernden Strategien andererseits erscheint somit nicht sinnvoll.

Zugrunde liegt dabei die Vorstellung, daß Marktverhalten und Marktstruktur interdependent sind, es folglich nicht möglich ist, beides strikt voneinander zu trennen oder gar einen eindeutigen und - wichtiger - langfristig stabilen Ursache-Wirkungs-Zusammenhang von der Marktstruktur zum Marktverhalten und weiter zum Marktergebnis zu konstruieren.

Der Ansatz der strategic entry deterrence kann in diesem Sinne als Versuch interpretiert werden, Markteintrittsbarrieren, die von Bain als Merkmal der

---

[22] Vgl. Kolbe, C., 1991.

[23] „The incumbents actions affect both the entrant's conjectures about industry conditions following his entry and the „structural" barriers to entry. Thus, the entry barriers we observe are partly structural but at least partly endogenous.", Caves, R.E.; Porter, M.E., 1977, S. 241.

[24] Vgl. Weizsäcker, C.C.v., 1980b, S. 14.

Marktstruktur angesehen werden, durch Rückgriff auf unternehmerische Strategien zu endogenisieren. Zu den von Bain benannten Ursachen von barriers to entry werden die zuzuordnenden Ansätze der entry deterrence dargestellt.

1. Die eintrittsbehindernde Wirkung von Betriebsgrößenvorteilen etablierter Anbieter

Unter dem Begriff der Betriebsgrößenvorteile oder „economies of large scale production" werden zumeist mehrere, theoretisch voneinander zu trennende Sachverhalte subsumiert:

Das Konzept der Skalenerträge entstammt der mikroökonomischen Theorie der Unternehmung und definiert Eigenschaften von Produktionsfunktionen. Es beschreibt die Veränderung des Outputs bei einer gleichförmigen Variation aller Inputfaktoren. Zunehmende Skalenerträge liegen dann vor, wenn die Outputsteigerung sich überproportional zu der Erhöhung des Faktoreinsatzes verhält.

Davon zu unterscheiden ist das Phänomen der Stückkostendegression bei Vorliegen von Fixkosten der Produktion. Hierbei geht es ausschließlich um eine Eigenschaft der Kostenfunktion. Die Gesamtkosten setzen sich zusammen aus den variablen Kosten pro Ausbringungseinheit und den von der produzierten Menge unabhängigen Fixkosten. Die Umlage der Fixkosten auf eine größer werdende Stückzahl führt c.p. zu sinkenden Stückkosten. Es ist unmittelbar ersichtlich, daß der Kostensenkungseffekt absolut betrachtet bei kleinen Stückzahlen am höchsten ist und mir zunehmender Ausbringungsmenge an Bedeutung verliert. Bain nennt zusätzlich noch Kostenersparnisse, die aus günstigeren Beschaffungsmöglichkeiten resultieren[25]. Letztere lassen sich als pekuniäre Vorteile steigender Betriebsgröße kennzeichen.

Economies of scale sollen hier umfassend definiert werden als Stückkostendegression bei steigender Ausbringung, wobei einstweilen offen bleiben kann, ob die Stückkostenkurve global fallend verläuft oder ab einer bestimmten Menge wieder ansteigt.

Economies of scale wirken in Bains Argumentation als Zutrittsschranke, da Newcomer, die den Markteintritt mit einer geringeren Angebotsmenge als die

---

[25] „... increasing scale may permit the plant or firm to secure lower monetary prices for what it purchases or uses...", Bain, J.S., 1956, S. 57.

etablierten Unternehmen vollziehen wollen, Kostennachteile hinnehmen müssen. Grundsätzlich verwehrt ist ihnen die Nutzung der Kostendegressionspotentiale allerdings nicht, sofern sie Zugang zur gleichen Produktionstechnologie haben. Newcomer, die den Eintritt mit hohen Angebotsvolumina vollziehen, müssen allerdings mit drastischen Preissenkungen rechnen, da ihr zusätzliches Angebot zum vor Eintritt beobachteten Preis nicht abgesetzt werden kann[26]. Somit ist der Eintritt mit geringen ebenso wie mit großen Angebotsvolumina unattraktiv. In dieser Argumentation muß unterstellt werden, daß Newcomer davon ausgehen, daß die etablierten Unternehmen weder ihre Ausbringung wesentlich verringern, nachdem sich die Markteintrittsdrohung aktualisiert hat, noch gar aus dem Markt ausscheiden.

Eine solche Erwartungsbildung eröffnet den etablierten Unternehmen Spielräume für strategisches Verhalten derart, daß sie eine Preis-Mengen Kombination festlegen können, die die erwartete Rendite jedes denkbaren Eintrittsplans negativ werden läßt.

Die Kritik an der Behandlung von Betriebsgrößenvorteilen als Markteintrittsschranke gründet sich unter anderem auf die mangelnde Plausibilität der Annahmen über die Erwartungsbildung potentieller Konkurrenten, die zugrundegelegt werden müssen, wenn der Markteintritt effizienter Newcomer ausgeschlossen werden soll[27].

Economies of large scale production begrenzen die maximale Zahl der Anbieter effizienter Betriebsgröße, die in einem Markt bei optimaler Kapazitätsauslastung operieren können. Weniger eindeutig ist, ob zugleich die etablierten Anbieter gegen das Wirksamwerden von neuem Wettbewerb geschützt sind. Denn grundsätzlich ist die Nutzung der Größenvorteile auch für Newcomer möglich. Vorteile für etablierte Unternehmen können daher nicht schon allein aufgrund von Größenvorteilen vermutet werden. Diese Auffassung findet sich etwa bei Stigler, der nur dann die Existenz von Markteintrittsschranken anerkennt, wenn Newcomer selbst bei gleicher Ausbringungsmenge gegenüber etablierten Unternehmen Kostennachteile hinzunehmen haben[28]. Eine hohe mindestoptimale technische Betriebsgröße (MOTB) wirkt für einen Newcomer,

---

[26] Vgl. Bain, J.S., 1956, S. 93.

[27] Probleme der Operationalität werden hier ausgeklammert. Gleiches gilt für die strittige Frage, ob hoher Kapitalbedarf als Markteintrittsschranke zu werten ist. Vgl. hierzu etwa Demsetz, H., 1974; 1982.

[28] Vgl. Stigler, G.J., 1968.

der Zugang zur jeweils besten Produktionstechnologie hat, nur dann abschrekkend, wenn er als Folge des von ihm vollzogenen Markteintritts einen drastischen Preisverfall in Rechnung zieht. Ist der Marktzugang nicht vollständig versperrt, so können die etablierten Unternehmen eine Angebotsmenge festsetzen, die über derjenigen liegt, die sich bei gemeinsamer Profitmaximierung in einem vollständig geschützen Markt ergibt, aber noch unterhalb der Menge, die bei unbeschränktem Wettbewerb angeboten würde. Die Annahmen, auf die sich ein solches „limit output" oder „limit pricing" Verhalten stützt, sind intensiv kritisiert aber auch modifiziert und weiterentwickelt worden.

Gegenstand des limit pricing-Modells ist das strategische Preissetzungsverhalten etablierter Anbieter bei drohendem Markteintritt[29]. Der Grundidee zufolge kann ein Monopolist (oder ein gemeinsam handelndes Oligopol) Markteintritte verhindern, wenn dieser (dieses), statt kurzfristige Profitmaximierung zu betreiben, die Angebotsmenge über den Monopoloutput hinaus ausdehnt und einen Preis unter dem Monopolpreis wählt. Diese Preis-/Mengenkombination soll so gewählt sein, daß ein Newcomer, der diese als Basis für seinen Eintrittsplan betrachtet, keine Gewinnmöglichkeit mehr sieht und dem Markt fernbleibt. Dies ist der Fall, falls der erwartete Marktpreis, der realisiert wird, wenn das Angebot des Newcomers zu dem des Monopolisten hinzuaddiert wird, unter den Durchschnittskosten des potentiellen Konkurrenten liegt. Grundsätzlich besteht zwar die Möglichkeit, daß etablierte Unternehmen nach erfolgtem Eintritt ihren Output in Abhängigkeit vom Angebot ihres Konkurrenten neu bestimmen und die befürchteten Preissenkungen ausbleiben[30]. Annahmegemäß findet diese Möglichkeit im Eintrittskalkül potentieller Wettbewerber jedoch keine Berücksichtigung[31]. So verfügt das etablierte Unternehmen über die Möglichkeit, den eigenen Output für alle zukünftigen Perioden glaubwürdig zu fixieren.

Die Plausibilität des „Sylos-Postulates" und damit auch die des limit pricing ist seither - wohl zurecht - in Zweifel gezogen worden. Friedman argumentiert,

---

[29] Das limit price-Modell geht zurück auf Bain, 1949 und wurde weiterentwickelt von Sylos-Labini, 1957 und Modigliani, 1958. In der Literatur wird es häufig als Bain - Sylos-Labini - Modigliani (BSM) Modell bezeichnet, vgl. Gilbert, R.J., 1989.

[30] „The more they (die etablierten Firmen, F.S.) are willing to contract their output in response to entry, the smaller will be the fall in price", Modigliani, F., 1958, S. 217.

[31] „... potential entrants behave as though they expected existing firms to adopt the policy most unfavorable to them, namely, the policy of maintaining output while reducing the price...", Modigliani, F., 1958, S. 217, der diese Annahme unter Verweis auf Sylos-Labini, P., 1957 als „Sylos-Postulat" bezeichnet.

daß bei vollständiger Information die Preispolitik des oder der etablierten Unternehmen *vor* einem möglichen Markteintritt keinen Einfluß auf die Eintrittsentscheidung von potentiellen Wettbewerbern hat[32]. Jene werden nämlich bemüht sein, abzuschätzen, welches Angebotsverhalten *nach* Markteintritt im Interesse des incumbent liegt. Bei vollständiger Information ist der pre-entry Preis hierfür gänzlich irrelevant. Folglich bleibt auch kein Raum für das Verfolgen einer limit pricing-Strategie.

Die offenkundigen Defizite der limit pricing-Hypothese haben zur Entwicklung von weitergehenden Konzepten geführt, die versuchen, deren Plausibilität durch neue oder modifizierte Annahmen zu erhöhen. Zum einen wird die Bedeutung von Kapazitätsentscheidungen in den Vordergrund gestellt, die das etablierte Unternehmen trifft, bevor potentielle Wettbewerber über den Markteintritt entscheiden[33]. In neuem Licht erscheint das limit pricing-Konzept auch dann, wenn die Annahme vollständiger, symmetrischer Information aufgegeben wird. Preise können dann Signalfunktionen ausüben und die Eintrittsentscheidung beeinflussen[34]. Beide Ansätze liefern zudem einen Beitrag zur Endogenisierung von Markteintrittsschranken, da sie zeigen, wie unternehmerische Strategien die Wahrscheinlichkeit von Markteintritten senken können.

a) Eintrittsverhinderung durch strategische Wahl der Produktionskapazität

Bei vollständiger Information ist die limit pricing-Strategie wenig geeignet, einem potentiellen Newcomer die mangelnde Profitabilität des von ihm erwogenen Markteintritts zu signalisieren, da mit ihr keine glaubwürdige Festlegung des etablierten Unternehmens auf eine aggressive Reaktion verbunden ist. In einer Reihe von Arbeiten wird auf die Bedeutung verwiesen, die der Wahl der Produktionskapazität - nicht der Ausbringungsmenge - durch das oder die eta-

---

32 „If both participants are fully informed at the outset concerning the profit functions which would prevail after entry, then it is difficult to see the relevance of pre-entry prices to the plans of the entrant.", Friedman, J.W., 1979, S. 237. Die Problematik dieser Annahme war auch Bain durchaus bewußt: „...the only really controversial one (die Annahme, F.S.) is that potential entrants to concentrated industries may be significantly influenced in their entry decisions by the prices set by established sellers." Bain, J. S. , 1949, S. 460.

33 So etwa Spence, M.A., 1977, Friedman, J.W., 1979, Dixit, A., 1980, Fudenberg, D.; Tirole, J., 1983, Bulow, J.; u.a., 1985.

34 Milgrom, P.; Roberts, J., 1982a,b.

blierte Unternehmen für die Bewertung der Eintrittsbedingungen durch Newcomer zukommt. Die Grundidee lautet, daß Investitionsentscheidungen, soweit sie nicht kostenlos reversibel sind, die Handlungsalternativen, die einem etablierten Unternehmen als Reaktion auf Markteintritte offenstehen, begrenzen. Durch eine geeignete Investitionsstrategie, so das Argument, kann ein Unternehmen glaubhaft ausschließen, seine Ausbringungsmenge nach Markteintritt zu senken. Bei vollständiger Information kann ein Newcomer den Ablauf des „post-entry games" exakt antizipieren und wird im beschriebenen Fall nicht eintreten.

Im Modell von Dixit[35] korrespondiert mit jedem möglichen Output eines Newcomers ein umso höherer Output des etablierten Unternehmens, je größer dessen zuvor gewählte Kapazität ist. Unter der Annahme vollständiger Information kann der Newcomer die gleichgewichtigen Angebotsmengen und den Preis nach erfolgtem Markteintritt berechnen[36]. Durch geeignete Wahl der Produktionskapazität kann sich das etablierte Unternehmen auf eine Reaktionsfunktion festlegen, die den Markteintritt des Newcomers bei jeder von ihm gewählten Angebotsmenge unattraktiv macht. Die grundlegende Asymmetrie rührt daher, daß der Newcomer die Kosten für die Bereitstellung der Produktionskapazität bei der Berechnung seiner Eintrittsprofitabilität berücksichtigen muß, während sie für die Reaktion etablierter Unternehmen keine Rolle mehr spielen.

Das Dixit-Modell kann als Neuinterpretation der limit pricing-Hypothese begriffen werden. Die Glaubwürdigkeitslücke wird geschlossen durch die Festlegung auf eine Produktionskapazität, die etablierte Unternehmen an einen höheren Output in der Nacheintrittsphase bindet. Ähnlich wie im limit pricing-Modell führt Eintrittsabschreckung zu niedrigeren Preisen und höheren Angebotsmengen, als sie bei Abwesenheit jeglicher Eintrittsdrohung zu erwarten wären[37]. Im Gegensatz zur Stiglerschen Definition von barriers to entry bieten sunk costs etablierten Unternehmen Raum für strategisches Verhalten, selbst wenn die Struktur des „post-entry"- Spiels vollkommen symmetrisch ist, also

---

[35] Dixit, A., 1980.

[36] Dixit postuliert, daß sich die Unternehmen nach Eintritt als Cournot-Duopolisten verhalten. Erwartet der Newcomer statt dessen gemeinsames Profitmaximierungsverhalten, verliert die Drohung des etablierten Unternehmens an Glaubwürdigkeit, vgl. Schmalensee, R., 1981.

[37] Die installierten Kapazitäten werden im Dixit-Modell tatsächlich genutzt, sind also nicht als Überkapazitäten zu verstehen. Anders Spence, M.A., 1977.

keinerlei Kostendifferenzen zwischen incumbents und potentiellen Newcomern bestehen.

Auch im Modell von Spence spielt die Wahl der Produktionskapazität bei der Eintrittsabschreckung eine herausragende Rolle[38]. Spence betrachtet Märkte mit mehreren etablierten Anbietern, die sich vor Markteintritt kollusiv verhalten, nach erfolgten Markteintritten allerdings zu kompetitivem Verhalten übergehen und so den Preis auf Grenzkostenniveau sinken lassen. Durch ihre Kapazitätsentscheidungen können sie das Niveau des Wettbewerbspreises beeinflussen. Investitionen in Produktionskapazität, die bei kollektiver Gewinnmaximierung nicht genutzt wird, sind dennoch rational, wenn dadurch im kompetitiven Gleichgewicht *nach* Markteintritt, Preise erreicht werden, die Eintrittsvorhaben von vornherein ihre Attraktivität nehmen[39]. Anders als bei Dixit ist es hier also ungenutzte Kapazität, „excess capacity", die den Markteintritt für Newcomer unprofitabel erscheinen läßt. Die Preise, die die etablierten Unternehmen vor Eintritt fordern können, sind höher als bei reinem limit pricing. Die Wohlfahrtsverluste, die diese Strategie erwarten läßt, können die Einbußen noch übersteigen, die durch Monopole oder Oligopole ohne die Bedrohung durch den Markteintritt neuer Wettbewerber verursacht werden. Zu dem klassischen „deadweight loss" kommt in Folge der „excess capacity"-Strategie noch eine Überinvestition in (ungenutztes) Produktivkapital[40]. Die Argumentation von Spence ist dahingehend kritisiert worden, daß die Existenz eines Gleichgewichtes, in dem die Unternehmen zur Eintrittsabschreckung Leerkapazitäten vorhalten, nicht begründet werden kann. Einerseits gefährden Überkapazitäten die Kartelldisziplin[41], andererseits kann nur unter sehr restriktiven Annahmen begründet werden, daß erst der Markteintritt neuer Wettbewerber die Nutzung der zuvor leerstehenden Kapazitäten rational erscheinen läßt, während vor Eintritt das Vorhalten von „excess capacity" die von allen Unternehmen verfolgte Strategie war: Wo es sich für Unternehmen lohnt, zur Erhöhung des Gewinns zu kooperieren, ist die Drohung, nach Markteintritt zu wettbewerblichem Verhalten überzugehen, statt den Newcomer in den Oligopolfrieden einzubeziehen, nicht glaubhaft.

---

[38] Spence, M.A., 1977.

[39] Vgl. auch Bulow, J.; u.a., 1985.

[40] Es handelt sich hier um die sozialen Kosten von privaten rent seeking Aktivitäten; vgl. Abschnitt E.

[41] Spence selbst bemerkt, daß Überkapazitäten die gemeinsame Profitmaximierung der Oligopolisten erschweren, da sie einen Anreiz zur Produktionsausdehnung implizieren, Spence, M.A., 1977, S. 537.

In Märkten mit expandierender Nachfrage mag dagegen der zumindest vorübergehende Aufbau von „excess capacity“ begründbar sein: Wenn es etablierten Firmen gelingt, das Nachfragewachstum korrekt zu antizipieren, ist denkbar, daß als Folge vorausschauender Investitionspolitik die Produktionskapazität zu jedem Zeitpunkt die Nachfrage zum gesetzten Preis übersteigt[42]. In diesem Fall basieren die Vorteile etablierter Unternehmen jedoch möglicherweise weniger auf der abschreckenden Wirkung hoher Kapazitäten, als auf Informationsvorteilen hinsichtlich der zukünftigen Marktentwicklung. Auch in solchen Fällen von Überkapazitäten zu sprechen, ist letztlich wenig überzeugend, da es wohl eher die Unteilbarkeit von Produktionsanlagen ist, die einen Gleichlauf von Nachfrageentwicklung und Produktionskapazität verhindert. Festgehalten werden kann, daß es für etablierte Unternehmen günstiger ist, die vorübergehende Unterauslastung neuer Anlagen hinzunehmen, als umgekehrt einen Nachfrageüberhang entstehen zu lassen, der Newcomern Eintrittschancen eröffnet.

Letztlich ist auch die Drohung, die durch eine Kapazitätsentscheidung manifestiert wird, nicht zwangsläufig glaubwürdig. Zu Unteilbarkeiten und Kostendegression hinzukommen muß die Irreversibilität der Investitionsentscheidung, die eine anderweitige Verwendung (oder Veräußerung) der installierten Kapazität ausschließt[43]. Eaton and Lipsey weisen darauf hin, daß es in diesem Fall streng genommen Marktaustrittsbarrieren sind, die zugleich eintrittsbeschränkende Wirkungen entfalten[44]. Die fehlende Möglichkeit, den Markt ohne Kosten zu verlassen, zwingt die etablierten Unternehmen, auf Markteintritte aggressiv zu reagieren. In diesem Zusammenhang ist nicht nur die Spezifizität, sondern auch die Lebensdauer von Kapitalgütern von Bedeutung: In dem Maße, in dem Kapitalgüter ökonomisch abgeschrieben werden, sinken für ein Unternehmen die Marktaustrittsbarrieren. Zugleich verschwindet der strategische Vorteil etablierter Unternehmen, da der „commitment value“ der Investition, die Glaubwürdigkeit angedrohter aggressiver Reaktionen auf Markteintritte, verloren geht. In dem Moment, in dem das Produktivkapital vollständig abgeschrieben ist, sind die Asymmetrien zwischen incumbent und potentiellem Newcomer verschwunden. Bereits vorher können sich attraktive Eintrittsperspektiven ergeben: Ist die Restlebensdauer der Anlagen hinreichend kurz, kann es zu Markt-

---

42 Ein Modell mit dauerhaften Überkapazitäten in wachsenden räumlichen Märkten findet sich bei Eaton, B.C.; Lipsey, R.G., 1979.

43 Dixit spricht etwas unscharf von einem „irrevocable commitment of investment“, Dixit, A., 1980.

44 Eaton, B.C.; Lipsey, R.G., 1980.

eintritten kommen, da der Newcomer durch seine Investitionsentscheidung einen strategischen Vorteil erringt, während das vormals etablierte Unternehmen in die ungünstigere Position gedrängt wird: Stehen Ersatzinvestitionen an, so verfügt nunmehr das zuletzt eingetretene Unternehmen über ein glaubwürdiges Drohpotential, während das „alte" Unternehmen seine Investitionsentscheidung de facto wie eine Markteintrittsentscheidung handhaben muß.

Die Implikationen dieser Überlegungen sind offenkundig: Etablierte Unternehmen werden die Erosion ihres strategischen Vorteils antizipieren und Ersatzinvestitionen vorziehen oder die Instandhaltungsbemühungen intensivieren. Zugleich erhalten langlebige Kapitalgüter den Vorzug vor kurzlebigeren, wenn die Verbesserung der strategischen Position eventuelle Kostennachteile überwiegt[45]. Aus Wohlfahrtssicht führt diese Form von entry deterrence c.p. zu Einbußen gegenüber der Referenzsituation ohne Markteintrittsdrohung.

Wird die Betrachtung des Eintrittsspiels auf mehrere Perioden ausgedehnt und existieren mehrere potentielle Newcomer, so erhöht sich die Komplexität der Eintrittsentscheidung. Firmen, die in den ersten Perioden den Markteintritt vollziehen, müssen weitere Eintritte in den folgenden Perioden ins Kalkül ziehen. Im Modell von Eaton und Ware resultiert aus den sequentiellen Eintrittsentscheidungen die Zahl der Marktteilnehmer im Gleichgewicht: Diese ist die kleinste Zahl von Marktteilnehmern, ab der die verbleibenden potentiellen Konkurrenten von weiteren Markteintritten Abstand nehmen[46]. Entry deterrence basiert auch hier auf der Irreversibilität von Investitionsentscheidungen und ist tendenziell wohlfahrtssteigernd, da der eintrittsverhindernde Output über dem Oligopoloutput liegt. „Excess capacity" wird auch in diesem Modell ausgeschlossen.

b) Eintrittsabschreckung durch limit pricing bei unvollständiger Information

Im „klassischen" limit pricing-Modell kommt der Preispolitik der etablierten Unternehmen entscheidende Bedeutung für die Eintrittsentscheidungen potenti-

---

45 „... specific capital (..) is „too durable" or „too soon replaced" or „too well maintained" relative to the unconstrained cost-minimizing solution", Eaton, B.C.; Lipsey, R.G., 1980, S. 728.

46 Eaton und Ware verstehen dies denn auch als Beitrag zur Endogenisierung der Marktstruktur, Eaton, B.C.; Ware, R., 1987.

eller Konkurrenten zu. Strategisch ist dieses Verhalten insofern, als die etablierten Unternehmen auf einen Teil des möglichen Monopol- oder Oligopolprofits verzichten, um eintrittsfähige Unternehmen vom Markteintritt abzuhalten. Diesem Modell fehlt es unter der Annahme vollkommener Information, wie gezeigt, an logischer Stringenz[47].Maßgebend für die Eintrittsentscheidung ist lediglich der Marktpreis, der sich *nach* vollzogenem Eintritt voraussichtlich bilden wird und die mit diesem verbundene Rendite. Der Preis *vor* Markteintritt hat für diese Überlegungen mangels „Verpflichtungswert“[48] keine Bedeutung, wenn er nicht zugleich der optimale Preis des Monopolisten nach Eintritt ist[49]. Bei vollständiger Information besteht folglich kein Raum für strategische Preispolitik und somit kein Raum für entry deterrence. Optimal für etablierte Unternehmen ist eine Preispolitik der kurzfristigen Gewinnmaximierung ohne Rücksicht auf die Entscheidungen potentieller Konkurrenten.

Berücksichtigt man mögliche Informationsasymmetrien zwischen etablierten Unternehmen und potentiellen Konkurrenten, so gewinnt die limit pricing-Hypothese neue Plausibilität. Es ist intuitiv einleuchtend, daß sowohl die „incumbent firms“ wie auch Newcomer über die Eigenschaften ihrer Gegenüber meist nur vage informiert sind. Etablierte Unternehmen genießen in vielen Bereichen gegenüber ihren potentiellen Konkurrenten Informationsvorsprünge. Insbesondere kennen sie ihre eigene Kostenfunktion oder allgemeiner ihre eigene Leistungsfähigkeit, während diese von Newcomern nicht direkt beobachtbar ist.

Da diese Informationen für die ex-ante Bestimmung der Rendite von Markteintritten unabdingbar, jedoch nicht direkt beobachtbar sind, sind Newcomer gezwungen, die beobachtbaren Marktdaten auszuwerten und wenn möglich auf die nicht-beobachtbaren zu schließen[50]. In den im folgenden skizzierten Modellen wird das Verhalten des etablierten Unternehmens in den vergangenen Perioden von potentiellen Konkurrenten als „Signal“ für bestimmte nicht beobachtbare Eigenschaften des incumbents interpretiert.

---

47 Friedman, J.W., 1979.

48 So die hier gewählte Übersetzung von „commitment value“.

49 Wirkt umgekehrt der optimale Preis nach Markteintritt abschreckend, so ist limit pricing als Drohgebärde überflüssig.

50 „The entrant must rely on observable variables as signals for the actual relevant data.“, Salop, S.C., 1979, S. 337.

aa) Entry deterrence im Zwei-Perioden Fall

Milgrom/Roberts[51] betrachten im Rahmen eines zweiperiodigen Modells einen Markt, der in Periode 1 von einem Unternehmen monopolisiert ist. Der Monopolist sieht sich der Eintrittsdrohung eines potentiellen Konkurrenten ausgesetzt, der zu Beginn der zweiten (und annahmegemäß letzten) Periode seine Eintrittsentscheidung fällt. Auf beiden Seiten herrscht Unsicherheit, da angenommen wird, daß sowohl das etablierte Unternehmen als auch der potentielle Konkurrent nur die eigene Kostenfunktion, nicht aber die des jeweils anderen kennt.

Könnte der Newcomer sicher sein, daß das etablierte Unternehmen zu hohen Kosten produziert, träte er ein; wüßte er dagegen, daß der Monopolist zu niedrigen Kosten produziert, bliebe er dem Markt fern[52]. Die einzige Information, die dem eintrittswilligen Unternehmen zur Verfügung steht, ist allerdings der Marktpreis in der Periode 1. Offensichtlich ist es im Interesse des Monopolisten, dem Newcomer durch einen niedrigen Marktpreis hohe Effizienz zu signalisieren, unabhängig davon, ob er tatsächlich zu niedrigen Kosten produziert oder nicht. Die Möglichkeit eines Bluffs ist allerdings auch rational kalkulierenden Newcomern bekannt.

Der Versuch, für beide Spieler eine optimale Strategie zu formulieren, führt folglich zu einem unendlichen Regreß. Ein Gleichgewicht läßt sich nicht bestimmen. Zu lösen ist dieses Problem, indem das Spiel mit unvollständiger Information in ein Spiel mit vollständiger, aber unvollkommener Information transformiert wird[53]. In einem so strukturierten Markt wissen die Akteure nicht, welche Eigenschaften ihr Gegenüber hat und welche Strategie er verfolgt. In diesem Sinne ist ihre Information unvollkommen. Sie sind jedoch vollständig informiert über die möglichen Eigenschaften (hier: Kostenfunktionen) und Strategien ihrer Kontrahenten und haben Vorstellungen über deren Wahrscheinlichkeitsverteilung[54].

---

[51] Milgrom, P.; Roberts, J., 1982a.

[52] Der Einfachheit halber wird unterstellt, daß nur zwei Kostenverläufe möglich sind.

[53] Milgrom, P.; Roberts, J., 1982a, S. 446; die Grundidee wird zurückgeführt auf eine Reihe von Arbeiten von Harsanyi aus den Jahren 1967/1968.

[54] Diese Wahrscheinlichkeitsverteilungen sind nicht objektiv, sondern werden von den Spielern „geglaubt" („..the players' beliefs."), Milgrom, P.; Roberts, J., 1982a, S. 446.

Jeder Akteur wählt nun die Strategie, die den Erwartungswert seiner Auszahlung maximiert. Für ein derart aufgebautes Spiel läßt sich je nach den zugrundeliegenden Parametern zwei Klassen von Gleichgewichten bestimmen.

Im Falle von „pooling equilibria" oder Verbundgleichgewichten ist es für den „high cost"-Typ möglich, den „low cost"-Typ zu imitieren. Umgekehrt existiert für einen effizienten Monopolisten keine Möglichkeit, seine Kostenfunktion transparent zu machen, da er zu diesem Zweck seinen Preis soweit senken müßte, daß die resultierenden Verluste die erwarteten Monopolgewinne in Periode zwei überkompensieren. Konsequenterweise wird er in der ersten Periode den Monopolpreis setzen, der vom „high cost"-Typ imitiert wird. Der Preis übermittelt hier keine neuen Informationen über die tatsächlichen Stückkosten des Monopolisten. Der Newcomer muß seine Eintrittsentscheidung allein auf der Basis der von ihm angenommenen Wahrscheinlichkeiten treffen. Er wird nur dann eintreten, wenn der Erwartungswert seiner Profite, bei gegebenen eigenen Kosten und der von ihm zugrundegelegten Wahrscheinlichkeitsverteilung positiv ist. Intuitiv bedeutet dies, daß ein effizienter Newcomer eintritt, wenn die von ihm unterstellte Wahrscheinlichkeit, auf einen ebenfalls effizienten Gegner zu treffen, nicht allzu hoch ist. Ein Newcomer, der zu hohen Kosten produzieren würde, wird dagegen nur dann in den Markt eintreten, wenn er diese Gefahr als äußerst gering einschätzt.

Ist der Kostennachteil des ineffizienten Monopolisten sehr groß, so wäre eine limit pricing- Strategie (die Imitation der produktiven Effizienz) verlustträchtig und monopolistischer Preissetzung (in Periode 1) unterlegen: Das Opfer in Periode 1 ist extrem hoch, ohne daß Markteintritt mit Sicherheit ausgeschlossen werden kann und somit Monopolpreise für Periode 2 garantiert wären. Das resultierende Gleichgewicht wird als „separating equilibrium" bezeichnet: Für einen effizienten Monopolisten ist es attraktiv, seinen Preis soweit zu senken, daß er nicht mehr imitiert werden kann. Hier betreibt also der „low cost"-Typ limit pricing, während es für den „high cost"-Typ rational ist, seinen Monopolpreis ohne Rücksicht auf Markteintritte zu setzen. Der Newcomer kann den Typ des Monopolisten exakt bestimmen, da der „pre-entry"-Preis die vollständige Information über die Kostenfunktion des etablierten Unternehmens enthält. Der Markteintritt erfolgt unter den gegebenen Voraussetzungen dann, wenn der etablierte Monopolist mit hohen Stückkosten produziert.

Generell gilt, daß es in „pooling"-Gleichgewichten für einen „high cost"-incumbent möglich ist, per limit pricing eine Tarnstrategie zu verfolgen, während umgekehrt limit pricing in Trenngleichgewichten einem „low cost"-

incumbent dazu dient, seine Kostenstruktur offenzulegen und so Markteintritte zu verhindern.

Die logischen Probleme des limit pricing-Konzepts lassen sich, wie gezeigt, überwinden, wenn die Annahme vollkommener Information aufgegeben wird. Die wohlfahrtstheoretische Beurteilung von limit pricing-Strategien unter „klassischen“ Annahmen fällt zumeist zwiespältig aus, da dem kurzfristigen Gewinn durch einen niedrigen Preis langfristig drohende „deadweight losses“ durch Monopolisierung gegenüberstehen, zumindest dann, wenn die Eintrittsdrohung nicht permanent besteht. Im Modell von Milgrom/Roberts sind andere Ergebnisse denkbar: Entscheidend ist, daß eine limit pricing-Strategie in vielen Fällen Markteintritte eben nicht verhindern kann. Die Eintrittswahrscheinlichkeit kann in Gleichgewichten mit unvollständiger Information *und* limit pricing höher sein als in der Referenzsituation vollkommener Information (die kein limit pricing zuläßt). Der Konflikt zwischen (wohlfahrtssteigernder) kurzfristiger Preissenkung und (wohlfahrtssenkender) langfristiger Monopolisierung muß so nicht zwangsläufig entstehen[55].

bb) Entry deterrence bei wiederholten Eintrittsspielen

Das skizzierte Modell umfaßt lediglich zwei Perioden. Markteintritt ist nur zu Beginn der zweiten Periode möglich. Eine mögliche Erweiterung besteht in der Modellierung einer Abfolge von Spielrunden, in denen sich ein etablierter Anbieter immer wieder aufs Neue möglichen Markteintritten ausgesetzt sieht.

Selten diskutiert - in Abwandlung des limit pricing-Modells - mögliche Reaktionen eines Unternehmens auf tatsächlich erfolgte Markteintritte, welches auf n Märkten ein Monopol innehat und sich auf allen einer Eintrittsdrohung gegenübersieht, die sich Markt für Markt aktualisieren kann[56]. Der Monopolist hat die Wahl zwischen einem Preiskampf („predation“) und der Hinnahme des Eintritts („accomodation“). Es gilt, daß die Auszahlung, bezogen auf einen Markt, bei predation geringer ist als bei accomodation. Seltens intuitives Argument lautet, daß in den ersten Spielrunden dennoch predation gewählt werden

---

[55] Die Argumentation gilt analog auch für den Fall des sog. „predatory pricing“. Zu einem anderen Ergebnis gelangt Harrington: Wenn der Newcomer seine Kostenfunktion nicht kennt, aber eine positive Korrelation zu der der etablierten Firma vermutet, kann eine Hochpreispolitik eintrittsabschreckend wirken, da sie die erwarteten Profite senkt, Harrington, J.E., 1986.

[56] Selten, R., 1978.

sollte, um dadurch die Wahrscheinlichkeit weiterer Eintritte zu vermindern. Erst in den letzten Perioden wird accomodation zur dominanten Strategie, da die Verluste aus Preiskämpfen nicht mehr auszugleichen sind. Er zeigt aber zugleich, daß predation bei einer endlichen Zahl von Perioden (oder Märkten) und bei vollkommener Information kein Gleichgewicht des beschriebenen Spiels sein kann: In der letzten Periode wird der Monopolist in jedem Falle einem Preiskampf aus dem Weg gehen. Da dies bekannt ist, wäre aggressives Verhalten auch in der vorletzten Periode irrational, da ein Newcomer sicher sein kann, daß der Monopolist auf dem letzten Markt in jedem Falle accomodation spielen wird. Die „Geschichte" des Eintrittspiels ist also für den n-ten Markt irrelevant, und, wie durch rückwärtige Induktion zu zeigen ist, auch für alle anderen Märkte. Konsequenterweise wird ein Monopolist bereits in der ersten Periode nicht aggressiv reagieren. Bei vollständiger Information beinhaltet aggressives Verhalten seitens des etablierten Unternehmens keine glaubwürdige Drohung. Eine Option auf entry deterrence besteht folglich nicht.

Modellmodifikationen, die predation zulassen, müssen entweder die Annahme vollkommener Information oder die endlich vieler Spielrunden fallenlassen. Bei unendlich wiederholten Spielen fehlt die Basis der Rückwärtsinduktion, nämlich das Ergebnis der letzten Marktes, so daß predation denkbar ist. Einen anderen Weg beschreiten die Arbeiten von Milgrom/Roberts und Kreps/Wilson[57]. Beide analysieren ein endlich wiederholtes Spiel mit allerdings unvollständiger Information. Die Ergebnisse der ersten n-1 Spielrunden sind dann nicht wie zuvor irrelevant für die n-te Runde und die dann noch ausstehenden Entscheidungen: Vielmehr ist es in diesem Szenario für den Monopolisten möglich, Reputation zu erwerben und durch aggressive Preiskämpfe die Eintrittswahrscheinlichkeit in den verbleibenden Perioden zu senken.

Aggressives Verhalten in den ersten Perioden kann von den potentiellen Konkurrenten als Signal für hohe Effizienz („Stärke") des etablierten Unternehmens gewertet werden. Denkbar ist auch, daß Newcomer auf zurückliegende Kapazitätsentscheidungen (irreversible Investitionen) des etablierten Unternehmens und dessen Reaktionsfunktion schließen, falls diese nicht direkt beobachtbar sind. Hier ergibt sich eine Verbindung zu den kapazitätsorientierten Modellen von Spence und Dixit.

---

[57] Kreps, D.M.; Wilson, R., 1982; Milgrom, P; Roberts, J., 1982b.

cc) Die Neuinterpretation der limit pricing-Hypothese

Bains Argument, etablierte Unternehmen könnten mit Hilfe einer limit pricing-Strategie Eintritte verhindern und dauerhaft übernormale Profite erzielen, ist vielfach kritisiert worden. So wurde eingewendet, daß (reine) economies of scale etablierten Unternehmen keinen Vorteil einräumen würden, der es ihnen ermögliche, Profite über Wettbewerbsniveau zu erzielen und gleichzeitig Newcomer mit Hilfe der Preispolitik dauerhaft vom Markteintritt abzuhalten. Kritik bezieht sich vor allem auf die fehlende Glaubwürdigkeit der Drohung des etablierten Unternehmens, seinen Output angesichts von Markteintritten zum Nachteil des Newcomers auf dem zuvor gewählten Niveau zu belassen.

Durch die Wahl einer entsprechenden Produktionskapazität, sofern diese mit Irreversibilitäten einhergeht, können sich Unternehmen dagegen auf eine Reaktionsfunktion festlegen, die Markteintritte unattraktiv macht. Die Frage, ob die gewählte Kapazität ausgelastet wird oder nicht, wird in der Literatur dahingehend beantwortet, daß die Existenz von Gleichgewichten mit „excess capacity“ vor und voll genutzter Kapazität nach Markteintritt bei statischer Nachfrage nur unter restriktiven Annahmen nachzuweisen sind.

In einem anderen Typus von Modellen wird die Annahme vollständiger Information durch die von Informationsasymmetrien ersetzt. Der beobachtete Marktpreis oder andere Handlungsparameter dienen dem Newcomer als Signal für nicht beobachtbare Eigenschaften des incumbent, also etwa für dessen Kostenfunktion, dessen pay-off Matrix oder für die von ihm verwendete Entscheidungsregel. So wird gezeigt, daß limit oder predatory pricing für etablierte Unternehmen rational sein können. Allerdings kann die Eintrittswahrscheinlichkeit nicht in allen Fällen auf Null reduziert werden. Trotz praktiziertem limit pricing kann, verglichen mit einer Situation vollkommener Information, die Wahrscheinlichkeit von Markteintritten steigen.

Festzuhalten bleibt, daß in den skizzierten Modellen etablierten Unternehmen die Möglichkeit zugesprochen wird, die Eintrittswahrscheinlichkeit potentieller Konkurrenten durch eigenes Handeln zu beeinflussen. Die Markteintrittsbedingungen, aber auch andere Merkmale der Marktstruktur, wie die Zahl der Anbieter, sind in diesem Sinne endogen.

2. Die eintrittsbehindernde Wirkung absoluter Kostenvorteile etablierter Anbieter

Absolute Kostenvorteile etablierter Firmen bestehen in der Notation Bains dann, wenn

„... *the prospective unit costs of production of potential entrant firms are generally, and more or less at any common scale of operations, higher than those of established firms.*"[58]

Die Stückkostenfunktion eines eintrittswilligen Unternehmens verläuft strikt, d.h. bei allen Produktionsmengen, über der der etablierten Unternehmen. Es dürfte kaum strittig sein, daß absolute Kostennachteile, die potentielle Wettbewerber hinzunehmen haben, ihre Markteintrittsfähigkeit vermindern. Die bestehende Asymmetrie zwischen In- und Outsidern können etablierte Unternehmen nutzen, um erhöhte Profite zu realisieren, ohne dabei mögliche Markteintritte in Rechnung ziehen zu müssen[59].

Ob absolute Kostenvorteile nicht nur „Markteintrittshemmnis", sondern zugleich auch „Markteintrittsschranke" sind, ist dagegen umstritten. Die Verwendung des Begriffs Markteintrittsschranke impliziert, wie beschrieben, die Vermutung von negativen Folgen für die Funktionsfähigkeit des Wettbewerbs bzw. für die Effizienz der zustandekommenden Allokation[60]. Absolute Kostennachteile, die auf geringerer Leistungsfähigkeit der potentiellen Konkurrenten beruhen, können folglich kaum als Markteintrittsschranke gewertet werden[61]. Ausbleibender Markteintritt *ineffizienter* Anbieter ist kein Indiz für Funktionsmängel des Wettbewerbs, sondern im Gegenteil Zeichen seiner Funktionsfähigkeit, da nur Anbieter zum Zuge kommen, die die jeweils kostengünstigsten Produktionsverfahren beherrschen und die ein Angebot offerieren, welches den Präferenzen der Nachfrager bestmöglich entspricht.

---

[58] Bain, J.S., 1956, S. 144.

[59] Diese Argumentation setzt implizit abermals vollständige Information voraus. Bei unvollständiger Information kann zur Eintrittsabschreckung eine limit price-Strategie vonnöten sein; vgl. Abschnitt C.II.1.b.

[60] Explizit in der Definition Weizsäckers, Weizsäcker, C.C.v., 1980, S.13.

[61] „...it would serve no purpose to associate entry barriers exclusively with production inefficiency.", Geroski, P.; u.a., 1990, S. 38.

Allerdings ist die Unterscheidung zwischen mangelnder Effizienz und Kostennachteilen, die den Markteintritt von ansonsten effizienten Anbietern erschweren, nicht so einfach, wie dies den Anschein haben mag. Eine Auseinandersetzung mit den von Bain genannten Ursachen absoluter Kostenvorteile etablierter Unternehmen macht dies deutlich. Es sind dies[62]:

- exklusiver Zugang zu den jeweils effizienten Produktionstechniken, etwa durch Patente;

- exklusiver Zugang zu essentiellen Produktionsfaktoren, wie etwa die Kontrolle über Vorkommen natürlicher Rohstoffe;

- die Fähigkeit zur Erzielung niedrigerer Faktorpreise

- sowie günstigere Finanzierungsmöglichkeiten am Kapitalmarkt.

In allen Fällen entstehen für Newcomer Kostennachteile durch die fehlende Möglichkeit, wichtige Inputs zu den gleichen Konditionen, also in gleicher Menge, in gleicher Qualität und zum gleichen Preis zu beziehen wie die bereits etablierten Unternehmen. In seiner Funktionsfähigkeit beeinträchtigt ist der Wettbewerb vermutlich dann, wenn die hypothetische Stückkostenkurve potentieller Konkurrenten, die bei gleichem Zugang zu allen Inputs erreicht werden würde, der bereits aktiver Anbieter entspricht, die tatsächliche Stückkostenkurve allerdings darüber liegt[63].

Ein häufig genanntes Beispiel für diese Art absoluter Kostenvorteile ist die Kontrolle eines vertikal integrierten Unternehmens über das Angebot eines essentiellen natürlichen Rohstoffs. Verweigert das Unternehmen die Lieferung an (potentielle) Konkurrenten oder fordert es von diesen „überhöhte" Preise, so werden Markteintrittsbarrieren wirksam, da eintrittswillige Unternehmen höhere Kosten, verursacht etwa durch Einsatz minderwertiger Substitute oder die Notwendigkeit der Zahlung höherer Faktorentgelte, veranschlagen müssen.

Gegen diese Argumentation sind Einwände erhoben worden. Geltend gemacht wurde zum einen, ein korrekter Kostenvergleich erfordere, jeden ver-

---

[62] Bain, J.S., 1956, S.144f.

[63] „...absolute cost disadvantages should be qualified to refer to some factor of production that is denied the potential entrant, and but for this omitted factor, the firm would be as efficient as established firms.", Gilbert, R.J., 1989, S. 493.

wendeten Kostenfaktor mit seinen Opportunitätskosten in Ansatz zu bringen. Auf dieser Basis begründen selbst Patente oder unternehmenseigene Rohstoffquellen in vielen Fällen keine Kostenvorteile. Eventuell bestehende Markteintrittsschranken könnten somit nicht auf Kostendifferenzen zwischen Marktin- und -outsidern zurückgeführt werden. Zum anderen muß, wie bereits angedeutet, der Nachweis geführt werden, daß Newcomer ihre schlechtere Kostenstruktur nicht selbst zu verantworten haben, bzw. umgekehrt die etablierten Anbieter nicht durch überlegene Leistungen in der Vergangenheit in einer nunmehr günstigeren Lage sind.

Absolute Kostenvorteile erlauben etablierten Firmen Strategien der entry deterrence via limit pricing oder solche der räuberischen Preissetzung (predatory pricing). In diesen Fällen verzichten die etablierten Firmen auf einen Teil des gegenwärtig möglichen zugunsten zukünftig erzielbaren Gewinns. Für die gesellschaftliche Wohlfahrt besteht ein trade-off zwischen den positiven Kurzzeiteffekten des intensivierten Preiswettbewerbs und den negativen Langzeiteffekten einer möglichen Monopolisierung.

Salop/Scheffman[64] skizzieren im Gegensatz dazu Verhaltensweisen von Unternehmen, deren Ziel nicht die Begrenzung der Erträge von aktuellen oder potentiellen Konkurrenten, sondern die Erhöhung von deren Kosten ist. Eine Politik des „raising rivals'costs" ist mithin der Versuch, absolute Kostendifferenzen durch strategisches Handeln erst entstehen zu lassen.

Die Vorteile einer solchen Strategie aus Unternehmenssicht liegen nach Ansicht der Autoren darin, daß die Kostensteigerung der Konkurrenten die eigene Wettbewerbssituation unmittelbar und nicht erst in folgenden Perioden stärkt[65]. Ihre Wirkung ist zudem sicherer als die von Verdrängungs- oder Abschrekkungspraktiken, denen stets das Risiko eines Fehlschlags innewohnt.

Kostensteigernde Strategien können auch die Kostenstruktur des aktiven Unternehmens negativ beeinflussen, etwa wenn versucht wird, den Preis spezieller Inputs zu erhöhen. Ihr Effekt beruht dann auf Asymmetrien zwischen den Wettbewerbern, hier hinsichtlich des Faktoreinsatzverhältnisses. Gelingt es einem Unternehmen, den Preis eines essentiellen Produktionsfaktors zu erhöhen, den es selbst in geringerem Umfang einsetzt als seine Konkurrenten, so

---

[64] Salop, S.C.; Scheffman, D.T., 1983.

[65] „A higher-cost rival quickly reduces output, allowing the predator to immediately raise price or market share", Salop, S.C.; Scheffman, D.T., 1983, S. 267.

erlangt es c.p. einen Kostenvorteil; dies gilt selbst dann, wenn es numehr selbst zu höheren Kosten produziert. Stimmen Firmen, die kapitalintensiv produzieren, in Tarifverhandlungen branchenverbindlichen Lohnerhöhungen zu (oder leisten den Forderungen der Gewerkschaften keinen entschlossenen Widerstand), so belasten diese Abschlüsse vor allem jene Unternehmen, die vergleichsweise arbeitsintensiv fertigen.

Besondere Relevanz kommt solchen Strategien in segmentierten Märkten zu, in deren oligopolistischem Kern Firmen mit hoher Kapitalintensität und hoher Kapazitätsauslastung zu finden sind, während am wettbewerblichen Rand („competitive fringe“) Unternehmen mit schwankender Auslastung und höherer Arbeitsintensität agieren[66]. Einen ähnlichen Effekt haben Vereinbarungen, die den Fixkostencharakter von Löhnen forcieren, wie Kündigungsschutzklauseln. Sie belasten überproportional Firmen mit schwankender Kapazitätauslastung.

Strategien, die die eigenen Kosten erhöhen, sind rational, wenn Konkurrenten sich ihren Wirkungen nicht entziehen können, sei es, weil sie einen verteuerten Faktor nicht substituieren können, sei es weil sie gezwungen sind, Handlungen der aktiven Unternehmen nachzuvollziehen, etwa indem sie ihre Werbeanstrengungen intensivieren. Erforderlich ist weiterhin, daß die Kostensteigerungen der aktiven Firmen aufgrund anderer Faktoreinsatzverhältnisse oder höherer Produktivität[67] relativ geringer sind als die der „Opfer“.

Andere Varianten der Kostensteigerung belasten das aktive Unternehmen in geringerem Maße oder sind sogar kostenneutral. Salop/Scheffman nennen als Beispiele exklusive Vertriebsarrangements, die Händlern die Aufnahme von Konkurrenzprodukten in ihr Sortiment untersagen, oder die Errichtung von Produktstandards[68]. Ein selektives Vertriebssystem, wie es etwa von den meisten europäischen Automobilproduzenten praktiziert wird, erhöht die Kosten von Newcomern, da diese gezwungen sind, ein eigenes, paralleles Vertriebssystem aufzubauen.

---

[66] Vgl. Williamson, O.E., 1968.

[67] Auch Skaleneffekte sind hier denkbar: Wenn die aktiven Firmen ihren Faktoreinatz nur unterproportional erhöhen müssen, um etwa eine höhere Werbewirkung zu erzielen, während ihre Konkurrenten gezwungen sind, den Faktoreinsatz proportional zu erhöhen, sind letztere stets im Nachteil.

[68] „ ...a mandatory product standard may exclude rivals while being virtually costless to the predator.“, Salop, S.C.; Scheffman, D.T., 1983, S. 267.

Andere Strategien tragen eindeutig Züge des Behinderungsmißbrauch, so etwa der Versuch, Lieferanten von Vorprodukten zum Boykott von Wettbewerbern zu veranlassen. Sofern Unternehmen über Nachfragemacht verfügen, können sie für ihre Inputs Preisnachlässe aushandeln, die Lieferanten dazu zwingen mögen, die Preise für weniger nachfragestarke Abnehmer zu erhöhen, um auf diese Weise ihren Gesamtgewinn zu stabilisieren. Die Kostensenkungen, die große Nachfrager realisieren, finden ihre spiegelbildliche Entsprechung in Preisaufschlägen, die Nachfrager kleinerer Mengen hinnehmen müssen und die deren Stückkosten erhöhen. Es ist allerdings ist den letztgenannten Fällen nur schwer zu klären, wo der Mißbrauch von Marktmacht zu Behinderungszwecken beginnt und wo wettbewerbskonformes Verhalten, hier das legitime Bemühen um günstige Einkaufspreise, endet.

Die Idee des „raising rivals' costs" kann in direkten Bezug zum rent seeking-Verhalten von Unternehmen gesetzt werden. Kostensteigerungsstrategien sind ein zentrales Element nicht-marktorientierter Verhaltensweisen von Unternehmen, mit dem Ziel die Markteintrittsschranken, die „ihren" Markt umgeben, zu erhöhen. Typisch wäre hier das Bemühen um staatliche Regulierung, die Produktstandards festschreibt, die von aktiven Unternehmen bereits erfüllt werden oder zu geringen Kosten erfüllt werden können, während potentielle Konkurrenten beträchtliche Kostennachteile hinzunehmen hätten. Arbeitsrechtliche Regelungen, Umweltschutzbestimmungen oder Produkthaftungsrichtlinien sind weitere Beispiele für politisch verursachte Kosten, deren gezielte Beeinflussung im Hinblick auf entry deterrence etablierte Unternehmen anstreben können[69]. Dieses Argument wird im Abschnitt D erneut aufgegriffen und diskutiert.

Bei einem dynamischen Wettbewerbsverständnis ist die Verknüpfung von absoluten Kostenvorteilen etablierter Anbieter mit dem Bestehen von Markteintrittsschranken problematisch, da in jedem Einzelfall auszuschließen ist, daß die beobachteten Kostendifferenzen lediglich Ausdruck unterschiedlicher Effizienz der Unternehmen sind. Die von Bain genannten Quellen absoluter Kostenvorteile sind in dieser Hinsicht durchweg kritikwürdig. Auch ist der Hinweis zu beachten, daß absolute Kostenvorteile bei Verwendung des Opportunitätskostenkonzeptes häufig nicht mehr als Markteintrittsschranke zu bewerten sind bzw. die Markteintrittsschranken auf anderer Ebene, etwa bei der begrenzten Angebotsmenge eines knappen Produktionsfaktors, zu suchen sind.

---

[69] So auch Hinweise bei Salop/Scheffman: „The rent-seeking literature treats cases where a firm enters the political arena in order to inflict costly regulation on ist rivals, and possibly even itself.", Salop, S.C.; Scheffman, D.T., 1983, S. 268f.

Kostenvorteile etablierter Anbieter, die auf strikt marktorientierten Strategien beruhen, wie beispielsweise die Nutzung von Lerneffekten oder der Aufbau von Reputation, die höhere Erlöse oder geringere Kosten (etwa bei der Kreditfinanzierung) ermöglichen, sind selten eindeutig als Markteintrittsschranke zu klassifizieren, da sie legitim in dem Sinne sind, daß sie nur dem zufallen, der eine vom Markt positiv bewertete Leistung erbringt. Verhaltensweisen von Unternehmen, wie sie vom Ansatz von Salop und Scheffman erfaßt werden, erfüllen dieses Kriterium dagegen nicht, da sie auf der Ausübung von Marktmacht basieren. Besonders effektive cost-raising-strategies sind solche, die über den politischen Markt ihre Wirkung entfalten. Ihnen gilt im weiteren Verlauf der Arbeit besonderes Augenmerk.

3. Die eintrittsbehindernde Wirkung von Produktdifferenzierungsvorteilen etablierter Anbieter

Das Bestehen von Produktdifferenzierungsvorteilen etablierter Firmen vermutet Bain, da

„Buyers may have a preference, transitory or permanent, for some or all established products as compared to new-entrant products..." [70].

Zugrunde liegt die Annahme, daß Güter trotz weitgehender Gemeinsamkeit hinsichtlich ihrer wesentlichen Eigenschaften Unterschiede aufweisen können, die ihre Substituierbarkeit aus Sicht der Nachfrager einschränken, ohne jedoch so gravierend zu sein, daß es sinnvoll erscheint, für jedes Gut einen eigenen, von dem der anderen abgrenzbaren Markt anzunehmen[71]. Die Idee der Produktdifferenzierung - der Tausch inhomogener Güter in ein- und demselben Markt - ist mit dem Modell der vollkommenen Konkurrenz nicht vereinbar. Chamberlin bezeichnete die sich ergebende Marktform als „monopolistische Konkurrenz", da sie sowohl Merkmale des Monopols als auch der vollkommenen Konkurrenz beinhalte[72]. Sie ist monopolistisch, da Unternehmen über Spielräume zur Preisvariation verfügen, ohne (im Falle der Preiserhöhung) ihre gesamte Nachfrage

---

[70] Bain, J.S., 1956, S.114.

[71] Produktdifferenzierung wird hier zunächst von der Nachfrageseite her definiert, kann sich jedoch auch auf die Produktion beziehen. „... any set of commodities closely related in consumption and/or production may be regarded as differentiated products." Eaton, B.C: Lipsey, R.G., 1989, S. 725. Produktdifferenzierung in der Produktion wird über das Vorliegen von Verbundvorteilen definiert.

[72] Chamberlin, E., 1933.

zu verlieren oder (im Fall der Preissenkung) die gesamte Marktnachfrage auf sich zu ziehen. Sie ist gleichzeitig kompetitiv, da die enge Substitutionsbeziehung zwischen den Gütern Preisunterschiede begrenzt und bei annahmegemäß freiem Markteintritt Renditen, die eine bestimmte Höhe überschreiten, keinen Bestand haben können.

Das Phänomen der Produktdifferenzierung ist komplex. Die Probleme seiner Erfassung gleichen in mancher Hinsicht denen der Marktabgrenzung. Differenzierung kann sich in in vielen Dimensionen äußern. Sie kann grundsätzlich alle für den Nachfrager relevanten, weil nutzendstiftenden Produkteigenschaften betreffen[73]. Die mangelnde Meßbarkeit der jeweiligen Ausprägung, die vielen Produktmerkmalen eigen ist, erschwert folglich auch die Messung des Grades an Produktdifferenzierung zwischen den Angeboten, die zu einem Markt zusammengefaßt werden.

a) Produktdifferenzierung als Merkmal der Marktstruktur

Produktdifferenzierung läßt sich unterteilen in horizontale sowie vertikale Differenzierung[74]: Horizontale Produktdifferenzierung liegt vor, wenn verschiedene Produkte zwar grundsätzlich dieselben Bedürfnisse der Nachfrager erfüllen[75] und somit zumindest begrenzt austauschbar sind, sich aber hinsichtlich einer oder mehrerer Produktmerkmale voneinander unterscheiden, so daß ihre *perfekte* Substituierbarkeit aus Nachfragersicht aufgehoben ist. Die Ausprägung der einzelnen Produktmerkmale positioniert die Güter in einem n-dimensionalen Raum[76]. Jeder Konsument wählt (bei gleichem Preis) das Gut, welches sich mit seinen Präferenzen bestmöglich deckt.

---

[73] Sie umfaßt „...differences in design or physical quality of competing products,(...) packaging, branding, and the offering of auxiliary service to buyers, and (..) advertising and sales-promotional efforts designed to win the allegiance and custom of the potential buyer.“ Bain, J.S., 1956, S. 114.

[74] Ein Überblick über die im folgenden dargestellte Problematik findet sich bei Hay, D.A.; Morris, D.J., 1991, S. 102ff oder Tirole, J., 1988, S. 96ff.

[75] Dieses Argument ist angelehnt an den Ansatz von Lancaster, der Gütern mittels ihrer nutzenstiftenden Eigenschaften definiert. *Gleich* sind Güter dann, wenn die Zusammensetzung ihrer nutzenstiftenden Eigenschaften einander entspricht. Lancaster, K., 1966.

[76] Ansätze, die Gütern aufgrund objektiver Eigenschaften bestimmte Positionen im Güterraum zuweisen, werden in ihrer Gesamtheit als „Address“-Modelle bezeichnet.

Die Kaufentscheidung zwischen horizontal differenzierten Produkten beruht auf persönlichen Vorlieben, ist also letztlich „Geschmackssache". Entscheidendes Kriterium für das Vorliegen *horizontaler* Produktdifferenzierung ist es, daß die Produktvarianten bzw. Merkmalsausprägungen nicht vom Großteil der Nachfrager oder gar von allen in die gleiche Reihenfolge hinsichtlich ihrer Wertschätzung gebracht werden. Somit verfügt kein Anbieter a priori über eine herausgehobene Position, die ihm besondere Handlungsspielräume gegenüber Nachfragern oder Wettbewerbern einräumt. Newcomer können prinzipiell sowohl ein aktuelles Produkt imitieren als auch mit einer eigenständigen Variante in den Markt eintreten. Definitionsgemäß kann ein Newcomer jedoch lediglich die Konsumenten der „ähnlichsten" Marken für sich gewinnen, während die Nachfrager anderer, „entfernterer" Varianten für ihn nicht erreichbar sind[77].

Besteht zwischen differenzierten Produkten aus Nachfragersicht eine eindeutige Rangfolge, so liegt vertikale Produktdifferenzierung vor. Vertikal differenzierte Produkte unterscheiden sich in den Augen der Konsumenten hinsichtlich bestimmter Merkmale, deren Ausprägung von den Konsumenten im Sinne eines „mehr ist besser" bewertet werden. Solche Merkmale korrespondieren mit der Qualität eines Produktes im weitesten Sinne. Bei gleichem Preis präferiert die Mehrheit der Nachfrager die qualitativ am besten eingeschätzte Variante.

Die Anbieter der höherbewerteten Produkte können versuchen, Preisaufschläge am Markt durchzusetzen; zugleich können aber die Stückkosten höher sein, weil bessere Qualität (oder deren Wahrnehmung) nur durch aufwendigere Produktionsverfahren oder produktbegleitende Dienstleistungen und Werbung erreicht werden kann.

b) Produktdifferenzierungsstrategie und Eintrittsabschreckung

Eine genaue Definition des Begriffes Produktdifferenzierung, verstanden als unternehmerische Strategie, liegt nicht vor. Entsprechend dem Verständnis Bains besteht das Prinzip der Produktdifferenzierungs*strategie* darin, das eigene Produkt vom Angebot der Wettbewerber abzusetzen, um auf diese Weise einen Verhaltensspielraum zu gewinnen, der nicht von aktuellen oder potentiellen

---

Der Lancaster-Ansatz, der anhand nutzenstiftender Gütereigenschaften differenziert, wird diesen üblicherweise zugeordnet. Vgl. Eaton, B.C.; Lipsey, R.G., 1989.

[77] Zur möglichen eintrittsbehindernden Wirkung horizontaler Produktdifferenzierung vgl. Schmalensee, R., 1978.

Konkurrenten kontrolliert wird. In diesem Kontext interessieren vor allem die Möglichkeiten, strategische Produktdifferenzierung zum Zwecke der Eintrittsverhinderung einzusetzen.

So vielschichtig wie das Phänomen der Produktdifferenzierung selbst, sind auch Überlegungen über ihre mögliche eintrittsbehindernde Wirkung. Zwei Probleme werden an dieser Stelle herausgegriffen: Es ist dies zum einen die Möglichkeiten der entry deterrence durch eine Strategie der brand proliferation und zum anderen die eintrittsbehindernde Wirkung von switching costs und Netzwerkexternalitäten.

aa) Entry deterrence durch brand proliferation

Schmalensee zeigt, daß Strategien horizontaler Produktdifferenzierung bzw. brand proliferation eintrittsbehindernde Wirkungen entfalten können[78]. Er konstruiert sein Modell in Analogie zum Modell des räumlichen Wettbewerbs, dessen Grundstruktur auf Hotelling zurückgeht. In diesem Modell besteht Nachfragebeweglichkeit in Folge marginaler Preis- oder Qualitätsvariationen nur zwischen „benachbarten" Produkten[79]. Neu lancierte Produkte können daher lediglich einzelne Segmente der Gesamtnachfrage ansprechen, während die entfernter angesiedelten und bereits eingeführten Produkte von Markteinführungen kaum berührt werden. Für Produktion einschließlich Werbung jeder einzelnen Marke werden steigende Skalenerträge angenommen.

Die Position einer Marke im Produktraum ist, nachdem sie einmal gewählt wurde, nicht mehr bzw. nur unter Inkaufnahme hoher Kosten zu verändern. Unter diesen Annahmen wird gezeigt, daß es für etablierte Unternehmen rational ist, auf drohende Markteintritte mit einer Erhöhung der Zahl der angebotenen Marken respektive mit einer Erhöhung des Werbebudgets statt mit einer limit pricing-Politik zu reagieren [80].

---

[78] Schmalensee, R., 1978.

[79] „...rivalry among brands is localized, so that actions relating to any single brand generally have important effects on only a small number of other brands.", Schmalensee, R., 1978, S. 310.

[80] „... the privately optimal entry deterrence strategy involves high prices, brand proliferation, and some degree of overspending on advertising.", Schmalensee, R., 1978, S. 313.

Der eintrittsabschreckende Effekt der brand proliferation läßt sich zurückführen auf die Existenz von „repositioning costs“: Einmal positionierte Marken können nicht kostenlos an eine andere Stelle im Produktraum verschoben werden. Newcomer können daher nicht darauf hoffen, daß die etablierten Anbieter nach erfolgtem Eintritt ihre Marken repositionieren, um ihre Nachfrageeinbußen zu begrenzen. So taucht auch hier das Argument der irreversiblen Investition bzw. der sunk costs auf. Mit der Einführung einer neuen Marke und ihrer Positionierung im Produktraum sind Kosten verbunden, die für das etablierte Unternehmen „sunk“ sind, während sie für potentielle Konkurrenten noch zur Disposititon stehen. Die Positionierung einer Marke im Produktraum verkörpert aufgrund der verknüpften Irreversibilitäten zugleich eine glaubwürdige Drohung an Newcomer, auf Markteintritte aggressiv, d.h. durch Verteidigung der angestammten Markenposition durch Preissenkungen oder vermehrte Werbeanstrengungen zu reagieren[81].

Entry deterrence via product space-packing verspricht Erfolg, wenn ein profitabler Markteintrittsplan das Erreichen bestimmter Absatzvolumina voraussetzt, weil anderenfalls fixe Kosten des Markteintritts nicht gedeckt werden können oder die Nutzung von Skalenerträgen verwehrt bleibt[82]. Die eintrittshemmende Wirkung eines dicht gepackten Produktraumes ist ex-post durchaus plausibel. Märkte dürften jedoch kaum von Anfang an diese Struktur aufweisen, sondern zunächst wesentlich dünner besetzt sein. Erklärungsbedürftig ist dann, warum etablierte Firmen die verbleibenden Produktnischen nach und nach besetzen sollten, während Newcomer diese Möglichkeiten auslassen. Zu beantworten ist diese Frage letztlich nur durch die Annahme von Asymmetrien zwischen In- und Outsidern, die die Einführung neuer Produkte unterschiedlich attraktiv machen.

Schmalensee nennt hier zunächst ungleiche Informationsverteilung, die etablierte Anbieter befähigt, Marktnischen vor ihren potentiellen Konkurrenten aufzuspüren und zu besetzen. Möglich ist zudem, daß vorhandene Produktionsanlagen genutzt werden können und so das notwendige Investitionsvolumen der incumbents geringer ist als das von absoluten Newcomern[83]. Folglich ist auch

---

[81] Positionierungsentschediungen modifizieren analog den Kapazitätsentscheidungen des Dixit-Modells die Reaktionsfunktion etablierter Anbieter auf Markteintritte (siehe Abschnitt C.II.1.a)), vgl. auch Omori, T.; Yarrow, G., 1982.

[82] Vgl. auch Scherer, F.M.; Ross, D., 1990, S. 405.

[83] Vorausgesetzt werden müssen hier Verbundvorteile bei der Produktion mehrerer Marken.

der Marktanteil, den die neue Marke erringen muß, um Gewinne zu erwirtschaften, aus Sicht der etablierten Unternehmen geringer als für Unternehmen, die zunächst ihre umfangreicheren Investitionen amortisieren müssen.

Schließlich wird vermutet, daß etablierte Unternehmen mit gewisser Sicherheit auf moderate Reaktionen ihrer aktuellen Wettbewerber auf die Einführung neuer Marken vertrauen können, da zwischen etablierten Unternehmen eine Übereinkunft bestehen kann, aggressives Verhalten weitgehend zu unterlassen[84]. Im Gegensatz dazu können Newcomer nicht sicher sein, in diesen „oligopolistischen Frieden" integriert zu werden.

Die Essenz des Schmalensee-Modells liegt in der Einsicht, daß etablierte Unternehmen mittels Strategien der brand proliferation über einen beträchtlichen Handlungsspielraum bei der Gestaltung der Marktzugangsbedingungen verfügen. Durch Produktdifferenzierung und Werbung können Asymmetrien zwischen Insidern und Newcomern geschaffen werden, die glaubwürdige Strategien der entry deterrence ermöglichen. Die optimale eintrittsverhindernde Strategie - die der brand proliferation - kann, verglichen mit einer reinen limit pricing-Strategie Wohlfahrtseinbußen verursachen, da u.U. Massenproduktionsvorteile geopfert werden und die Produktdifferenzierung durch „übermäßige" Werbung forciert wird[85].

bb) Switching costs, Standards und Netzwerkexternalitäten

Die Nachfragebeweglichkeit zwischen differenzierten Produkten wird begrenzt auch durch die Relevanz von Umstiegs- oder Wechselkosten. Switching costs (hier zumeist aus Sicht der Nachfrager) sind Kosten, die entstehen, wenn Nachfrager ihre Bezugsquelle wechseln[86], also etwa bei wiederholt zu treffenden Kaufentscheidungen nicht durchweg dieselbe Marke bevorzugen oder langlebige Gebrauchsgüter durch Produkte anderer Hersteller ersetzen. Kosten entstehen etwa dadurch, daß die Nutzung neuer Produkte die Aneignung neuen

---

84 „... a tacit understanding not to react to new entry with intense price competition nor with ruinous promotional spending.", Schmalensee, R., 1978, S. 317.

85 Grossman/Shapiro konstruieren ein Modell, indem „exzessive" Werbung in Märkten mit Produktdifferenzierung selbst dann nachzuweisen ist, wenn Werbung lediglich Informationen über tatsächliche Produkteigenschaften transportiert. Grossman, G.M.; Shapiro, C., 1984.

86 „Switching costs represent a consumer disutility from changing brands.", Gilbert, R.J., 1989, S. 506.

Wissens erfordert und zugleich vorhandene Kenntnisse entwertet werden. Dies ist etwa beim Wechsel der verwendeten Textverarbeitungssoftware zu vermuten. Auch der Wechsel des Autotyps oder der Automarke macht vorhandenes Wissen, etwa über Pflege und Wartung oder hinsichtlich des zugeordneten Werkstattnetzes bis zu einem gewissen Grad wertlos. Switching costs begründen Präferenzen für bereits nachgefragte bzw. genutzte Produkte. Neue Produkte werden von Kosumenten nur dann nachgefragt, wenn sie für die Inkaufnahme der Umstiegskosten anderweitig kompensiert werden, etwa durch attraktive Preise oder verbesserte Qualität und Funktionalität.

Es ist einsichtig, daß Umstiegskosten eine denkbare Quelle von Markteintrittsschranken sind. Newcomer sind im Wettbewerb um die Kunden eines etablierten Unternehmen stets im Nachteil. Umgekehrt verfügen etablierte Anbieter gegenüber ihren Kunden über vom Wettbewerb nicht kontrollierte Verhaltensspielräume[87]. Dies schließt nicht aus, daß neu in den Markt eintretende Konsumenten keinerlei Präferenzen hegen und die Machtverteilung beim Wettbewerb um deren Gunst symmetrisch ist. In wachsenden Märkten oder in Märkten mit hoher Nachfragerfluktuation können sich folglich durchaus Eintrittsmöglichkeiten für Newcomer ergeben. Darüber hinaus ist denkbar, daß etablierte Unternehmen, falls sie nicht in der Lage sind, Preise zwischen Alt- und Neukunden zu differenzieren, sich auf ihre Konsumentenbasis beschränken und Neukunden „kampflos" neuen Wettbewerbern überlassen.

Switching costs sind umso geringer, je ähnlicher die jeweiligen Produkte sind. Ist die Bedienung verschiedener Computerprogramme weitgehend gleich, etwa weil einheitliche Befehlsstrukturen oder eine einheitliche Symbolik verwendet werden, so ist der Umstieg zwischen zwei Programmen vergleichsweise problemlos. Newcomer müssen sich somit an den Standards verbreiteter Produkte orientieren. Der Markteintritt per Innovation kann sich in diesen Fällen verbieten, so daß potentielle Konkurrenten ihre Wettbewerbsvorteile nicht ausspielen können.

Relevant ist zudem die Kompatibilität von Produkten. Hierunter ist zu verstehen, daß Güter problemlos gemeinsam genutzt werden können. Inkompatibilität verursacht Umstiegskosten, weil der Tausch eines im Nutzenverbund stehenden Gutes die komplementären Güter wertlos macht. Der Kompatibilitäts-

---

[87] Diese Kunden sind durch ihre ursprüngliche Kaufentscheidung gewissermaßen eingeschlossen („locked-in").

begriff ist insbesondere im Bereich der Datenverarbeitung relevant: So nutzen Anwender von Personal Computern ein Betriebssystem gemeinsam mit darauf abgestimmter Anwendungssoftware. Ein Wechsel des Betriebssystems ist für die meisten Anwender nur dann attraktiv, wenn sie ihre ihnen vertraute Software weiternutzen können. Fehlt die Kompatibilität zwischen neuem Betriebssystem und vorhandener Anwendungssoftware, so wird auch einem innovativen Produkt die erfolgsnotwendige Akzeptanz verweigert. Diese kann nur gewonnen werden, wenn zugleich ein hinreichend umfassendes und preisgünstiges Angebot entsprechender Anwendungsprogramme vorliegt, deren Bedienung leicht erlernbar ist[88].

Kompatibilität und Standardisierung können als Instrument der entry deterrence genutzt werden. Unternehmen, denen es gelingt, die eigene Technologie zum Standard zu erheben, erzielen einen beträchtlichen Wettbewerbsvorteil. Zu diesem Zweck gilt es etwa Forschung und Entwicklung zu forcieren und eine schnelle Marktdurchdringung zu erreichen.

Nachfolgende Wettbewerber sind dann gezwungen, entweder Produkte anzubieten, die zum herrschenden Standard kompatibel sind, was u.U. die Produktionskosten erhöht[89], zumal wenn hierzu die Nutzung von Patenten erforderlich ist, oder aber sie müssen einen eigenen Standard schaffen und diesen am Markt durchsetzen.

Diejenigen Firmen, denen es gelungen ist, die technologische Führerschaft zu erringen, haben ohne Zweifel ein beachtliches Maß an Kontrolle über den Marktzugang neuer Wettbewerber, zumal dann, wenn sie über einschlägige Patente verfügen. Nicht zwangsläufig werden sie ihre Wettbewerbsvorteile jedoch nutzen, um den Marktzugang völlig zu versperren. Für die Tolerierung von Anbietern kompatibler Produkte spricht einmal die Überlegung, daß diese Produkte zwar unter Umständen den eigenen Angeboten vorgezogen werden, also c.p. den Marktanteil schmälern, deren Verfügbarkeit jedoch andererseits

---

[88] Eine solche Strategie verfolgt etwa IBM auf dem Markt für Betriebssysteme für Personal Computer. Potentiellen Nutzern des Systems OS/2 wird volle Kompatibilität mit Anwendungssoftware des konkurrierenden Systems DOS/Windows von Microsoft zugesichert. Zudem vertreibt IBM zusammen mit der Version 3.0 verschiedene Programme aus dem Bereich der Büroanwendungen zu einem geringen Aufpreis. Die Bedienung von OS/2 erfolgt wie die von Windows über eine graphische Benutzeroberfläche, was eine schnelle Erlernbarkeit sichert.

[89] Hier ergibt sich ein Bezug zum Konzept des „raising rivals' costs". Vgl. Abschnitt C.II.2.a)

die Attraktivität des Marktes für die potentiellen Nachfrager steigert, was per Saldo die Nachfrage, die auf den etablierten Anbieter entfällt, erhöhen mag. Daneben sind die Kosten der Eintrittsverhinderung zu berücksichtigen, also etwa entgangene Lizenzgebühren oder die Kosten einer limit pricing-Politik.

Switching costs werden erheblich beeinflußt vom Vorliegen von (positiven) Netzwerkexternalitäten. Diese sind dann gegeben, wenn der Nutzen, den ein Gut stiftet, umso höher ist, je mehr andere Konsumenten es ebenfalls nachfragen. Ein Beispiel ist die Teilnahme an einem Fernsprechnetz, die umso attraktiver ist, je größer die Zahl der anderen Teilnehmer und somit potentiellen Gesprächspartner ist. Netzwerkexternalitäten können auch daraus resultieren, daß mit der Zahl der Nachfrager die Verfügbarkeit von ergänzenden Dienstleistungen, wie Schulung oder Wartung, steigt. So wächst mit der Verbreitung eines Computerprogramms das Angebot an Fachliteratur, an Programmergänzungen und Lehrgängen. Auch der Transfer von Daten zwischen Anwendern wird erleichtert. Switching costs bestehen im Wegfall dieser Vorteile, wenn Nachfrager auf Angebote von Newcomern umsteigen, die zum herrschenden Standard inkompatibel sind[90].

Auch Netzwerkexternalitäten schaffen deutliche Asymmetrien zugunsten etablierter Anbieter. Newcomer haben Mühe, „Pionierkonsumenten" zu gewinnen, da diese zwar überproportional zur Attraktivität des Netzes beitragen, selbst jedoch zumindest vorübergehend Nachteile aus dem geringen Netzumfang ziehen und so den größten Anteil der Übergangskosten tragen. Das Ergebnis ist aus wohlfahrtstheoretischer Sicht eine zu geringe Neigung der Nachfrager, Innovationen zu übernehmen[91]. Aus wettbewerbstheoretischer Sicht ergibt sich eine Markteintrittsbarriere für Anbieter inkompatibler Innovationen.

Die strategischen Interaktionen zwischen konkurrierenden Anbietern inkompatibler Standards lassen sich wie folgt skizzieren: Wettbewerbsvorteile erlangt derjenige, dem es gelingt, möglichst viele Nutzer für das eigene System zu gewinnen und die Zahl der Anwender von Konkurrenzsystemen zu begrenzen. Hier kommt es zunächst auf den Zeitpunkt der Markteinführung an. „Frühe" Anbieter beginnen früher mit dem Aufbau ihrer „installed base" und erreichen

---

[90] Kosten entstehen in diesem Fall allerdings auch für die Nachfrager, dir nicht umsteigen. Ihr Nutzen wird durch jeden Umsteiger unmittelbar gemindert.

[91] Dies wird bezeichnet als „..."excess inertia": a socially excessive reluctance to switch to a superior new standard, when important network externalities are present in the current one." Farrell, J.; Saloner, G., 1986, S. 940.

so einen Vorteil, der von Nachfolgern nicht mehr gänzlich zu erodieren ist[92]. Für nachfolgende Wettbewerber diskutieren Farrell/Saloner die Option des „product preannouncement", also der Ankündigung, ein Produkt in absehbarer Zeit auf den Markt zu bringen. Ziel ist es, das Wachstum der Basis des Pioniers nach Möglichkeit zu begrenzen[93]. In gleicher Weise können etablierte Unternehmen den Umstieg ihrer Nachfrager auf die Produkte von Newcomern verzögern, etwa indem sie ihrerseits Innovationen bzw. Weiterentwicklungen in Aussicht stellen, die zur Basis kompatibel sind.

Für Anbieter inkompatibler Innovationen sind folglich Markteintrittsbarrieren zu konstatieren. Keine Markteintrittsschranken existieren dagegen für Anbieter kompatibler Produkte. Diese profitieren im Gegenteil von der Existenz eines vorhandenen Netzes, zu dessen Aufbau sie selbst nichts beigetragen haben. Netzwerkexternalitäten sind ein zudem ein weiterer Grund dafür, daß es für ein etabliertes Unternehmen nicht immer sinnvoll ist, den Marktzugang für kompatible Anbieter gänzlich zu versperren. Falls Newcomer für Marktwachstum sorgen oder indem sie die Wahlmöglichkeiten der Nachfrager erhöhen, steigern sie zugleich die Attraktivität der Produktpalette des etablierten Anbieters[94].

Der Einfluß des Staates auf Märkte, in denen Standardisierung, Kompatibilität und Netzwerkexternalitäten eine bedeutende Rolle spielen, ist einsichtig: Die Definition von Standards und Normen obliegt nicht allein dem Markt, sondern wird zumeist auch durch gesetzliche Regelungen vorgenommen. Damit kann die Auflage verbunden sein, daß sämtliche Angebote den definierten Standards genügen müssen. Unternehmen, denen es gelingt, die Eigenschaften des eigenen Produkts zur gesetzlichen Norm zu machen, genießen folglich beachtliche Wettbewerbsvorteile, da Konkurrenten der Markzugang entweder verwehrt bleibt oder ihnen zusätzliche Kosten auferlegt werden.

---

[92] Dies gilt in dieser Eindeutigkeit allerdings nur unter der „statischen" Voraussetzung, daß nachstoßende Wettbewerber keine Innovationen anbieten können.

[93] Auch dies läßt sich am Beispiel der PC-Betriebsysteme illustrieren: Während IBM das 32-Bit Betriebssystem „OS/2 3.0" bereits 1994 präsentieren konnte und die Marktdurchdringung mit intensiver Werbung und niedrigen Preisen für OEM-Ware oder auch Hochschulen forcierte, bemühte sich Microsoft die Anwender durch Pressearbeit und den Vertrieb von Publikationen sowie sog. Beta-Programmversionen zu überzeugen, daß es sich lohne, auf das eigene Produkt „Windows 95" zu warten.

[94] Für einen etablierten Anbieter kann es attraktiv sein, wenn Newcomer mit preisgünstigen Produkten neue Konsumentengruppen erschließen und so die Attraktivität auch des Hochpreissegments erhöhen.

Beim Vorliegen von Netzwerkexternalitäten kann dem Staat die wichtige Rolle des Pionierkonsumenten zukommen. Als Nachfrager großer Volumina ist er in der Lage, einen Teil der Externen Effekte des Konsums zu internalisieren. Umgekehrt können staatliche Aufträge einem Anbieter bereits eine „installed base" sichern, die eine kritische Mindestgröße überschreitet, und folglich die Attraktivität seines Angebotes auch für private Nachfrager erhöht. Auf Märkten mit starker Bedeutung von Netzwerkexternalitäten spielt zudem die Reihenfolge des Markteintrittes eine wichtige Rolle. Vergibt der Staat, wie im Mobilfunkbereich, Eintrittslizenzen so erzielen die ersten Lizenznehmer Renten.

Für Unternehmen kann es somit lohnend sein, Ressourcen in rent seeking-Aktivitäten zu allozieren, um die Entscheidungen staatlicher Stellen bei der Festlegung gesetzlicher Produktnormen und im Bereich der öffentlichen Auftragsvergabe und Lizenzvergabe zu ihren Gunsten zu beeinflussen und im Erfolgsfalle die (institutionellen) Markteintrittsschranken zu erhöhen.

Die Diskussion der eintrittsverhindernden Wirkung der Produktdifferenzierung liefert abermals kein eindeutiges Bild. Markteintrittsbarrieren lassen sich auch hier meist zurückführen auf die Problematik irreversibler Investitionen, die sich im Bereich der Produktdifferenzierung beziehen lassen auf den Aufbau von Reputation oder auf die Existenz von „repositioning costs". Auch bei der Diskussion von Produktdifferenzierungsstrategien zeigt sich, daß die Grenze zwischen wettbewerblichen und wettbewerbsbeschränkenden Verhaltensweisen fließend ist.

Hinweise auf die mögliche Rolle des Staates bei der Bestimmung der Marktzugangsbedingungen finden sich am deutlichsten auf Märkten, in denen network externalities und Inkompatibilitäten Umstiegskosten der Nachfrager begründen. Sowohl die Festlegung von Standards wie der Aufbau einer Benutzerbasis durch öffentliche Aufträge erfordert von den Unternehmen neben technischer auch ein hohes Maß an politischer Kompetenz.

4. Zur Endogenität von Markteintrittsschranken in einem privatwirtschaftlichen Umfeld

Eintrittsbarrieren sind nach Bain Strukturmerkmal eines Marktes. Unternehmerische Strategien beschränken sich auf das Betreiben von limit pricing bei nicht vollständig blockiertem Marktzugang, also auf die bloße Ausnutzung marktstruktureller Gegebenheiten. Vor allem die logische Möglichkeit einer limit pricing-Strategie bei Vorliegen von Betriebsgrößenvorteilen ist nachhaltig in Frage gestellt worden.

In der neueren Literatur sind zwei Wege eingeschlagen worden, um der limit pricing-Hypothese durch zusätzliche Annahmen höhere Plausibilität zu verleihen.

Zum einen wird die Glaubwürdigkeit einer limit pricing- oder limit output-Strategie durch die Existenz von Irreversibilitäten bzw. sunk costs erhöht. Irreversible Investitionsentscheidungen ermöglichen glaubwürdige Drohungen an die Adresse potentieller Wettbewerber, auf Markteintritte aggressiv, also durch Aufrechterhaltung oder gar Ausdehnung der angebotenen Menge selbst angesichts sinkender Preise zu reagieren. Die erwartete Rendite von Eintrittsvorhaben wird so gesenkt. Zugleich wird die Höhe der den Markt umgebenden Markteintrittsschranken endogenisiert, also zurückgeführt auf strategische Entscheidungen vor allem der etablierten Unternehmen.

Auch Informationsasymmetrien zwischen etablierten Anbietern und potentiellen Konkurrenten erlauben den spieltheoretischen Nachweis, daß limit pricing-Strategien an Glaubwürdigkeit gewinnen, wenn Newcomer gezwungen sind, aus der Preispolitik der etablierten Anbieter auf deren Kostenfunktion - also letztlich auf ihre Wettbewerbsfähigkeit - zu schließen. Auch hier kommt zielgerichtetem Handeln der Unternehmen ein hoher Stellenwert zu. Die ursprüngliche Informationsverteilung und damit auch die Marktstruktur bleiben allerdings exogen, wenn nicht unterstellt wird, daß die etablierten Unternehmen Unsicherheit erzeugen, um diese hernach durch Preisstrategien auszunutzen.

Absolute Kostenvorteile stellen eine Markteintrittsschranke dar, wenn Newcomer ihre Kostennachteile nicht selbst zu verantworten haben. Dieser Nachweis ist schwierig zu führen. Absolute Kostendifferenzen werden endogenisiert im Konzept des „raising rivals'costs". Dort wird gezeigt, daß Unternehmen durch Beeinflussung der Faktorpreise Kostenunterschiede erzeugen können, wenn das Faktoreinsatzverhältnis nicht bei etablierten Unternehmen und Newcomern gleich ist. Hingewiesen wird auch auf die hier besonders bedeutsame Möglichkeit, die Kosten der Konkurrenten durch lobbying für regulierende Staatseingriffe zu erhöhen.

Auch das Ausmaß der Produktdifferenzierung kann durch unternehmerische Strategien zum Zwecke der entry deterrence verändert werden. In dieser Arbeit berücksichtigt wurden die Strategie der „brand proliferation" und unternehmerische Strategien bei Existenz von Netzwerkexternalitäten bzw. „switching costs".

Im Rahmen der Theorie der strategic entry deterrence ist die Endogenisierung von Markteintrittsschranken in einem privatwirtschaftlichen Umfeld folglich weitgehend gelungen (Vgl. Abbildung 1). Die Auswertung der umfangreichen Literatur zu Komplex der Markteintrittsschranken ergibt allerdings hinsichtlich der wettbewerbspolitischen Bewertung dieses Phänomens kein klares Bild. Dies liegt einmal daran, daß keine Einigkeit darüber erzielt werden kann, welche eintrittserschwerenden Faktoren gleichzeitig als Markteintrittsschranke zu bewerten sind.

Markteintrittsschranken können nur dort konstatiert werden, wo die Beeinträchtigung der Funktionsfähigkeit des Wettbewerbs nachweisbar ist. Etablierte Unternehmen müssen in der Lage sein, „überhöhte" Profite zu erzielen, während gleichzeitig effiziente Newcomer keine Möglichkeit eines profitablen Markteintritts sehen. Die von Bain genannten Ursachen von barriers to entry sind zu Recht als zu umfassend kritisiert worden, da sie zwar Markteintrittshemmnisse darstellen, aber Wettbewerbsbeeinträchtigungen sich darum nicht in allen Fällen schlüssig begründen lassen. Auch diejenigen Konzepte, die Markteintritt und Abwehr als mehrstufige Spiele modellieren, sind ihrem Wesen nach statisch. Sie sind statisch vor allem insofern, als sie von konstanter Technologie ausgehen, also Prozeß- und Produktinnovationen weitgehend ausblenden.

Prognosen über die Entwicklung der Marktzugangsbedingungen im Zeitablauf sind folglich äußerst schwierig: Denkbar ist, daß Prozeßinnovationen die Höhe der bei Markteintritt zu tätigenden irreversiblen Investitionen signifikant verändern und das aufgebaute Drohpotential etablierter Unternehmen auf diese Weise entwertet wird.

Newcomer können auf den Plan treten, die in der Lage sind, auch bisher als hoch erachtete Markteintrittsschranken zu überwinden, sei es dank geringerer Kosten, sei es dank attraktiverer Produkte, neuer Vertriebsmethoden oder innovativer Marketingtechniken. Hierbei sind es zumeist keine neu gegründeten Unternehmen, die den Eintritt in als geschützt erachtete Märkte unternehmen, sondern „already established firms", die ihren räumlichen oder sachlichen Tätigkeitsbereich ausweiten. Die Konservierung von Monopolrenten durch strategic entry deterrence kann hier vermutlich nur selten gelingen.

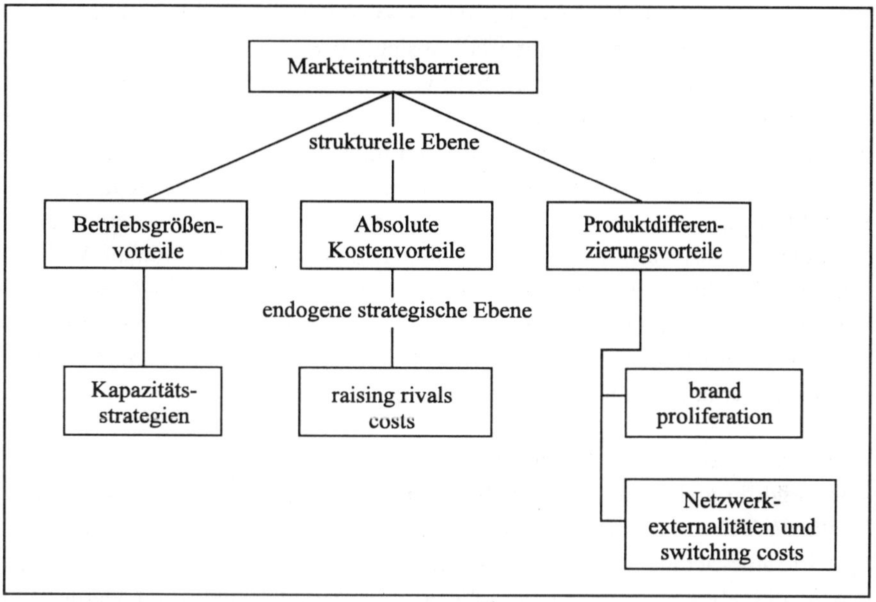

Abb. 1: Ansätze zur Endogenisierung struktureller Markteintrittsbarrieren

Dies gilt in verstärktem Maße gegenüber Konkurrenten aus Drittländern: Unternehmen, die auf dem sachlich relevanten Markt an anderer Lokation bereits präsent sind, haben keine Probleme bei der Nutzung von Massenproduktions- oder Verbundvorteilen der Produktion. Absolute Kostennachteile, zumindest im Bereich der Produktion, dürften ebenfalls in aller Regel irrelevant sein. Sie kommen möglicherweise für den Bereich des Marketing in Betracht, wenn Unternehmen ihren Kulturkreis verlassen und auf neuen Märkten bestehende Präferenzen zugunsten heimischer Anbieter überwinden müssen.

Die empirische Evidenz nährt Zweifel daran, ob die Praxis der (privaten) entry deterrence ähnlich vielgestaltig ist wie die mittlerweile konstruierten theoretischen Modelle. Gerade kostspielige Praktiken wie Kapazitätsstrategien und limit pricing dürften sich in der Regel als unattraktiv erweisen, während Produktdifferenzierungsstrategien und strategisches FuE, die zugleich die Wettbewerbsfähigkeit der Unternehmen erhöhen, vermutlich häufiger genutzt werden[95]. Es ist grundsätzlich sinnvoll, die in diesem Kapitel skizzierten Unternehmensstrategien nicht auf ihre Wirkung auf den potentiellen Wettbewerb zu

[95] Vgl. Bunch, D.S.; Smiley, R., 1992.

reduzieren. Sie haben durchgängig auch Auswirkungen auf den aktuellen Wettbewerb, wenn man vom Monopolfall absieht. Insofern ist es auch problematisch, Eintrittsverhinderung als Kollektivgut zu interpretieren, das auch passiv bleibenden Marktteilnehmern zugute kommt. In gleichem Maße, indem sie vor potentiellem Wettbewerb geschützt werden mögen, verschlechtert sich nämlich ihre Marktstellung gegenüber den aktuellen Wettbewebern, die etwa in neue Produktionskapazitäten oder die Entwicklung neuer Marken investieren. Diese Überlegung führt zurück zu dem Argument, daß intensiver aktueller Wettbewerb Märkte für potentielle Newcomer unattraktiv machen kann. Hierdurch kommt es allerdings wiederum zu einer Erosion der Oligopolrenten der etablierten Unternehmen, ohne daß zugleich der Eintritt leistungsfähiger Unternehmen dauerhaft verhindert werden könnte.

Effektiver als private Eintrittsabschreckung schützt etablierte Unternehmen vermutlich in vielen Fällen staatliche Eintrittsregulierung. Gegen eintrittsfähige Wettbewerber aus Drittländern dürfte dies sogar der einzige nicht nur kurzfristig wirksame Schutz sein. Auch institutionelle Markteintrittsschranken können gleichwohl als Gegenstand unternehmerischer Strategie begriffen werden. In dieser Hinsicht deutet vor allem das Konzept des raising rivals' costs über den Bereich der privaten Eintrittsabschreckung hinaus.

D. Institutionelle Markteintrittsschranken: Definition, Erscheinungsformen und wohlfahrtstheoretische Begründungen

Markteintrittsschranken sind von Bain und den Vetretern der Harvard-School zunächst als Merkmal der Marktstruktur begriffen worden. Im Laufe der Zeit setzte sich mehr und mehr eine Sichtweise durch, die barriers to entry als wesentlich mitverursacht durch zielgerichtetes Handeln von etablierten Unternehmen interpretiert. Zwar wird die Möglichkeit strategischen Handelns bereits von Bain explizit, wenngleich nicht mit der logischen Stringenz spieltheoretischer Modelle neueren Datums, in Form des limit pricing analysiert. Strategisches Handeln bedeutet im Kontext des traditionellen limit pricing-Modells jedoch letztlich nicht mehr als das Ausnutzen bestimmter marktstruktureller Gegebenheiten, also etwa die Verhinderung von Markteintritten durch den Verzicht auf kurzfristige Gewinnmaximierung angesichts der Relevanz steigender Skalenerträge.

Ein bedeutender Einwand gegen das von der Harvard-School propagierte structure-conduct-performance-Paradigma verweist auf die in einem intertemporalen Kontext unangemessene Vernachlässigung der Rückwirkungen des Marktverhaltens bzw. des Marktergebnisses auf die Marktstruktur. Gefordert ist folglich ein Markteintrittsschrankenkonzept, das die Bedingungen des Marktzugangs unter Rückgriff auf Marktverhalten und Marktergebnis zu erklären sucht.

Strukturell und damit für die Marktteilnehmer exogen sind Markteintrittsschranken bestenfalls auf kurze Frist. Auf mittlere und lange Sicht können die etablierten Anbieter ebenso wie potentielle Konkurrenten Art und Höhe der Markteintrittsschranken maßgeblich beeinflussen. Die denkbaren Aktionsparameter der strategic entry deterrence sind in Kapitel C diskutiert worden. Die Grenze zwischen strategischen Markteintrittsschranken auf der einen und strukturellen Markteintrittsschranken auf der anderen Seite verliert in der neueren Literatur mehr und mehr an Schärfe.

Institutionelle Markteintrittsschranken werden dagegen weiterhin zumeist als exogenes Merkmal der Marktstruktur behandelt. So bescheinigt ihnen Kolbe einen nicht „originär-ökonomischen Charakter“ und klammert sie bei der Analyse von Determinanten der Markteintrittsfähigkeit von Unternehmen folgerichtig aus[1].

Dieses Vorgehen ist zum Zwecke der Eingrenzung des Untersuchungsgegenstandes zweckmäßig und daher nicht grundsätzlich zu beanstanden. Die zitierte Begründung kann jedoch nicht überzeugen. Wenn der Staat den Marktzugang in einer marktwirtschaftlich organisierten Wirtschaftsordnung begrenzt, so wird dies nicht selten unter Verweis auf anderenfalls (angeblich) unvermeidliche Probleme ökonomischer Art, wie ruinöse Konkurrenz oder Wohlfahrtsverluste durch Doppelinvestitionen in natürlichen Monopolen legitimiert[2]. In diesen Fällen müssen institutionelle Markteintrittsschranken zumindest bei einer normativen Analyse unter ökonomischen Gesichtspunkten behandelt werden. Dies ist weitgehend unstrittig.

Weniger eindeutig ist die Behandlung von institutionellen Markteintrittsschranken im Rahmen positiver Analyse. Diese dürfte in der Tat gemeint sein, wenn staatliche Marktzugangshemmnisse als nicht „originär-ökonomisch" bezeichnet werden: Art und Höhe institutioneller Barrieren werden dieser Lesart zufolge im politischen Bereich bestimmt, also außerhalb der Reichweite der Akteure des ökonomischen Marktes. In dieser Arbeit wird der politische Entscheidungsprozeß gemäß dem Ansatz der Neuen Politischen Ökonomie interpretiert und analysiert. Von zentraler Bedeutung ist dabei der Begriff des politischen Marktes, der zum Ausdruck bringen soll, daß staatliches Handeln letztlich durch den Koordinationsmechanismus von Angebot und Nachfrage bestimmt wird. Als Akteure auf dem politischen Markt werden neben Politikern, Wählern und Unternehmen auch deren Zusammenschlüsse zu Interessengruppen oder Lobbys betrachtet, deren Ziel es ist, die jeweils betriebene Politik zu ihren Gunsten zu beeinflussen[3].

Die Analyse institutioneller Markteintrittsschranken konzentriert sich zunächst auf deren normative Dimension, auf die Frage also, unter welchen Umständen eine staatliche Beschränkung des Marktzugangs berechtigt und wün-

[1] Kolbe, C., 1991, S.54.

[2] In anderen Fällen spielen ökonomische Argumente lediglich eine untergeordnete Rolle, wie bei den staatlichen Monopolen der Rechtsprechung und der Ausübung von Gewalt („Gewaltmonopol").

[3] Die Nachfrage nach staatlich sanktionierten Privilegien ist Kern der Theorie des rent seeking, die auf Arbeiten von Tullock, Krueger und Posner zurückzuführen ist. Tullock, G., 1967, 1971; Krueger, A.O., 1974; Posner, R., 1975.

schenswert ist. Sollte sich zeigen, daß die in der Realität vielfach zu beobachtenden staatlichen Eingriffe in die Offenheit von Märkten in der überwiegenden Zahl der Fälle wohlfahrtstheoretisch zu rechtfertigen sind, so bestünde zumindest kein wirtschaftspolitisches Problem, welches sich wissenschaftlich zu untersuchen lohnt, da sich Ist- und Soll-Zustand bereits im status quo decken.

Weichen Ideal und Wirklichkeit dagegen voneinander ab, so ist eine positive Theorie institutioneller Markteintrittsschranken gefordert, die das Zustandekommen realer Beschränkungen des Marktzugangs und insbesondere die konstatierten Abweichungen vom Optimum zu erklären vermag. Die Konzentration auf die Entstehung von Markteintrittsbarrieren reicht jedoch nicht aus: Berücksichtigt werden muß auch der umgekehrte Prozeß der Erosion oder der Modifikation bestehender Eintrittsschranken. Bereits an dieser Stelle sei angemerkt, daß der Verfasser für eine „offene" Sichtweise plädiert, die dem politischen Entscheidungsprozeß keinen systemimmanenten Trend zu immer mehr Regulierung oder zu einer immer größeren Zahl abgeschotteter Märkte bescheinigt. In einer Reihe von theoretischen Arbeiten herrscht diesbezüglich hingegen spürbarer Pessimismus, wie in Kapitel E deutlich werden wird.

I. Definition

Die unabdingbare Begriffsabgrenzung ist kein unproblematisches Unterfangen: Schon für den unspezifisch gebrauchten Markteintrittsschrankenbegriff existiert keine allgemein akzeptierte Definition, wie in Kapitel C gezeigt wurde. Manches spricht dafür, sich an die Definition Weizsäckers anzulehnen, die explizit auf die Wohlfahrtswirkungen der Markteintrittshemmnisse abstellt[4]. Staatliche Beschränkungen des Marktzugangs, die sich wohlfahrtstheoretisch begründen lassen, etwa staatlich garantierter Patentschutz, könnten so von vornherein ausgeklammert werden. Dies ermöglicht eine Konzentration auf die „Problemfälle" ineffizienter Staatseingriffe. Der Versuch einer positiven Fundierung muß allerdings an eine allgemeine Theorie des staatlichen Handelns anknüpfen, unabhängig davon, wie dieses Handeln wohlfahrtstheoretisch zu bewerten sein mag. Wohlfahrtsmehrende und wohlfahrtssenkende Politiken können nach Ansicht des Verfassers kaum separat analysiert und begründet werden.

---

[4] Weizsäcker, C.C.v., 1980a,b.

Für eine solche „duale" Begründung wäre es etwa kennzeichnend, wenn beobachtete Ineffizienzen mit Fehlern und Irrtümern der politisch Handelnden, die in einer komplexen Welt unvermeidlich sind, erklärt werden, während man Politiker und Behörden ansonsten dem Ziel der Wohlfahrtsmehrung verpflichtet sieht. Auch wenn dies im Einzelfall zutreffen mag, kann die „duale" Begründungshypothese nicht befriedigen. Gefordert ist statt dessen eine Konzeption, die alle Formen politischen Handels - also etwa Regulierung ebenso wie Deregulierung, das Errichten ebenso wie das Beseitigen institutioneller Markteintrittsschranken - in einem einheitlichen Begründungszusammenhang zu diskutieren erlaubt.

Als „institutionell" sollen Markteintrittsschranken dann gelten, wenn sie Folge der gültigen Rechtsordnung oder von Handlungen der auf ihrer Basis tätigen Organe sind. Zu diesen Organen gehören die gesetzgebenden Körperschaften (Legislative), Regierung, Ministerien sowie Behörden (Exekutive) und Gerichte (Judikative). Es ist somit durchaus gerechtfertigt, für Beschränkungen des Marktzugangs, die auf deren Aktivität zurückgehen, synonym auch den Begriff der „staatlichen Markteintrittsschranke" zu verwenden.

Die Einordnung einer Markteintrittsschranke als institutionell oder staatlich setzt voraus, daß staatliches Handeln ein wesentlicher Faktor ihres Zustandekommens ist. Als wesentlich durch staatliches Handeln bedingt soll eine Zugangsbeschränkung dann gelten, wenn sie ansonsten nicht oder nur in einer den potentiellen Wettbewerb in geringem Maße beeinflussenden Höhe bestehen würde. Ohne das Kriterium der Wesentlichkeit wären letztlich alle Markteintrittsschranken als „institutionell" zu interpretieren: Marktprozesse laufen nicht im rechtsfreien Raum ab; selbst ein hypothetischer Minimalstaat definiert und garantiert Eigentumsrechte und begrenzt damit auch das Spektrum zumindest der legalen Verhaltensformen von Unternehmen und anderen Wirtschaftseinheiten. Somit ist auch die Durchführbarkeit von (marktorientierten) eintrittsabschreckenden Strategien nicht unabhängig von der jeweiligen Struktur der Rechtsordnung, ist also letzlich „institutionell".

Die folgende Überlegung mag das verdeutlichen: Die Schaffung von Produktionskapazitäten, deren volle Nutzung bei konstanter Nachfrage nicht beabsichtigt ist, gilt als Variante strategischen Verhaltens etablierter Unternehmen mit dem Ziel, die Profitabilität von Markteintritten zu senken. Die Durchführbarkeit dieser Strategie setzt aber eine Eigentumsrechtsstruktur voraus, die für Investitionen keine Genehmigung erfordert. Diese könnte an den Nachweis der Notwendigkeit einer Kapazitätserweiterung, etwa aufgrund einer künftig zu erwartenden Nachfragesteigerung oder der Feststellung gesellschaftlichen Bedarfs, gebunden sein.

Nun ist in einer nach marktwirtschaftlichen Grundsätzen organisierten Volkswirtschaft staatliche Aufsicht über Investitionsvorhaben zumindest in Form einer umfassenden Lenkungsstrategie bestenfalls als Ausnahme zu deklarieren. Daher dürfte nach allgemeiner Auffassung hier nicht staatliches Handeln (oder besser Unterlassen), also die Garantie der Freiheit von Investitionsentscheidungen, sondern die Investitionsentscheidung des Unternehmens selbst wesentlich für die Existenz einer Markteintrittsschranke sein. Die umgekehrte Deutung wirkt in diesem Fall äußerst konstruiert.

Auch in der Bundesrepublik existieren jedoch Momente staatlicher Aufsicht über Investitionsvorhaben. So unterliegt die Investitionspolitik der Energieversorgungsunternehmen der sogenannten Fachaufsicht. Investitionen sind bei der Aufsichtsbehörde meldepflichtig und können gegebenenfalls von dieser untersagt werden. Strategien der Kapazitätserweiterung ebenso wie Markteintritte sind folglich nur dann durchführbar, wenn die Zustimmung der Regulierungsinstanz erlangt werden kann[5]. Bei Fortbestand des zur Zeit praktizierten Systems ausschließlicher regionaler Versorgungszuständigkeiten sind entry deterrence-Strategien zumindest auf dem ökonomischen Markt nicht notwendig, sie gewinnen jedoch angesichts einer zu erwartenden graduellen Marktöffnung an Bedeutung.

In anderen Bereichen weisen staatlicher Markteingriff und unternehmerische Strategie bei der Entstehung von Markteintrittsschranken bereits heute gleiches Gewicht auf. So wirken etwa staatliche Institutionen im Rahmen der Forschungs- und Technologiepolitik sehr weitgehend im Bereich der Investitionsplanung von Unternehmen mit, nicht zuletzt, weil sich der Staat nicht selten auch finanziell in nennenswertem Umfang engagiert. Häufig wird staatliches Engagement im Hochtechnologiebereich sogar ausdrücklich mit dem Argument begründet, daß unternehmerisches Handeln aufgrund hoher Investitionen in spezifisches Kapital mit sehr großen Risiken belastet sei und folglich ohne Subvention hinter dem gesamtwirtschaftlich wünschenswerten Maß zurückbleibe. Da Irreversibilitäten der Wettbewerbstheorie zugleich als wichtige Ursache von Vorteilen etablierter Anbieter gegenüber Newcomern gelten, wird deutlich, wie eng staatliches und privates Handeln hinsichtlich der Existenz und Höhe strategischer Markteintrittsschranken miteinander verzahnt sind.

---

[5] Vgl. Gröner, H.; Smeets, H.-D., 1988.

Förderungsentscheidungen wirken für nicht begünstigte Unternehmen marktschließend, indem sie die Reaktionsfunktion der Subventionsempfänger modifizieren. Die Auswirkungen auf den aktuellen wie den potentiellen Wettbewerb können dabei durchaus kalkuliert sein, so wenn staatliche Institutionen sich von den Konzepten der strategischen Handelspolitik leiten lassen (siehe auch Abschnitt D.III.3).

Im weiteren Verlauf dieser Arbeit soll plausibel gemacht werden, daß institutionelle Markteintrittsschranken endogenisiert werden können, genauer, daß sie durch das Zusammenwirken von politischen und privatwirtschaftlichen Akteuren auf politischen Märkten zu erklären sind.

Eine Definition, die zu diesem Zweck geeignet ist, darf folglich nur solche Markteintrittsschranken erfassen, deren Errichtung ein Moment zielgerichteten Handelns innewohnt. Es ist allerdings nicht erforderlich, daß Gesetze, Verordnungen oder staatliche Einzelmaßnahmen Eintrittsbeschränkungen zum Gegenstand haben. Vielmehr reicht es aus, wenn Zugangsbeschränkungen Zweck staatlichen Handelns sind[6]. Der Nachteil der Zweckdefinition liegt allerdings in ihrer begrenzten Operationalität. Die Verknüpfung von Handlungen und Handlungsmotiven ist selten zweifelsfrei und ohne subjektives Element zu bewerkstelligen.

Die in dieser Hinsicht weniger problematische Folgedefinition würde dagegen Markteintrittsschranken unabhängig davon erfassen, ob ihr Entstehen bei der Konzeption staatlichen Handelns bezweckt wird. Es reicht vielmehr aus, daß sie „objektiv vorauszusehen“[7] sind. Ihre Anwendung führt allerdings zu nicht minder schwierigen Problemen: Positive ökonomische Theorie kann letztlich nur das erklären, was sich auf bewußte Wahlhandlungen der ökonomischen Akteure zurückführen läßt. Wie groß die Menge an nicht-entscheidungsrelevanten bzw. nicht voraussehbaren Handlungsfolgen ist, hängt ab von der Komplexität des Problems, von den verwendeten Entscheidungsverfahren, von der Gewichtung konkurrierender Ziele, von den verfügbaren Informationen und vom Grad der Rationalität der Entscheider.

---

[6] Diese Unterscheidung folgt der kartellrechtlichen Interpretation des § 1 GWB, derzufolge (mittlerweile) auch solche Verträge unter das Kartellverbot fallen, die die Kartellbildung bezwecken, ohne diese zugleich zum Gegenstand zu haben. Vgl. Schmidt, I., 1993, S. 221f.

[7] Schmidt, I., 1993, S. 221.

Somit gilt, daß politische Entscheidungsverfahren Folgen generieren können, die ex-ante, also bei der Konzeption der Wirtschaftspolitik, unberücksichtigt geblieben sind: Die hohe Komplexität vieler wirtschaftspolitischer Probleme macht eine verläßliche Folgeabschätzung schwierig; Gesetzgebungsverfahren zwingen zu Kompromissen, Zielkonflikte zur Hinnahme von nicht Gewünschtem, um andere, als höherwertig angesehene Ziele zu erreichen; Informationen sind nur begrenzt verfügbar, Folgeabschätzungen nicht zuverlässig; nicht zuletzt ist darauf hinzuweisen, daß die Rationalität allen Handelns unter Unsicherheit begrenzt ist.

Nicht alle Markteintrittsschranken, die bei genauer Analyse auf staatliches Handeln zurückgeführt werden können, sind somit vollständig mit Hilfe von Konzepten der Politischen Ökonomie endogenisierbar. Die strenge Anwendung der Folgedefinition erscheint nicht angemessen, soll nicht ein Erklärungsanspruch erhoben werden, der nicht eingelöst werden kann. Als angemessener Kompromiß erscheint eine weite Auslegung der Zweckdefinition. „Weit" meint in diesem Zusammenhang, daß Marktzugangsbeschränkungen nicht der Hauptzweck staatlichen Handelns sein müssen, um dem hier gewählten politisch-ökonomischem Erklärungsansatz zugänglich zu sein.

Der Verfasser vertritt die Ansicht, daß dem politischen Entscheidungsprozeß - aller Komplexität zum Trotz - kein zu geringes Maß an Rationalität zugebilligt werden sollte, daß die Wettbewerbswirkungen staatlicher Engagements nicht kurzerhand als unkalkulierbare und nicht intendierte Nebenwirkung qualifiziert werden dürfen. Die Auswirkungen auf die Offenheit von Märkten beeinflussen Entscheidungen auch dort, wo die Beschränkung oder auch die Erleichterung des Marktzugangs nicht Gegenstand oder erklärter Zweck von Gesetzgebung und darauf basierendem Verwaltungshandeln sind.

II. Erscheinungsformen institutioneller Markteintrittsschranken

Der Begriff der institutionellen Markteintrittsbarriere wird zumeist mit Fällen verknüpft, in denen der Staat den Marktzugang direkt kontrolliert, etwa indem er Markteintritte genehmigungs- oder lizenzpflichtig macht bzw. essentielle Ressourcen kontrolliert oder in denen öffentliche Unternehmen selbst als Alleinanbieter fungieren. Beispiele waren und sind zum Teil noch heute das Post- und Fernmeldemonopol in der Bundesrepublik oder die regionalen Ver- und Entsorgungsmonopole. Alternativ kann der Staat die Kompetenz zur Eintrittsregulierung auch an öffentlich-rechtliche Organe oder direkt an Verbände delegieren wie im Falle der kassenärztlichen Vereinigungen. Markteintrittsbarrieren entstehen auch durch die Implementierung von (Import-) Quotensystemen oder von freiwilligen Exportselbstbeschränkungsabkommen (voluntary export restraints; VER). In diesen Fällen soll von formellen Zugangsbeschränkungen gesprochen werden.

Staatliches Handeln beeinflusst die Marktzugangsbedingungen jedoch auch auf andere, weniger direkte und damit weniger offensichtliche Weise. Im dritten Kapitel dieser Arbeit war das Spektrum von eintrittsbehindernden Strukturmerkmalen und Unternehmensstrategien dargestellt worden. Im Falle des raising rivals' costs wurde bereits darauf hingewiesen, daß staatliche Regulierung zu Kostendifferenzen zwischen aktuellen Anbietern oder zwischen etablierten Unternehmen und potentiellen Konkurrenten führen kann. Gesetzliche Regelungen bestimmen zudem in vielen Bereichen die Höhe der zum Markteintritt notwendigen Investitionen. Eintrittsschranken können entstehen, wenn der hohe Kapitalbedarf Newcomer abschreckt oder wenn hohe irreversible Investitionen das Drohpotential etablierter Unternehmen erhöhen.

Von materiellen Zugangsbeschränkungen soll dann gesprochen werden, wenn der Staat den Marktzugang nicht direkt beschränkt, sondern etablierten Anbietern absolute Kostenvorteile oder Produktdifferenzierungsvorteile verschafft. Materielle Eintrittschranken liegen auch dann vor, wenn staatliches Handeln Marktaustrittsbarrieren zur Folge hat, sei es durch Erhöhung des irreversiblen Investitionsvolumens, sei es etwa auch durch die Zusage von Erhaltungssubventionen. Schließlich kann auch dann von materiellen Eintrittsbarrieren gesprochen werden, wenn der Staat darauf verzichtet, wirksame Wettbewerbspolitik zu betreiben, also etwa Kartellbildung, die Zunahme der Konzentration oder Praktiken des Behinderungsmißbrauchs toleriert oder geltende Bestimmungen in Einzelfällen großzügig auslegt. Formelle werden in materielle Markteintrittsbarrieren transformiert, wenn restriktive Marktzugangsregelungen gelockert werden, ohne daß den etablierten Unternehmen verwehrt wird, Newcomer mit Hilfe der ihnen in der Vergangenheit zugewachsenen Marktmacht am Eintritt oder Wachstum zu hindern. Die Abbildung auf der folgenden Seite gibt einen Überblick über verschiedene Formen institutioneller Markteintrittsschranken.

1. Formelle Zugangsbeschränkungen

Bei formellen Marktzugangsbeschränkungen wird der Markteintritt durch Gesetze oder Verordnungen restriktiv reglementiert. Der Marktzugang kann

formelle Eintrittsbeschränkungen	**materielle Entrittsbeschränkungen**
• staatliche Monopole - Post und Fernmeldewesen - Bundesbahn - Sozialversicherungen - Bildung - Abfallbeseitigung	• Zölle und nicht-tarifäre Handelshemmnisse
• private Monopole mit staatlicher Sanktion - Energieversorgung - Entsorgung von Verkaufsverpackungen (Duales System)	• Regulierung - Qualität: Pharmazeutika, Versicherungen, Banken - Ökologie: Emissionsgrenzwerte
• Quotensysteme; VERs - Europäischer Agrarmarkt - Europäischer Stahlmarkt - Europäischer Automobilmarkt	• Kaptialbedarf/Irreversibilitäten - Investitionsauflagen: Versorgungsauflagen Telekommunikation - Abfallwirtschaft
	• Marktaustrittsschranken - Arbeitsrecht - Erhaltungssubventionen
	• Verzicht auf wirksame Wettbewerbspolitik

• Deregulierung eines staatlichen Monopols ohne asymmetrische Regulierung im Übergangszeitraum

Abb. 2: Erscheinungsformen institutioneller Markteintrittsbarrieren

auch durch privatwirtschaftliche Verträge beschränkt werden, die ausnahmsweise nicht dem Verbot des § 18 GWB oder § 1 GWB unterliegen. Trotzdem erfolgende Markteintritte können folglich juristisch verfolgt und geahndet werden.

a) Staatliche Monopole

Die „klassische" Form formeller Zugangsbeschränkung liegt vor, wenn staatliche Unternehmen Alleinanbieter sind und für weitere Markteintritte keine Genehmigungen erteilt werden bzw. eine sehr restriktive Genehmigungspraxis verfolgt wird. Beispiele für die Bundesrepublik sind bzw. waren hier Post- und Fernmeldemonopol sowie bis zum Beginn der 80er Jahre das Rundfunkmonopol. Weitere Beispiele findet man im Bereich der schulischen und universitären Bildung, bei den Sozialversicherungen oder im Schienenverkehr.

Mit staatlichen Monopolen vergleichbar sind Märkte, auf denen privatwirtschaftlich geführte Unternehmen das Recht zur Tätigkeit als Alleinanbieter innehaben. Hier sind vor allem die regionalen Versorgungsmonopole zu nennen[8]. Im Bereich der Energieversorgung beruhen die Monopolstellungen auf der im § 103 GWB zugestandenen Möglichkeit von Gemeinden und Versorgungsunternehmen, eine ausschließliche Versorgungszuständigkeit als Ausnahme vom Verbot des § 18 GWB zu vereinbaren und so Markteintritte auszuschließen.

Staatliche Monopole sind in jüngerer Vergangenheit spürbarer Erosion ausgesetzt: Bereits in den 80er Jahren sind private Rundfunk- und Fernsehanbieter zugelassen worden. In Tätigkeitsbereich der ehemaligen Deutschen Bundespost ist Markteintritt in einzelnen Marktsegmenten zugelassen worden. Beispiele sind die private Paketbeförderung, das Angebot von Endgeräten im leitungsgebundenen Fernmeldewesen sowie die Errichtung von privaten Mobilfunknetzen. Die umfassende Deregulierung des Telekommunikationsbereiches mit dem Verlust des Netzmonopols für die Deutsche Telekom ist für 1998 projektiert. In der Hochschullandschaft hat sich eine Reihe von Universitäten in privater Trägerschaft etablieren können. Der wettbewerbliche Ausnahmebereich des § 103 GWB für die Versorgungswirtschaft ist u.a. durch Einführung spezieller Mißbrauchstatbestände durch die 4. GWB Novelle zwar nicht aufgehoben, aber doch ansatzweise gelockert worden. Die Laufzeitbegrenzung von Verträgen, die ein ausschließliches Belieferungsrecht für ein Versorgungsunternehmen beinhalten, ermöglicht den Kommunen die periodische Neuausschreibung ihres Versorgungsgebietes. Dieses Recht ist in vielen Fällen zur Gründung von kommunalen Versorgungsunternehmen genutzt worden. Diese sind jedoch nicht selten als Gemeinschaftsunternehmen mit Beteiligung der Stromversorger konzipiert. Es findet folglich keine Erhöhung der Wettbewerbsintensität, sondern lediglich „rent sharing“ zwischen Kommunen und Unternehmen statt. Die Europäische Kommission drängt mittlerweile auf eine wesentlich umfassendere Liberalisierung der Energiemärkte, ohne daß ihr allerdings bisher durchschlagender Erfolg beschieden ist[9].

---

[8] Die Grenze zwischen öffentlichen und privatwirtschaftlichen Firmen ist nicht klar zu ziehen. Zieht man die Eigentumsverhältnisse heran, so müssen Energieversorger oder Entsorgungsunternehmen häufig als „öffentlich“ bezeichnet werden. Privatwirtschaftlich soll hier jedoch als Gegenbegriff zu öffentlich-rechtlichen Unternehmen verwendet werden.

[9] Vgl. Monopolkommission, 1994, Tz. 171ff.

Die Bedeutung staatlicher Monopole wird nach Ansicht des Verfassers weiter zurückgehen. Bestehende Monopole werden erodieren; die Errichtung neuer Monopolstellungen ist wenig wahrscheinlich. Diese Prognose macht jedoch eine positive Theorie der Eintrittsregulierung nicht obsolet, da die konstatierte Deregulierung selbst erklärungsbedürftig ist und andererseits in der Übergangsphase von Monopol zum Wettbewerb politischer Einfluß auf die Marktzugangsbedingungen spürbar bleiben wird. So bleibt aller Voraussicht nach der Marktzugang im Telekommunikationsbereich an Auflagen gebunden, über die politisch entschieden wird und über deren Erfüllung ein Regulierungsorgan, also ein politisches Gremium, befindet. Von der Politik dieser Regulierungsinstanz wird zudem in nicht unerheblichem Maße abhängen, in welchem Umfang der „alte" Monopolist, die Deutsche Telekom, sein Machtpotential zur Behinderung von Markteintritten nutzen kann. Läßt die Regulierungsinstanz entry deterrence des vormals staatlichen Monopolisten zu, so sollte nach Ansicht des Verfassers auch in diesem Fall weiterhin von institutionellen Markteintrittsbarrieren gesprochen werden. Dies erscheint sinnvoll, weil die Asymmetrie zwischen etabliertem Unternehmen und Newcomern Resultat zurückliegender Markteintrittsverbote ist, die in Form einer überragenden Marktstellung in die Gegenwart fortwirken. (Vgl. Abschnitt F.III)

Marktzugangsentscheidungen bleiben auch dort politische Entscheidungen, wo - wie im Bereich der Abfallbeseitigung - Gebietskörperschaften, soweit sie entsorgungspflichtig sind, als alleinige Nachfrager auftreten. Die Verpackungsverordnung von 1991 entbindet die Kommunen zwar von der Pflicht zur Beseitigung von Verkaufsverpackungen und verpflichtet statt dessen Hersteller und Handel zur Errichtung eines flächendeckenden Sammel- und Verwertungsnetzes. Wettbewerbliche Strukturen sind allerdings durch diese Aufgabenprivatisierung nicht entstanden: An die Stelle des Kommunalen Entsorgungsmonopols ist de facto das Monopol bzw. Monoposon des Dualen Systems Deutschland (DSD) getreten. Das DSD ist Alleinanbieter des Rechts, Verkaufsverpackungen in Verkehr zu bringen, da es allein in der Lage ist, die Garantie der Rücknahme und Verwertung zu erbringen, die von der Verpackungsverordnung vorgeschrieben ist. Das DSD ist somit auch alleiniger Nachfrager nach den speziellen Entsorgungsdienstleistungen. Zumindest zwischen den Anbietern dieser Dienstleistungen wäre Wettbewerb grundsätzlich möglich.

Das DSD ist allerdings in der Wahl des von ihm mit der Sammlung und Aufbereitung der Abfälle beauftragten Entsorgungsunternehmens nicht frei. Vielmehr üben die Kommunen großen Einfluß darauf aus, wer in ihrem Bereich als

Beauftragter des DSD tätig wird[10]. Da vermutet werden kann, daß die Städte und Gemeinden Unternehmen bevorzugen, an denen sie selbst beteiligt sind (Gemeinschaftsunternehmen), bleiben für andere Entsorgungsunternehmen in vielen Fällen institutionelle Markteintrittsschranken bestehen.

b) Quantitative Zugangsbeschränkungen durch Quotensysteme

Im Fall von mengenmäßige Marktzugangsbeschränkungen wird das Marktvolumen nach festgelegten Regeln auf die Marktteilnehmer verteilt. Zumeist wird gleichzeitig für die gesamte Angebotsmenge eine Obergrenze festgelegt. Ein solches Arrangement begrenzt bereits den aktuellen Wettbewerb, da Marktanteile leistungsunabhängig festgeschrieben werden. Gravierend sind jedoch auch die Auswirkungen auf den potentiellen Wettbewerb. Markteintritte sind nur dann möglich, wenn das eintrittswillige Unternehmen in den Besitz von Produktionsquoten gelangt. Quoten wirken wie knappe Produktionsfaktoren, zu denen etablierte Unternehmen bevorzugten Zugang haben. Eintrittsmöglichkeiten ergeben sich nur dann, wenn neue Quoten geschaffen oder bestehende umverteilt werden.

Sind die Quoten handelbar, wirken sie bei Berücksichtigung von Opportunitätskosten zwar nur dann zum Nachteil potentieller Wettbewerber, wenn die etablierten Unternehmen spezifische Kapitalgüter nutzen. Dies dürfte aber nicht selten sein: Quotensysteme werden häufig mit der Begründung praktiziert, es gelte ruinösen Wettbewerb zu verhindern, der aufgrund bestehender Überkapazitäten anderenfalls drohe. Trifft diese Argumentation zu, müssen Marktaustrittsbarrieren vermutet werden, die wiederum daraus resultieren, daß die genutzen Produktionsfaktoren industriespezifisch sind, also nicht ohne erhebliche Einbußen in anderen Verwendungen genutzt werden können.

Ein Beispiel für Quotensysteme ist das von der Europäischen Gemeinschaft auf dem Stahlmarkt praktizierte System nationaler Produktionsquoten. Für eine Reihe von Agrarerzeugnissen besteht ein System von Erzeugerquoten.

Die Quotierung des Inlandsmarktes geht häufig Hand in Hand mit einer restriktiven Außenhandelspolitik. Märkte, die durch Quotensysteme stabilisiert werden sollen, weisen in der Regel strukturelle Überkapazitäten auf. Befinden

---

[10] BKartA, 1993, S. 21.

sich diese Märkte in der Stagnations- oder bereits in der Schrumpfungsphase, gilt die Vermutung, daß Anbieter aus Industrieländern sich in dieser Marktphase kostengünstig produzierender Importkonkurrenz aus Schwellen- oder Entwicklungsländern gegenübersehen, für die der geschützte Markt gerade auch durch den quotierungsbedingten Preisanstieg zusätzliche Attraktivität gewinnt. Eine „Stabilisierung" des Inlandsmarktes ist darum ohne gleichzeitige Importbegrenzung wirkungslos, da ansonsten lediglich inländisches durch ausländisches Angebot ersetzt würde. Auch hier kann die Gemeinsame Agrarpolitik der Europäischen Gemeinschaft als Beleg dienen. Für den Stahlmarkt hat die EU mit allen wichtigen Stahlexportnationen Mittel- und Osteuropas Selbstbeschränkungsabkommen abgeschlossen.

(Import-) Quotensysteme sind ein typisches Instrument einer protektionistischen Außenhandelspolitik, auch wenn keine binnenwirtschaftlich Eintrittsregulierung praktiziert wird. Durch Zuweisung von Importquoten wird ausländischen Unternehmen der Zugang zum Inlandsmarkt zwar nicht gänzlich verwehrt, ihre maximale Angebotsmenge jedoch begrenzt. Auch die sogenannten freiwilligen Exportselbstbeschränkungsabkommen (Voluntary export restraints; VER), wie sie für Automobile zwischen der EU und Japan vereinbart worden sind, stellen eine Form der Importquotierung dar[11]. Markteintritte in den Inlandsmarkt sind für Anbieter aus Drittländern zwar auch weiterhin grundsätzlich möglich, die Angebotsmenge und damit auch der Wettbewerbsdruck, dem inländische Anbieter ausgesetzt sind, ist jedoch insgesamt begrenzt. Wenn bei unlimitiertem Marktzugang eine höhere Importmenge realisiert werden würde, was regelmäßig der Fall sein dürfte, ist die Existenz von Markteintrittsschranken für den Gesamtmarkt und gegenüber ausländischen Unternehmen zu bejahen. Inländischen Unternehmen steht der Markteintritt mit beliebigen Angebotsmengen weiterhin offen.

Zu unterscheiden sind zwei Effekte: Für die Unternehmen, die über Importmöglichkeiten verfügen, bestehen Mobilitätsbarrieren, da ihr unternehmerischer Handlungsspielraum beschränkt ist. Eine Ausweitung ihres Marktanteils ist nur auf Kosten anderer Importeure möglich und durch die Gesamtquote begrenzt. Unternehmen, die zunächst nicht als Importeure tätig sind, können den Markteintritt auf den Inlandsmarkt nur vollziehen, wenn sie zuvor, je nach institutio-

---

[11] Zur empirischen Relevanz von Exportselbstbeschränkungsabkommen vgl. OECD, 1993.

neller Ausgestaltung, in den Besitz von einschlägigen Lizenzen oder andersartigen Importrechten gelangen.

Zu berücksichtigen ist allerdings, daß nicht nur die im Importsubstitutionssektor tätigen Unternehmen, sondern auch die Importeure selbst von den gestiegenen Inlandspreisen profitieren[12].

2. Materielle Zugangsbeschränkungen

Unterliegt der Markteintritt keinen rechtlichen Restriktionen in engeren Sinne, so können dennoch Markteintrittsschranken bestehen, wenn staatliches Handeln barriers to entry schafft oder verstärkt, etwa indem potentielle Konkurrenten aus dem mit Kostennachteilen belastet werden. Dies geschieht etwa durch die Erhebung von Zöllen, aber auch durch nicht-tarifäre Handelshemnisse oder - zugleich mit binnenwirtschaftlicher Wirkung - durch staatliche Qualitätsregulierung und umweltpolitische Maßnahmen. Institutionelle Eintrittsbarrieren enstehen ferner dann, wenn staatliches Handeln etablierten Anbietern die Möglichkeit zur Verfolgung eintrittsabschreckender Strategien eröffnet, etwa indem die Glaubwürdigkeit von „limit pricing"- Strategien durch Investitionsvorschriften erhöht wird.

a) Kostennachteile durch Zölle und nicht-tarifäre Handelshemmnisse

Zölle erhöhen für Anbieter aus Drittstaaten die ökonomische Entfernung zum Inlandsmarkt und wirken folglich wie eine Erhöhung der Transportkosten. Die Attraktivität von Markteintritten wird folglich durch Zollerhebung gesenkt, ohne daß eine formelle Marktzugangsbeschränkung besteht. Die Erhebung neuer Zölle wird vom GATT bzw. von der WTO nur in Ausnahmefällen toleriert. Die bedeutendste Ausnahme stellen Anti-Dumping Zölle dar, die von der EU wie auch von den USA regelmäßig verhängt werden. Anti-Dumping Maßnahmen lassen sich zwar einerseits ökonomisch rechtfertigen, wenn nachgewiesen werden kann, daß das Dumping betreibende Unternehmen beabsichtigt, durch Verkäufe unter den Herstellkosten heimische Wettbewerber zu verdrängen, um hernach die Marktgegenseite durch monopolistische Preissetzung aus-

---

[12] Der Hinweis von Krueger, daß um Importquoten und die mit ihnen verknüpften Renten Wettbewerb entstehen kann, der Ressourcen verzehrt und so die Ökonomie verglichen mit Zollerhebung schlechter stellt, ist eine der Grundlagen der rent seeking bzw. DUP-Theorie, Krueger, A.O., 1974; Abschnitt E.I.

zubeuten. Andererseits ist geltend gemacht worden, daß Unternehmen die Verhängung von Anti-Dumping Zölle fordern, um ausländische Wettbewerber am Markteintritt zu hindern und inländische Wettbewerbsbeschränkungen gegen Außenseiterkonkurrenz abzusichern[13]. Hier wird deutlich, daß institutionelle Markteintrittsschranken Element unternehmerischer Strategie sein können.

Nicht-tarifäre Handelshemmnisse entfalten Zöllen vergleichbare Wirkungen, wenn sie dazu führen, daß Drittlandanbieter mit zusätzlichen Kosten belastet werden. Kosten können etwa dadurch entstehen, daß Produkte an nationale Normen oder Sicherheitsstandards anzupassen sind oder aufwendige Genehmigungsverfahren durchlaufen werden müssen[14]. Neben den Umrüstkosten im engeren Sinne ergeben sich Nachteile aus dem möglicherweise so erzwungenen Verzicht auf die Nutzung von Massenproduktionsvorteilen.

Eine andere Variante der Erhöhung von Produktionskosten ausländischer Anbieter stellt die direkte Einflußnahme auf die Faktorentgelte dar, die ausländische Anbieter zu entrichten haben. Dies läßt sich anhand der sogenannten Entsenderichtlinie für die Bauwirtschaft demonstrieren, die vom Hauptverband der Deutschen Bauindustrie gefordert und vom Arbeits- und Sozialministerium befürwortet wird. In Form eines Gesetzes soll ausländischen Bauunternehmen, die auf inländischen Baustellen tätig sind, durch die Allgemeinverbindlichkeitserklärung der Bautarife vorgeschrieben werden, ihren Mitarbeitern wenigstens den deutschen Mindesttariflohn zu zahlen. Dadurch soll der Arbeitskostenvorteil ausländischer Unternehmen zumindest teilweise ausgeglichen und die befürchtete Verdrängung deutscher durch ausländische Arbeitskräfte gestoppt werden. Die Entsenderichtlinie wirkt also wie ein Schutzzoll zugunsten der deutschen Bauwirtschaft, in ihren Wirkungen vergleichbar den Abschöpfungen der Gemeinsamen Agrarpolitik, da jene Anbieter besonders belastet werden, die im status quo-ante die größten Kostenvorteile geltend machen können.

---

[13] Diese Auffassung belegt Messerlin am Beispiel der chemischen Industrie in der Europäischen Union. Er zeigt, daß es den betreffenden Unternehmen gelungen ist, Anti-Dumping Verfahren der Europäischen Kommission zu Abwehr ausländischer Konkurrenten zu instrumentalisieren und daß das erreichte Protektionsniveau zur Herausbildung und Stabilisierung von Produzentenkartellen geführt hat. Messerlin, P.A., 1990.

[14] So existierte in der EU bis in die jüngste Zeit kein europaweites Zulassungsverfahren für Pharmazeutika. Eintritte in nationale Märkte erforderten folglich das Durchlaufen der jeweiligen Genehmigungsprozeduren.

b) Marktzugangseffekte von Standards: Das Beispiel umweltpolitischer Maßnahmen

Zur Internalisierung Externer Effekte im Bereich der Umweltverschmutzung werden verschiedene Strategien diskutiert, die üblicherweise zunächst danach bewertet werden, ob sie geeignet sind eine pareto-optimale Allokation herbeizuführen. Umweltpolitische Instrumente unterscheiden sich allerdings nicht nur hinsichtlich ihrer Allokationswirkungen, sondern auch in der Art und Weise, in der sie die Markteintrittsbedingungen beeinflussen. Dies sei am Beispiel der angestrebten Reduktion schädlicher Emissionen diskutiert.

Zur Begrenzung von Emissionen wird vorgeschlagen, für die Enstehung des Schadstoffausstoßes verantwortliche Inputs zu besteuern. So ist vorgeschlagen worden, auf fossile Brennstoffe eine CO_2-Steuer zu erheben. Eine Beschränkung des Markteintritts ergibt sich unter Umständen daraus, daß die Steuerbelastung etablierte Anbieter und Newcomer nur dann in gleichem Umfang trifft, wenn beide identische Produktionstechnologien verwenden. Anderenfalls sind diejenigen Unternehmen begünstigt, die den besteuerten Faktor in relativ oder absolut geringerem Maße einsetzen, also etwa Strom auf Basis der Kernenergie oder durch Nutzung der Wasserkraft erzeugen[15]. Wird statt dessen eine allgemeine Energiesteuer erhoben, so steigen die Kosten in Industriezweigen mit energieintensiver Fertigung. Möglich sind aber auch Verschiebungen der Kostenrelationen zwischen einzelnen Unternehmen.

Markteintrittsschranken können auch konstatiert werden, wenn lohnende Möglichkeiten der Steuervermeidung, etwa durch Investitionen in Filter oder ressourcenschonende Technologien, bestehen, die den Charakter von „sunk costs" haben oder den Finanzierungsbedarf bei Markteintritten erhöhen.

Alternativ können Grenzwerte für einzelne Emittenten festgelegt werden. Grenzwertregelungen begünstigen Altanbieter, wenn bei kurzfristig konstanter Technologie bereits in Betrieb befindliche Anlagen ausgenommen oder Übergangsfristen gewährt werden, während sie auf neue Anlagen unmittelbar Anwendung finden. Eine solche Praxis ist gängig. Sie findet ihre Rechtfertigung im

---

[15] Durch Lobbying für eine Steuererhebung kann hier offensichtlich eine Strategie des „raising rivals' costs" betrieben werden. Vorteile für etablierte Unternehmen entstehen auch dann, wenn dadurch zugleich auch die eigenen Produktionskosten steigen. Vgl. Michaelis, P., 1994.

Schutz der Eigentumsrechte etablierter Anbieter, hier also der Rechte zur Nutzung ihres bereits installierten Produktivkapitals.

Häufig wird zur Begrenzung von Emissionen die Einführung einer „Zertifikatslösung“ empfohlen, bei der (handelbare) Emissionsrechte in Umlauf gebracht werden. Sie bietet den Vorteil, daß die hinnehmbare Obergrenze für den Schadstoffausstoß in einer abgegrenzten Region unmittelbar eingehalten werden kann. Zudem bestehen für die Emittenten Anreize zur Verminderung des Schadstoffausstoßes, da durch Verkauf von nicht mehr benötigten Emissionsrechten Einnahmen erzielt werden können. Andererseits wird durch die Festlegung des Gesamtemissionsvolumens relativ zum Stand der Technik auch eine Obergrenze für das aggregierte Angebot definiert. Eine Erhöhung des gesamten Angebotes ist folglich nur bei technischem Fortschritt möglich, der den Schadstoffausstoß pro Outputeinheit senkt. Bei gegebener Technik bestehen somit Mobilitätshemmnisse für Produktionsfaktoren, die aus ökologischen Gründen auch gewünscht sind.

Markteintrittsbarrrieren für Unternehmen aufgrund absoluter Kostenvorteile etablierter Anbieter sind jedoch zu verneinen, solange der knappe Faktor - die Emissionsrechte - handelbar ist. Effiziente Newcomer können zwar nur dann Produktionskapazitäten in Betrieb nehmen, wenn sie von Altanbietern Emissionsrechte erwerben. Sie sind jedoch in der Lage, für derartige Rechte einen Preis zahlen, der den Gegenwartswert der Lizenzen für den bisherigen Inhaber bei weiterer Eigennutzung übersteigt. Dieses Kalkül gilt allerdings nicht, wenn der Verkauf des Emissionsrechtes zugleich spezifisches Produktivkapital entwertet. In diesem Fall kann die Preisforderung des Inhabers über dem Preis liegen, den selbst ein zu höherer Effektivität fähiger Kaufinteressent bieten kann. Dadurch würde die Zertifikatslösung Markteintrittsschranken auch auf der Unternehmensebene begründen.

Es ist festzuhalten, daß umweltpolitische Instrumente unmittelbare Wirkungen auf die Marktzugangsbedingungen haben, und daß es durchaus diese Wirkungen sein können, die das politische Engagement von Unternehmen leiten. Abweichend von der üblichen Intuition, derzufolge Unternehmen Lobbying *gegen* Umweltschutzauflagen betreiben, legt die Berücksichtigung von deren Auswirkungen auf die conditions of entry nahe, auch das Gegenteil, nämlich Lobbying für strengere Umweltschutzrichtlinien, für möglich zu halten[16].

---

[16] Vgl. Maloney, M.T.; McCormick, R.E., 1982; Michaelis, P., 1994.

Diese Überlegungen sind nicht nur auf umweltpolitische Argumente anwendbar, sondern auch für den Bereich der Qualitätsregulierung: So begünstigen strenge Zulassungsvoraussetzungen für Pharmazeutika Unternehmen mit großen Forschungsabteilungen gegenüber den Herstellern von Generika[17]. Oster zeigt in einer Fallstudie über den Markt für Pharmazeutika in den USA, daß Lobbying für strenge Zulassungsvoraussetzungen von den Herstellern von Originalpräparaten gegen drohende Marktanteilsgewinne von Generikaherstellern eingesetzt worden ist.

Zugleich wird deutlich, daß das Streben nach Erhöhung der Unternehmensrendite durch staatlich induzierte Wettbewerbsbeschränkungen Wirkungen entfalten kann, die aus Sicht der Gesellschaft per saldo positiv zu bewerten sind. Eigennütziges Handeln kann folglich auch auf dem politischen Markt die gesellschaftliche Wohlfahrt erhöhen.

c) Irreversibilitäten und sunk costs

Sunk costs oder irreversible Investitionen spielen in der Literatur zur entry deterrence eine bedeutende Rolle. Ihre Existenz nimmt einem Markt die Eigenschaft der „perfect contestability". Irreversibilitäten verschaffen etablierten Unternehmen Vorteile, die es ihnen ermöglichen, glaubhafte Drohungen für den Markteintrittsfall zu äußern. Staatliches Handeln, das „versunkene" Eintrittskosten erhöht, irreversible Investitionen erzwingt oder Marktaustrittsbarrieren schafft, beeinflußt somit direkt die Bedingungen des Marktzugangs. Steigt durch gesetzliche Normen der für den Markteintritt erforderliche Kapitalbedarf, so werden Unternehmen mit begrenzten Finanzierungsmöglichkeiten vom Eintritt ausgeschlossen, auch wenn lediglich fixe, nicht „versunkene", Kosten des Markteintritts zu berücksichtigen sind.

Sunk costs entstehen etwa durch Gebühren die entrichtet werden müssen, um unternehmerisch tätig werden zu können. Hier fallen etwa Gebühren für den Eintrag ins Handelsregister, für die notarielle Ausfertigung des Gesellschaftsvertrages und für Grundbucheinträge an. Gravierender sind allerdings Bauvorschriften, Umweltschutzbestimmungen, Hygienevorschriften, Arbeitsschutzrichtlinien und die damit einhergehenden Genehmigungsverfahren, die den Umfang der betriebsnotwendigen Investitionen erhöhen, indem sie die Realisierung kostengünstiger technischer „Minimallösungen" verhindern. Hohe irrever-

---

[17] Oster, S., 1982.

sible Investitionen des Markteintritts begründen Vorteile des ersten Zuges für Unternehmen, die in einer frühen Marktphase eintreten, und schützen diese vor nachstoßenden Wettbewerbern.

Eine wesentliche Änderung der Marktstruktur und insbesondere der Höhe von Markteintrittsschranken als Folge geänderter Rechtsgrundlagen läßt sich für die Entsorgungs- bzw. Abfallwirtschaft nachweisen. Gesetzliche Regelungen haben die Anforderungen an die im Entsorgungsbereich tätigen Unternehmen deutlich erhöht. Hervorzuheben ist neben der Verpackungsverordnung von 1991 das Kreislaufwirtschafts- und Abfallgesetz von 1994, demzufolge Abfallvermeidung und -verwertung Vorrang vor der Abfallbeseitigung haben sollen. Die Monopolkommission erwartet als Folge geltender und in Vorbereitung befindlicher Gesetze Investitionsnotwendigkeiten in Milliardenhöhe[18]. Der Anstieg der Kapitalintensität in der Sortier- und Aufbereitungstechnik überfordert nach Auffassung des BKartA „*...zunehmend die Organisations-, Planungs- und Finanzierungsmöglichkeiten vieler kleiner und mittelständischer Anbieter*“[19]. Neben dem erwarteten Konzentrationsprozeß erhöhen sich die Markteintrittsschranken für kleine und mittlere Unternehmen, die die Branche in der Vergangenheit geprägt haben. Der irreversible Charakter der eintrittsnotwendigen Investitionen ergibt aus der Marktspezifizität der Anlagen und des technischen und organisatorischen Know-hows, die bzw. das außerhalb der Abfallwirtschaft nur begrenzt nutzbar ist[20].

Direkter staatlicher Einfluß auf eintrittsnotwendige Investitionen läßt sich auch am Beispiel der geplanten Deregulierung des deutschen Telekommunikationsmarktes belegen: Von entscheidender Bedeutung für die conditions of entry, denen sich insbesondere Unternehmen gegenübersehen, die als eigenständiger Netzanbieter dem Markteintritt erwägen, ist der ihnen abverlangte Beitrag zur Sicherstellung der Fernmeldeinfrastruktur. Je höher die Versorgungsauflagen ausfallen, die Newcomern auferlegt werden, also etwa die Pflicht in bestimmten Territorien Fernmeldeanschlüsse für jedermann bereitzustellen oder (nicht rückzahlbare) Beiträge zu einem Infrastrukturfonds zu leisten, umso höher wird das Investitionsvolumen, das zum Markteintritt aufgebracht werden muß. Netzinvestitionen sind zudem irreversibel.

---

[18] Monopolkommission, 1994, Tz. 36.

[19] BKartA, 1993, S. 19.

[20] Vgl. Weber, B., 1995.

Marktaustrittsbarrieren sind nicht nur Resultat irreversibler Investitionen, sondern können auch auf die Gewährung staatlicher Bestandsgarantien bzw. auf die Subventionierung von Erhaltungsinvestitionen zurückgeführt werden. Selbst wenn Beihilfen gewährt werden, um (Rationalisierungs-) Investitionen durchzuführen, wird der potentielle Wettbewerb begrenzt, da die abschreibungsbedingte Erosion des strategischen Vorteils der irreversibel installierten Kapazität gestoppt wird und - möglicherweise leistungsfähigere - Newcomer am Markteintritt gehindert werden. Diese mögen weniger inländische Unternehmer als vielmehr Anbieter aus Drittländern sein.

d) Institutionelle Markteintrittsbarrieren und Wettbewerbspolitik

Markteintritte können durch wettbewerbsbeschränkende Kooperation zwischen etablierten Anbietern ver- oder behindert werden. Dies wurde bei der Diskussion der privatwirtschaftlichen entry deterrence deutlich. Duldet der Staat bzw. die Wettbewerbsbehörde kollusives Verhalten, so trägt er bzw. sie durch ihre Untätigkeit zur Herausbildung von Markteintrittsbarrieren bei. Gleiches gilt, wenn fehlende Mißbrauchsaufsicht marktbeherrschende Unternehmen in die Lage versetzt, aktuelle und potentielle Wettbewerber zu behindern.

Die Interpretation der so entstehenden Barrieren als institutionelle Markteintrittsschranken ist gleichwohl nicht unproblematisch, da keine allgemein (hier vor allem: international) anerkannten Regeln existieren, nach denen Wettbewerbspolitik zu betreiben ist. Dennoch dürfte unstrittig sein, daß die Ausgestaltung und Anwendung nationaler Wettbewerbsregeln die Eintrittsmöglichkeiten von Newcomern stark beeinflußt. Dies gilt im nationalen Maßstab, wie die Diskussion um die Gestaltung des Regulierungsrahmens für die Telekommunikationsmärkte zeigt. Noch bedeutender ist vermutlich der Einfluß des nationalen wettbewerbspolitischen Ordnungsrahmens auf internationale Handelsbeziehungen, wie etwa die vielfältigen Probleme belegen, mit denen sich Unternehmen konfrontiert sehen, die den Eintritt in den japanischen Markt erwägen.

Der instrumentelle Charakter der Wettbewerbspolitik im Rahmen einer strategisch ausgerichteten Handelspolitik wird dann deutlich, wenn bestimmten Branchen oder Unternehmen Ausnahmen von ansonsten allgemein verbindlichen Wettbewerbsregeln gewährt werden. Die Europäische Kommission gewährt derartige Ausnahmen im Rahmen der sogenannten Gruppenfreistellungen.

Führt diese Praxis zur Entstehung von Markteintrittsbarrieren, so sind diese ohne Zweifel als institutionell einzuordnen[21].

III. Markt- und Wettbewerbsversagen als Begründung institutioneller Markteintrittsschranken in der normativen Regulierungstheorie

Die Behandlung von institutionellen Markteintrittsschranken in der Ökonomie ist traditionell normativ orientiert. Im Mittelpunkt des Interesses steht die Frage, unter welchen Umständen der Staat den Markteintritt reglementieren sollte, während positive Analyse zu ergründen sucht, warum er es tatsächlich tut oder unterläßt. Unser Augenmerk gilt zunächst der normativen Theorie, die Maßstäbe für sinnvolle Zugangsbeschränkungen liefern soll. Die normative Theorie institutioneller Markteintrittsschranken ist im Kontext der normativen Regulierungstheorie zu behandeln, im Rahmen derer alle Maßnahmen des Staates analysiert werden, mit denen der wettbewerbliche Austauschprozeß eingeschränkt oder außer Kraft gesetzt wird[22].

Die Begründungen für staatliche Marktzugangsbeschränkungen sind teilweise identisch mit allgemeinen Regulierungsbegründungen, da eine Einflußnahme auf wichtige Wettbewerbsparameter zumeist irgendeine Form der Zugangskontrolle erfordert[23]. Legitimation staatlicher Eingriffe in den Marktmechanismus ist zumeist die Vermutung, ohne derartige Interventionen komme es zu Marktversagen[24]. Damit wird ein Zustand umschrieben, in dem die auf dem Markt zustandegekommene Allokation nicht den paretianischen Optimalitätskriterien entspricht. Bei einer weiteren Abgrenzung können unter Marktversagen auch solche Fälle subsumiert werden, in denen die Marktallokation mit wie auch immer abgeleiteten gesellschaftlichen Zielen konfligiert. Die Zweckmäßigkeit einer solchen Abgrenzung ist gleichwohl umstritten, da in den letzteren Fällen der Marktmechanismus *an sich* keine Koordinationsmängel aufweist,

---

[21] Vgl. die Bewertung der Gruppenfreistellungsverordnung für das vertikal gebundene Händlersystem der Automobilhersteller bei Klodt, H., 1995.

[22] „The essence of regulation is the explicit replacement of competition with governmental orders...", Kahn, A.E., 1970, S. 20. Krakowski setzt Regulierung mit der Existenz wettbewerblicher Ausnahmebereiche gleich, Krakowski, M., 1988.

[23] Kahn nennt Eintrittsregulierung, Preiskontrollen, Qualitätskontrollen und Kontrahie rungszwang als die wesentlichen Komponenten der Regulierung. Kahn, A., 1971, S.3.

[24] Müller; J.; Vogelsang, I., 1979; Krakowski, M., 1988.

sondern lediglich ein wenig taugliches Instrument darstellt, um bestimmte Zielsetzungen zu erreichen[25]. Häufig genannte Marktversagensfälle (und Regulierungsbegründungen) sind die Existenz Externer Effekte, das Vorliegen eines natürlichen Monopols und verschiedene Varianten „ruinöser Konkurrenz"[26]. Die genannten Fälle führen rasch auch zu Forderungen nach Marktzugangskontrollen bzw. -begrenzungen. Die beiden letztgenannten Fälle werden im folgenden detaillierter behandelt.

Eine weitere Variante direkter staatlicher Einflußnahme auf den Marktzugang, die sich (zu meist) nicht auf Marktversagensargumente zurückführen läßt, ist das Betreiben einer protektionistischen Außenhandelspolitik, also das Erheben von Zöllen bzw. das Behindern ausländischer Anbieter durch nicht-tarifäre Handelshemmnisse. Als (neo-) merkantilistisch wird Handelspolitik dann bezeichnet, wenn zudem eine gezielte Förderung der Exportindustrie betrieben wird.

Die klassisch/neo-klassische Doktrin der allgemeinen Vorteilhaftigkeit eines freien und unbehinderten Welthandels hat zumeist verhindert, daß eine protektionistisch ausgerichtete Handelspolitik von Ökonomen als Strategie zur globalen Wohlfahrtsmaximierung akzeptiert wurde. Auch für ein einzelnes Land wurden Handelsbeschränkungen zumeist als effizienzmindernd verworfen.

Ausnahmen bildeten die Optimalzolltheorie und die (Anti)-Dumping-Theorie[27]. Die zweifelhaften Wohlfahrts- aber recht offensichtlichen Verteilungswirkungen der Protektion zugunsten inländischer Produzenten haben - wie auch im Bereich der Regulierung - zur Suche nach alternativen Erklärungen für die jeweils betriebene Handelspolitik geführt, von denen die politisch-ökonomischen Ansätze besondere Beachtung verdienen[28].

Im Rahmen der Theorie der „Strategischen Handelspolitik", die seit der Mitte der 80er Jahre beträchtliches Interesse findet und die die wissenschaftliche und politische Diskussion mittlerweile stark beeinflußt, konnte gezeigt werden, daß Handelsbeschränkungen unter bestimmten - allerdings recht re-

---

[25] Vgl. kritisch etwa Eickhof, N., 1986.

[26] Vgl. Müller; J.; Vogelsang, I., 1979; Krakowski, 1988; Noll, R.G., 1989; Fritsch, M.; u.a. , 1993.

[27] Die Grundlagen der (Anti)-Dumping Theorie finden sich bei Viner, J. 1923; Zum Optimalzollargument vgl. Siebert, H. 1994.

[28] Vgl. Nelson, D., 1988; Weck-Hannemann, H, 1992; Abschnitt E.

striktiven - Annahmen durchaus als rationale Strategie zur Mehrung der nationalen Wohlfahrt gelten können[29]. Die „Strategische Handelspolitik“ ist deshalb von besonderem Interesse, weil die auf ihrer theoretischen Basis ergriffenen Maßnahmen besonders gravierende Auswirkungen auf den potentiellen Wettbewerb haben. Importbeschränkungen wie auch Subventionen für nationale Anbieter treffen nämlich gerade solche potentiellen Konkurrenten, die auf ihrem Heimat- oder sogar auf dem Weltmarkt bereits als etablierte Anbieter gelten können und denen folglich eine hohe Eintrittsfähigkeit in Auslandsmärkte und eine große Immunität gegen Strategien der (privaten) Eintrittsabschreckung zugesprochen werden kann.

1. Natürliche Monopole

Die traditionelle Begründung für die weitgehende Regulierung einer Branche und die Errichtung institutioneller Markteintrittsschranken ist die Vermutung, die jeweilige Branche erfülle die Voraussetzungen eines natürlichen Monopols. Diese Begriffswahl legt bereits den Gedanken nahe, daß in den entsprechenden Märkten die Angebotsform des Monopols die einzig mögliche und auch gesellschaftlich wünschenswerte ist[30]. Positive und normative Elemente sind in diesem Begriff eng verknüpft. Ein „natürliches“ Monopol liegt vor, wenn die (Total-) Kostenfunktion strikt subadditiv ist. Das bedeutet, daß jede beliebige Gütermenge am kostengünstigsten in einem Unternehmen erstellt werden kann, da die addierten Gesamtkosten von beliebigen Aufteilungen des Outputs auf zwei oder mehr Produktionsstätten stets über den Gesamtkosten des Monopolisten liegen.

Im Falle von Mehrprodukt-Unternehmungen entspricht der Subadditivität das Konzept der „economies of scope“. Diese liegen vor, wenn die Produktion von zwei oder mehr voneinander verschiedenen Gütern kostenminimal in einem Unternehmen zu organisieren ist. M.a.W. existiert kein Outputvektor, der auf zwei oder mehr Unternehmen so aufgeteilt werden kann, daß die Gesamtkosten niedriger sind als in einer Unternehmung.

---

[29] Vgl. Bletschacher, G.; Klodt, H., 1992.

[30] „Sind die Voraussetzungen für ein natürliches Monopol gegeben und erkennbar, so ist es wirtschaftspolitisch einsichtig, daß der Staat der unsichtbaren Hand des Marktes durch Vergabe einer Monopollizenz nachhilft.“, Müller, J.; Vogelsang, I.; 1979, S. 37.

Bei Vorliegen strikter Subadditivität scheint kostenminimale Produktion folglich unvereinbar mit einer wettbewerblichen Marktform[31]. Diese läßt nicht nur unbefriedigende Marktergebnisse erwarten, sondern ist zudem instabil: Die Anbieter müßten zu Grenzkosten anbieten. Da diese jedoch bei subadditiver Kostenfunktion stets unter den Durchschnittskosten liegen, realisieren die Unternehmen laufend Verluste. Nur von einem einzelnen Anbieter können zumindest kostendeckende Preise gefordert werden. Aus wohlfahrtstheoretischer Sicht scheint folglich eine Beschränkung des Marktzugangs zweckmäßig, da Markteintritte eine unmittelbare Wohlfahrtsminderung mit sich bringen. Tatsächlich konstatiert Kruse, daß „*...das Bestehen institutioneller Barrieren das wohl auffälligste Kennzeichen...*“[32] von Bereichen ist, in denen ein natürliches Monopol zumindest vermutet werden kann.

Sichert der Staat ein Angebotsmonopol dauerhaft ab, ist eine laufende Kontrolle der Unternehmenspolitik zumeist unabdingbar, da die vom Monopolisten betriebene Preis- und Qualitätspolitik das Effizienzkriterium verfehlen dürfte. Das Hauptaugenmerk gilt dabei den vom Monopolisten geforderten Preisen und der Qualität des Angebots. Die Probleme der Monopolregulierung sind vielfach beschrieben worden. Sie rechtfertigen die Forderung, daß strenge Maßstäbe an die Festlegung der zu regulierenden Bereiche anzulegen sind, weil auf das Koordinationsinstrument Wettbewerb nicht leichtfertig verzichtet werden sollte.

Notwendige Bedingung für die Realisierung von Wohlfahrtsgewinnen im Fall des natürlichen Monopols ist die präzise Eingrenzung derjenigen Bereiche, für die ein solches tatsächlich nachgewiesen werden kann.

Die Existenz eines natürlichen Monopols rechtfertigt zudem nicht per se die Errichtung von institutionellen Markteintrittsbarrieren, da zu prüfen ist, ob nicht die disziplinierende Kraft potentieller Konkurrenz detaillierte staatliche Regulierung mit all ihren Problemen entbehrlich machen kann, wie dies die Theorie der contestable markets nahelegt.

Natürliche Monopole schließen aktuellen Wettbewerb als Anreiz- und Kontrollmechanismus weitgehend aus. Dies gilt jedoch nicht für den potentiellen Wettbewerb. Zumindest dann, wenn der Markteintritt frei und der Markteintritt

---

[31] Das Vorliegen von economies of scope allein definiert kein natürliches Monopol, solange nicht wenigstens für ein Produkt zugleich economies of scale vorliegen, was nicht zwingend der Fall ist. Vgl. Fritsch, M.; u.a., 1993, S. 133.

[32] Kruse, J., 1985, S. 13.

kostenlos ist, sind auch natürliche Monopolisten verwundbar durch Markteintritte in der Form von „hit-and-run entry“. Falls ein starker natürlicher Monopolist allerdings effizient produziert und nicht versucht, seine Monopolstellung durch Setzung von Preisen über den Durchschnittskosten auszunutzen, existiert für Newcomer auch auf einem bestreitbaren Markt kein profitabler Markteintrittsplan. Die bloße Bedrohung durch potentielle Konkurrenten sorgt nach Lesart der Theorie der contestable markets dafür, daß eine staatliche Preisaufsicht grundsätzlich überflüssig ist[33].

Institutionelle Marktzugangsbeschränkungen sind in einem solchen Fall offensichtlich nicht nur unnötig, sondern sogar kontraproduktiv, da sie die disziplinierende Wirkung des potentiellen Wettbewerbs begrenzen. Bestreitbare natürliche Monopole erfordern nach dieser Argumentation eine Wettbewerbspolitik, die den Marktzugang freihält, statt ihn zu erschweren. Disziplinierende Wirkung kann darüber auch Substitutionswettbewerb entfalten, etwa der Wettbewerb zwischen verschiedenen Energieträgern. Dieser kann jedoch Einschränkungen durch Umstiegskosten der Nachfrager bzw. durch den Zeitbedarf erfahren, der für einen Wechsel des Anbieters notwendig ist.

Anders liegt der Fall bei bestreitbaren, schwachen natürlichen Monopolen[34]. Zwar ist die Befriedigung der Gesamtnachfrage durch ein Unternehmen wohlfahrtsoptimal; da der Monopolist in diesem Falle jedoch bereits im steigenden Bereich seiner LDK produziert, verspricht ein Markteintritt mit einer geringeren Angebotsmenge Erfolg. Es existiert keine tragfähige, eintrittsresistente Preis-Mengen-Kombination, die zugleich die Bedingung allokativer Effizienz erfüllt. Ein etablierter Monopolist wird angesichts drohenden Markteintritts möglicherweise von vornherein die Menge anbieten, bei der die LDK ihr Minimum erreichen. Wird das Unternehmen vom Staat veranlaßt, mehr anzubieten (was offensichtlich eine Pareto-Verbesserung zur Folge hätte), scheint eine gleichzeitige Beschränkung des Markteintritts angemessen[35].

Ist das natürliche Monopol nicht bestreitbar, also etwa durch Irreversibilitäten des Markteintritts gekennzeichnet, so ist der Monopolist gegen Markteintritte auch ohne zusätzliche staatliche Interventionen geschützt. Dagegen ist die

[33] Baumol, W.J.; u.a., 1982; 1986; Baumol, W.J: Willig, R.D., 1986.

[34] In diesem Fall steigen die LDK ab einer bestimmten Ausbringungsmenge wieder an, vgl. Kruse, J., S. 24.

[35] Vgl. Krakowski, M. 1988, S. 48ff.

Notwendigkeit einer staatlichen Mißbrauchsaufsicht bzw. einer weitergehenden Regulierung zu bejahen.

Im Falle von Mehrproduktunternehmen gewinnt die Analyse an Komplexität. Baumol u.a. haben gezeigt, daß für Mehrproduktunternehmen tragfähige, d.h. eintrittsresistente und zugleich allokative Effizienz gewährleistende Preis-Mengen-Vektoren existieren, wenn Verbundvorteile vorliegen[36]. Ansonsten und in dem Fall, in dem der Monopolist einen nicht-tragfähigen Preisvektor wählt, ergeben sich für Newcomer auf Teilmärkten Eintrittsmöglichkeiten. So existiert in der Bundesrepublik ein einheitlicher Tarif für Brief- und Paketbeförderung unabhängig von Versand- und Bestimmungsort. Unterschiedliche Beförderungswege definieren allerdings unterschiedliche Dienstleistungen und verursachen unterschiedliche Kosten. Es liegt interne Subventionierung vor, insofern Nachfrager kostengünstig zu bedienender Beförderungswege die Nachfrager kostenintensiverer Dienstleistungen subventionieren[37]. Ein Anbieter, der nun etwa lediglich die Paketbeförderung zwischen zwei Ballungsräumen anbietet, kann die Preise des etablierten Unternehmens unterbieten und in den Markt eintreten. Die Verhinderung dieses als „Rosinenpicken" oder „cream skimming" bezeichneten Verhaltens durch Errichtung institutioneller Markteintrittsschranken ist nicht in jedem Fall geboten. Sie findet ihre Rechtfertigung lediglich dann, wenn Verbundvorteile vorliegen, ohne daß zugleich ein tragfähiger Preisvektor existiert.

Die Möglichkeit des „Rosinenpickens" ist nicht ausschließlich als Folge von nicht-tragfähigen natürlichen Mehrproduktmonopolen denkbar. Die Abweichung von einem existierenden tragfähigen Preisvektor kann dem Monopolisten aus unterschiedlichen Gründen vom Staat vorgegeben sein. Denkbar sind der Wunsch nach einer Förderung des Konsums meritorischer Gütern oder die Verfolgung sozialpolitischer Ziele. Die Begründung der Eintrittsregulierung läßt sich folglich auf die Restriktionen zurückführen, die der Staat den betreffenden Unternehmen auferlegt, und nicht auf Marktversagen im engeren Sinne[38].

---

[36] Zur Stabilität eines natürlichen Mehrproduktmonopols siehe auch Sharkey, W., 1982.

[37] Zum Begriff der internen Subventionierung vgl. Finsinger, J., 1991, S.95ff.

[38] Ob die interne Subventionierung des Angebots das jeweils überlegene Instrument zur Erreichung etwa von Umverteilungszielen darstellt, kann bezweifelt werden, wird jedoch hier nicht weiter problematisiert.

Staatliche Markteintrittsbeschränkungen lassen sich nur für schwache natürliche Monopole, also für Fälle rechtfertigen, in denen trotz subadditiver Kostenfunktion kein eintrittsresistenter Preisvektor existiert. Dort, wo Märkte bestreitbar sind, wäre nach den Empfehlungen der Theorie der contestable markets der Marktzugang so offen wie möglich zu halten. Auf diese Weise könnte auch die Notwendigkeit umfassender Regulierung vermieden werden.

Auf nicht-bestreitbaren Märkten sind die etablierten Unternehmen vor Markteintritten geschützt, so daß staatliche Eintrittsregulierung redundant ist. Sie verhindert gegebenenfalls zudem das Wirksamwerden von bestimmten Formen des Restwettbewerbs. Die Möglichkeit des Randzonenwettbewerbs zwischen Anbietern von Verteilnetzen, etwa im Energiebereich, wird unterbunden, wenn Demarkationsverträge durch Freistellung von Bestimmungen des Wettbewerbsrechts legalisiert sind[39].

Abschließend ist darauf hinzuweisen, daß durch institutionelle Markteintrittsschranken geschützte Märkte wenigstens periodisch, etwa durch Ausschreibungsverfahren, neuen Anbietern geöffnet werden sollten.

Das Ausmaß der staatlichen Markteintrittsregulierung, die implizit oder explizit mit der Existenz natürlicher Monopole gerechtfertigt wird, geht in der Bundesrepublik (und nicht nur dort) ohne Zweifel über das Maß hinaus, das sich wohfahrtstheoretisch zumindest im Lichte neuerer Überlegungen legitimieren läßt. So wird etwa der Produktion von Elektrizität oder Trinkwasser die Eigenschaft eines natürlichen Monopols und damit zugleich die eines wettbewerblichen Ausnahmebereiches abgesprochen[40]. In der Telekommunikation stellen technische Neuerungen, wie drahtlose Übertragung, die Einordnung des Marktes als natürliches Monopol in Frage (vgl. Abschnitt F. IV).

---

[39] Die (befristete) kartellrechtliche Freistellung von Demarkationsverträgen zwischen Versorgungsunternehmen ist verankert in § 103 und § 103a GWB. Die Monopolkommission sieht in der 5. GWB-Novelle von 1990 Ansätze zu einer Auflockerung des dadurch verankerten Gebietsschutzes. Sie ermöglicht etwa Kommunen den Übergang zur Selbstversorgung oder zur Vergabe der Versorgungskonzession an einen Konkurrenten.

[40] Vgl. Kruse, J., 1985; Monopolkommission, 1994.

2. Ruinöse Konkurrenz

Mit dem Terminus der ruinösen Konkurrenz wird eine Form des Wettbewerbs umschrieben, in der die Wettbewerbsintensität zwischen den aktuellen Anbietern als zu hoch angesehen wird. Auffälligstes Symptom einer solchen Konstellation ist das mittelfristige oder gar dauerhafte Absinken des Marktpreises unter das Niveau der langfristigen oder gar der variablen Durchschnittskosten aller oder eines großen Teiles der Produzenten[41].

Ein weiteres Merkmal ruinöser Konkurrenz ist es, daß der wettbewerbliche Ausleseprozeß, der für das Ausscheiden der am wenigsten leistungsfähigen Anbieter sorgen soll, Funktionsmängel aufweisen kann[42]. Ein solcher Mangel kann darin bestehen, daß finanzkräftige Großunternehmen kleinere, aber nicht zwangsläufig weniger effiziente Anbieter durch laufende Preisunterbietungen aus dem Markt drängen und sich selbst eine Monopolstellung sichern können. Dieser Fall, meist als predatory pricing oder cutthroat competition bezeichnet, wird allerdings im folgenden nicht analysiert, da er in aller Regel keine Rechtfertigung für die Errichtung institutioneller Markteintrittsschranken liefert[43].

Von größerer Relevanz sind Mängel des wettbewerblichen Koordinationsverfahrens, die in Folge von Informationsasymmetrien auftreten können. Ruinöse Konkurrenz bezeichnet dann eine Form des Verdrängungswettbewerbes, bei der Anbieter, die qualitativ geringwertige Produkte offerieren, die Anbieter höherwertiger Güter aufgrund mangelnder Markttransparenz verdrängen.

a) Überkapazitäten und Marktaustrittsschranken

Zunächst relevant ist jedoch jene Variante ruinöser Konkurrenz, die infolge eines strukturellen Nachfragerückgangs dann auftreten kann, wenn zugleich Marktaustrittsbarrieren vorliegen. Sinkt auf einem Markt die Nachfrage dauerhaft unter das Angebot, das bei voller Kapazitätsauslastung erstellt werden könnte, so werden bei funktionsfähigem Wettbewerb die leistungsschwächsten Anbieter aus dem Markt ausscheiden. Hier wird lediglich die Allokationsfunkti-

---

[41] Auch der Fall des Eintritts in ein schwaches natürliches Monopols kann als ruinöse Konkurrenz gekennzeichnet werden.

[42] „In der ruinösen Konkurrenz jedoch scheiden Wettbewerber aus, deren Verbleiben im Markt sozial erwünscht gewesen wäre.“, Müller, J.; Vogelsang, I., 1979, S. 42.

[43] Eine Ausnahme stellt möglicherweise die Erhebung von Anti-Dumping Zöllen dar.

on des Wettbewerbs erfüllt, indem nicht mehr benötigte Produktionsfaktoren aus dem betroffenen Wirtschaftssektor herausgedrängt werden. „Ruinös" ist der Wettbewerb nur für einzelne Unternehmen; ihr Marktaustritt garantiert den verbleibenden Anbietern weiterhin befriedigende Erlöse und ausgelastete Kapazitäten. Nur wenn keine Marktaustritte erfolgen, kann eine Situation eintreten, in der alle Anbieter laufend Verluste realisieren. Ist dies der Fall, ist das Vorliegen von Marktaustrittsbarrieren zu vermuten.

Voraussetzung für die Enstehung von Marktaustrittsschranken ist die Existenz von fixen Kosten der Produktion. Fallen lediglich variable Kosten an, so ist nicht ersichtlich, warum ein Unternehmen bei nicht (total-)kostendeckenden Preisen seine Produktion aufrechterhalten sollte. Fixkosten allein können jedoch nicht erklären, warum Anbieter bei Preisen, die unter ihren langfristigen Durchschnittskosten liegen, im Markt verbleiben. Erklärbar wird eine solche Beobachtung, wenn die Unternehmen über spezifisches Kapital verfügen, das weder zu attraktiven Preisen veräußert noch in anderen Verwendungsrichtungen genutzt werden kann. Hier liegen sunk costs oder Irreversibilitäten der Produktion vor. Solange die Preise über den kurzfristigen variablen Stückkosten liegen, wird noch ein Beitrag zur Deckung der sunk costs geliefert. Ein Verbleib im Markt scheint somit geboten.

Operieren alle Anbieter mit sehr ähnlichen Kostenfunktionen und liegt somit keine eindeutige Reihenfolge des Marktaustritts fest, mag jeder Anbieter folglich auf den Marktaustritt der Konkurrenten warten. Selbst Preise *unter* den kurzfristigen variablen Stückkosten sind hinnehmbar, wenn darauf gehofft wird, daß nach Verringerung der Zahl der im Markt verbleibenden Anbieter die Preise wieder steigen. In einer solchen Konstellation kann die Anpassung der Kapazitäten an die gesunkene Nachfrage geraume Zeit in Anspruch nehmen; gänzlich außer Kraft gesetzt ist die Auslesefunktion des Wettbewerbs jedoch nicht.

Wohlfahrtsverluste können allerdings dadurch entstehen, daß schließlich nicht die effizienten bzw. diejenigen Anbieter, die mit den geringsten Kosten produzieren, aus dem Markt ausscheiden: Unternehmen mit hohen variablen Kosten werden den Marktaustritt eher vollziehen als solche, die zwar geringe variable Kosten aufweisen, aber aufgrund hoher versunkener Kosten insgesamt mehr Ressourcen in der Produktion verbrauchen[44]. Weiterhin ist denkbar, daß

[44] Krakowski, M. 1988, S. 60. Ob dies allerdings Wohlfahrtsverluste nach sich zieht, ist durchaus zweifelhaft, da die gesamtwirtschaftlichen Opportunitätskosten der spezifischen Kapitalgüter gleich Null sind.

sich aufgrund unterschiedlicher Fähigkeit zur Finanzierung von Verlusten nicht die leistungsfähigsten Unternehmen behaupten können, sondern diejenigen, die über die größten finanziellen Reserven oder über bevorzugten Zugang zum Kapitalmarkt verfügen[45].

Eine stichhaltige Begründung für Regulierung, insbesondere für eine Beschränkung des Marktzugangs, ergibt sich jedoch aus der beschriebenen Möglichkeit eines Wohlfahrtsverlustes nicht: Um die denkbaren Mängel des Ausleseprozesses beheben zu können, müßte die Regulierungsinstanz genaue Kenntnis der Kostenstruktur aller Anbieter besitzen, um sicherzustellen, daß die jeweils am wenigsten effiziente Produktionsanlage stillgelegt wird.

Markteintritte können zwar theoretisch problemverschärfend wirken, sind aber unwahrscheinlich, da Newcomer, zumal wenn sunk costs des Markteintritts bzw. mögliche aggressive Reaktionen der etablierten Unternehmen zu berücksichtigen sind, kaum Gewinnerwartungen hegen dürften[46]. Kommt es dennoch zu Markteintritten, so basieren diese auf kostengünstiger Produktionstechnologie oder auf der Vermeidung irreversibler Investitionen. Folglich ist mit einer Verbesserung der Konsumentenversorgung sowie mit einem Verschwinden der wettbewerblichen Koordinationsmängel aufgrund der bis dato bestehenden Marktaustrittsbarrieren zu rechnen.

Denkbar ist auch, daß „already established firms" aus Drittländern den Markteintritt erwägen, da sie aufgrund günstigerer Faktorpreise in der Lage sind, selbst bei Preisen, die für inländische Firmen unattraktiv sind, noch befriedigende Gewinnspannen zu realisieren. Markteintrittsbarrieren in Form von Handelsbeschränkungen, mögen die Wohlfahrt eines Wirtschaftsraumes kurzfristig steigern, wenn die im Inland eingestzten Produktionsfaktoren nur begrenzt mobil sind. Dauerhafte Marktzugangsbeschränkungen lassen sich jedoch auch in diesem Fall nicht rechtfertigen, da langfristig der Verzicht auf kostengünstige Importe die heimische Volkswirtschaft schlechter stellt und die Verzögerung des Strukurwandels zu Einbußen an Wachstumsdynamik führt.

---

[45] Hier sind wiederum Kapitalmarktunvollkommenheiten impliziert.

[46] Fritsch, M., u.a., 1993.

b) Ruinöse Konkurrenz infolge asymmetrischer Information über Produktqualität

Auch die Existenz von Informationsmängeln, spezieller die ungleiche Verteilung von transaktionsrelevanten Informationen zwischen Käufer und Verkäufer, kann zu ruinöser Konkurrenz führen. Die folgenden Ausführungen konzentrieren sich auf Konstellationen, die sich durch Qualitätsunkenntnis der Nachfrager charakterisieren lassen[47].

Ruinös im Sinne einer sozial nicht wünschenswerten Auslese wirkt der Wettbewerb dann, wenn die Anbieter von Produkten hoher Qualität sich nicht gegen die Anbieter geringwertiger Güter durchsetzen können und schließlich aus dem Markt gedrängt werden. Die Idee, daß Wettbewerb zu einer Art Negativauslese („adverse selection") führen kann, wenn Nachfrager über die Produktqualität im Gegensatz zu den Anbietern nur unvollkommen informiert sind, geht zurück auf Akerlof[48]. Wenn Konsumenten die Qualität eines bestimmten Produktes nicht oder nur unter Inkaufnahme hoher Kosten abschätzen können, wird ihre Zahlungsbereitschaft sich am Erwartungswert der Produktqualität orientieren. Dies kann dazu führen, daß Anbieter hochwertiger Güter und Dienstleistungen den Markt verlassen oder ihn gar nicht erst betreten. In dieser Situation unterbleiben vorteilhafte Tauschakte und die Wohlfahrt wird insgesamt geschmälert.

Dieses Beispiel läßt sich dahingehend verallgemeinern, daß in Märkten mit Qualitätsunsicherheit für die besser informierte Seite ein Anreiz besteht, die Produktqualität zu senken, so daß letzlich die „schlechten" Anbieter die „guten" verdrängen. Eine solche Tendenz wird etwa im Markt für Bankdienstleistungen befürchtet[49]. Das Phänomen adverser Selektion kann jedoch auch auftreten, wenn die Informationasymmetrie zulasten der Anbieter geht. So gilt, daß die Nachfrager von Versicherungsverträgen ihr individuelles Risiko zumeist besser kennen als die Versicherer[50]. Folglich werden sich die Prämien am Risiko eines

---

[47] Fritsch u.a. bevorzugen den Terminus Unkenntnis gegenüber „unvollkommener Information" und differenzieren weiter zwischen Qualitätunkenntnis, Nutzenunkenntnis und Preisunkenntnis. Fritsch, M., u.a., 1993, S. 185f.

[48] Akerlof, G.A., 1970.

[49] Vgl. die Darstellung der Begründungen für Bankenregulierung bei Reszat, B., 1988, S. 400f.

[50] Weitere Probleme, die die Auslegung unvollständiger Verträge bei asymmetrischer Information betreffen, lassen sich unter die Stichworte „moral hazard" („moralisches

durchschnittlichen Versicherungsnehmers orientieren, was offensichtlich für Nachfrager, die ein „gutes Risiko“ darstellen, unattraktiv ist.

Als Reaktion auf eine drohende Negativauslese lassen sich institutionelle Markteintrittsschranken begründen, die den Marktzugang an die Erfüllung bestimmter Bedingungen knüpfen. So kann der Gesetzgeber für bestimmte Berufe die Absolvierung von staatlich überwachten Prüfungsverfahren vorschreiben (Ärzte, Juristen, Pflegeberufe, Steuerberater etc.). Das Betreiben von Produktionsanlagen mit hohem Gefährdungspotential kann an Sicherheitsauflagen gebunden werden. Banken müssen nachweisen, daß die Einlagen ihrer Kunden gegen Insolvenzen geschützt sind[51]. Auf vielen Märkten - etwa bei pharmazeutischen Produkten - ist die Erfüllung gesetzlicher Mindeststandards oder die Absolvierung von Prüfverfahren Vorraussetzung für den Markteintritt.

Auch in diesen Bereichen ist die Notwendigkeit staatlichen Handelns umstritten, obwohl dessen Ziele - Beseitigung der Qualitätsunsicherheit oder Ausschluß bestimmter Anbieter - durchaus konsensfähig sind. Die Extremposition, die jede Regulierungsnotwendigkeit verneint, läßt sich wie folgt formulieren: Alles was der Staat tun kann, kann auch von privaten Vertragsparteien vereinbart werden, da beide Seiten am Zustandekommen von vorteilhaften Tauschakten interessiert sind[52]. Informationsasymmetrien können beseitigt oder in ihren Folgen gemildert werden durch den Aufbau von Reputation[53], durch die Bereitstellung von Informationen über Produkte und Anbieter durch unabhängige Dritte oder durch geeignete Anreizsysteme, wie Selbstbeteiligungsklauseln in Versicherungsverträgen.

c) Staatlicher Handlungsbedarf ?

Staatliche Qualitätsregulierung und eine daran anknüpfende Eintrittsregulierung sind nur dort erforderlich, wo Mechanismen der Selbstregulierung und der Reduktion von Informationsdefiziten nicht funktionieren können. Wenn etwa

---

Risiko“) und „Opportunismus“ fassen. Zum Opportunismusbegriff vgl. etwa Williamson, O.E.; u.a., 1975.

[51] In der Bundesrepublik etwa durch Mitgliedschaft im Einlagensicherungsfonds für das Kreditgewerbe oder gleichwertige Vereinbarungen.

[52] Vgl. Finsinger, J., 1991, S. 216.

[53] Shapiro, C., 1983. Die logischen Probleme des Reputationsphänomens, etwa bei endli chem Zeithorizont, wurden bereits in Abschnitt C.II.1.b) ausgeführt.

Gefährdungen von Leib und Leben möglich sind, kann die Bestimmung der Produktqualität nicht dem Marktmechanismus überlassen werden. So ist es vertretbar, daß Medikamente nur dann in Verkehr gebracht werden dürfen, wenn sie umfangreiche Erprobungen hinter sich gebracht haben, ihre Risiken bekannt sind und in einem akzeptablen Verhältnis zum möglichen Nutzen stehen.

Staatliche Beschränkungen des Marktzugangs in Form von Befähigungsnachweisen für die Ausübung bestimmter Berufe, vorgeschriebenen Mindestqualitätsstandards, Sicherheitsnormen u.a.m. sind unter bestimmten Voraussetzungen sinnvoll. Sie können unter Umständen gegen überder Marktlösung geringere Transaktionskosten verursachen oder Unsicherheit dort begrenzen, wo dies durch private Vereinbarungen unmöglich erscheint. Ein wettbewerbspolitisches Problem ergibt sich durch solche Marktzugangsbeschränkungen nicht, solange einerseits das Angebot nicht quantitativ begrenzt wird und solange nicht ersichtlich ist, daß potentielle Wettbewerber gegenüber etablierten Anbietern prinzipiell benachteiligt werden.

Probleme entstehen durch die Notwendigkeit, den Eingriffsumfang wohlfahrtsoptimal zu gestalten. Werden die Qualitätsanforderungen zu hoch angesetzt, führt dies nicht nur zu einer Verminderung der Wettbewerbsintensität, insbesondere zu einer Verminderung der disziplinierenden Wirkung potentieller Konkurrenz, sondern auch zu einer Beschränkung der Wahlmöglichkeit der Nachfrager. Weniger leistungsfähige Anbieter werden vom Markt ferngehalten, obwohl ihr Angebot zu einem entsprechend niedrigem Preis durchaus Käufer finden würde.

Es kann zudem nicht ausgeschlossen werden, daß eine an Qualitätsmaßstäben orientierte Eintrittsregulierung von etablierten Anbietern instrumentalisiert wird, um den Markteintritt potentieller Konkurrenten zu verhindern oder zu erschweren. Institutionellen Markteintrittsbarrieren vorzuziehen sind folglich all jene Maßnahmen, durch die Qualitätsunkenntnis vermindert wird.

3. Strategische Handelspolitik

Zölle und nicht-tarifäre Handelshemmnisse sind ein klassisches Beispiel für staatliche Maßnahmen, die die Bedingungen des Marktzugangs direkt beeinflussen. Protektionistische Maßnahmen werden von Ökonomen generell auch für das den Handel beschränkende Land als wohlfahrtsmindernd gewertet. Ausnahmen stellen lediglich die Optimalzolltheorie sowie die (Anti-)Dumping-

Theorie dar. Ein freier Welthandel gilt, analog zu einer unbeschränkten Wettbewerbswirtschaft im Inland, als beste Voraussetzung für die Mehrung der globalen, aber auch der nationalen Wohlfahrt.

Die traditionelle Außenhandelstheorie basiert auf der Annahme von Marktstrukturen, die dem Ideal des vollkommenen Wettbewerbs entsprechen. Richtung und Umfang der Handelsströme folgen den komparativen Kostenvorteilen der Handelspartner, die wiederum wesentlich von den vorhandenen Faktorausstattungen bestimmt werden. Auf dieser theoretischen Grundlage läßt sich nachweisen, daß ein freier, marktwirtschaftlich organisierter Welthandel für alle beteiligten Nationen und auch für jedes einzelne Land von Vorteil ist.

Der theoretische Ansatz der Strategischen Handelspolitik erweitert den klassischen Rahmen durch das Einbeziehen von Marktstrukturen, die nicht die Voraussetzungen eines vollkommenen Wettbewerbs, wie etwa eine große Zahl von Marktteilnehmern, erfüllen. Damit werden Elemente der Marktunvollkommenheit in die Außenhandelstheorie eingeführt, die aus der Industrieökonomik bereits vertraut sind[54]. Aus dem damit verbundenen Wandel der Prämissen folgt, daß die Vorzüge einer Freihandelsordnung zu relativieren sind. Für einzelne Volkswirtschaften können sich nämlich - einstweilen theoretische - Möglichkeiten ergeben, die heimische Wohlfahrt zu erhöhen, wenn sie die „Spielregeln" eines freien Welthandels verletzen. Ob dies zugleich die praktische Empfehlung zur Abkehr vom Leitbild des Freihandels rechtfertigt, ist gleichwohl umstritten.

a) Welthandel bei unvollkommener Marktstruktur

Dem Konzept der Strategischen Handelspolitik liegt die Annahme oligopolistisch strukturierter Weltmärkte zugrunde. Sie läßt sich begründen für eine frühe Phase der Marktentwicklung bzw. des Produktlebenszyklus, als Folge innovatorischer Vorstöße einzelner Unternehmen, denen (potentielle) Konkurrenten einstweilen nicht folgen können. Gerade in Branchen, deren Produkte und Produktionsverfahren sich durch hohe Komplexität auszeichen, können nachstoßende Wettbewerber mit beträchtlichen Imitationsproblemen konfrontiert sein, die den Pionierunternehmen für einen nicht unerheblichen Zeitraum eine dominierende Marktstellung einräumen. „Pionierrenten" sind in einer Wettbewerbswirtschaft dennoch erwünscht, da sie potentielle Wettbewerber

[54] Vgl. Krugman, P., 1979.

zum Markteintritt ermuntern und so mittelfristig für eine Ausdehnung des Angebots sorgen.

Eine nicht nur vorübergehende, sondern dauerhafte Oligopolisierung des Weltmarktes ist zu erwarten, wenn Produktionsverfahren über ein derart großes Outputintervall zu sinkenden Stückkosten führen, daß weltweit nur eine geringe Zahl von Unternehmen mit mindestoptimaler Betriebsgröße existieren kann. Als Beispiele werden der Flugzeugbau und die Herstellung von Speicherchips genannt. Hier können dauerhafte - und damit letzlich auch funktionslose - Monopol- oder Oligopolrenten entstehen, wenn z. B. hohe „sunk costs" oder signifikante Lernkurvenvorteile Markteintrittsschranken begründen, durch die nachstoßende Wettbewerbshandlungen von aktuellen Konkurrenten oder potentiellen Newcomern be- oder verhindert werden.

Permanent erzielte Renten sind nicht nur ein Indiz für mögliche Allokationsineffizienzen, sie stellen auch einen Einkommenstransfer von den Konsumenten zu den Produzenten dar. Bei freiem Welthandel kann damit auch ein Transfer zwischen Volkswirtschaften verbunden sein. Die dadurch erzielten Verteilungsgewinne kommen, so das Argument, nicht nur den Unternehmen in Form zusätzlicher Gewinne zugute; sie führen vielmehr zu Vorteilen auch für andere Mitglieder der Volkswirtschaft, so etwa durch gesteigerte Steuereinnahmen oder durch die Möglichkeit höherer Faktorentgelte. Umgekehrt begrenzt der Transfer von Monopolrenten ins Ausland die inländischen Konsummöglichkeiten.

Nicht nur zwischen Unternehmen, sondern auch zwischen Nationalstaaten bestehen somit strategische Interdependenzen, die der Reaktionsverbundenheit von Oligopolisten entsprechen. Regierungen, denen an der Maximierung der heimischen Wohlfahrt gelegen ist, können versuchen, potentielle Monopolrenten ins Inland umzulenken oder deren Transfer ins Ausland zu verhindern.

b) Intentionen und Instrumente

Die Vertreter der Theorie der Strategischen Handelspolitik entwickeln eine Reihe von Szenarien, in denen sich letztlich jedes außenhandelspolitische Instrument, von Zöllen über Exportsubventionen bis hin zu mengenmäßigen Handelsbeschränkungen und freiwilligen Exportselbstbeschränkungsabkommen, rationalisieren läßt.

Mit Stegemann lassen sich die unterschiedlichen Konzeptionen in zwei Gruppen einteilen[55]: Die eine Gruppe von Modellen analysiert die Möglichkeit des profit- bzw. rent-shifting in einem Duopolmodell, während in der anderen ein strategisches infant industry-Argument formuliert wird.

Duopolmodelle sind typisch für eine Reihe von Aufsätzen von Brander und Spencer[56]. Ihre Essenz liegt darin, daß inländische Unternehmen durch staatliche Unterstützung die Nutzung monopolistischer Preissetzungsmacht von Anbietern aus Drittländern wenigstens begrenzen oder gar die Rolle eines Cournot-Oligopolisten mit der lukrativeren Position eines Stackelberg-leaders vertauschen können.

Importiert etwa das Inland ein Gut, dessen Angebot monopolisiert ist, so läßt sich der Transfer inländischer Konsumentenrente an ausländische Anbieter durch Erhebung eines Importzolls zwar begrenzen. Problematisch ist hier, daß zugleich der inländische Konsum weiter sinkt. Die negativen Wohlfahrtswirkungen fallen allerdings geringer aus, wenn der Monopolist sich der Eintrittsdrohung eines inländischen Konkurrenten gegenübersieht. In diesem Fall kann er eine Strategie der Eintrittsabschreckung verfolgen, die ihn zwingt, eine Überwälzung des Zolls auf die Nachfrager zu unterlassen. Das Inland kann sich offensichtlich einen Teil der Monopolrente in Form von Zolleinnahmen sichern. Steigt dagegen in Folge der Zollerhebung der Inlandspreis, weil entry deterrence für den Monopolisten unattraktiv wird, so werden heimische Unternehmen zum Markteintritt veranlaßt[57]. Im beschriebenen Fall wirkt die Zollerhebung wohlfahrtssteigernd, obwohl sie kurzfristig den Marktzugang begrenzt, da langfristig die Wettbewerbsintensität durch den Markteintritt neuer inländischer Unternehmen steigt.

Im Falle eines bereits bestehenden Duopols besteht die erfolgversprechende Strategie in der Subventionierung des Exports. So wird der inländische Duopolist veranlaßt, seinen Output über den Cournot-Output hinaus auszudehnen. Bleibt das konkurrierende Unternehmen (bzw. die Regierung des betreffenden Landes) passiv, begnügt es sich also mit der Rolle eines Stackelberg-Nachfolgers, so werden im Inland zusätzliche Renten realisiert und die Wohlfahrt gesteigert.

---

[55] Stegemann, K., 1988.

[56] Brander, J.A.; Spencer, B.J., 1981, 1985.

[57] Brander, J.A.; Spencer, B.J., 1981.

Die strategische Variante des infant industry-Arguments stellt eine Erhöhung der inländischen Wohlfahrt in Aussicht, wenn Industriezweige gefördert werden, denen wachsende weltwirtschaftliche Bedeutung zukommt und für die somit ein hohes Absatz- und Gewinnpotential zu vermuten ist. Staatliches Engagement ermöglichen es den heimischen Unternehmen, den für den Eintritt in diese Märkte typischen hohen Kapitalbedarf zu decken, der sich aus der Notwendigkeit ergibt, umfangreiche Aufwendungen für Forschung und Entwicklung vorzunehmen. Es eröffnet somit die Chance, Pionierrenten zu erzielen oder den Markteintritt doch zumindest als „schneller Zweiter" zu vollziehen, bevor es zum Wirksamwerden unüberwindlicher Markt zutrittsschranken kommt.

Soll inländischen Produzenten das Hineinwachsen in international wettbewerbsfähige Dimensionen erleichtert und ihnen das Nutzen von dynamischen Skalenerträgen, den sogenannten Lernkurveneffekten, ermöglicht werden, kann es sich als unumgänglich erweisen, zugleich den Marktzugang von Anbietern aus Drittländern zu beschränken[58].

Die Theorie der Strategischen Handelspolitik liefert neben Argumenten für eine gestaltende sektorale Strukturpolitik bzw. Industriepolitik auch einen mikroökonomisch fundierten Nachweis für die ökonomische Rationalität protektionistischer Maßnahmen. Freilich wird zumeist nur aus der Sicht einzelner Staaten heraus argumentiert, während globale Wohlfahrtseffekte keine Berücksichtung finden. Die Gewinne, die von der Theorie der Strategischen Handels politik in Aussicht gestellt werden, basieren somit wesentlich auf Umverteilung, also entweder auf „rent shifting" zugunsten der heimischen Volkswirtschaft oder auf der Verhinderung von Rentenabflüssen ins Ausland.

c) Rationalität der Protektion?

Die Relevanz der skizzierten Argumente für die Analyse des Welthandels im Zeichen eines globalen Wettbewerbs auf oligopolistisch strukturierten Märkten ist zweifellos erheblich. Gegenüber der traditionellen Außenhandelstheorie weist das Konzept der Strategischen Handelspolitik einen höheren Grad an Allgemeinheit auf, da es Marktunvollkommenheiten in die Betrachtung einbezieht. Auch ist die Aussage zu akzeptieren, daß die Annahme der stets gegebenen Vorteilhaftigkeit einer Freihandelsordnung für alle Teilnehmer zu relativieren sei. Hingegen muß bezweifelt werden, daß nunmehr die vielfältigen Maß-

---

[58] Krugman, P., 1984.

nahmen, mit denen Staaten in den internationalen Handelsverkehr reglementierend eingreifen, ökonomisch „rationalisiert" sind[59]. So sind konkrete Strategieempfehlungen nur sehr schwer zu formulieren, da sich zeigen läßt, daß bereits kleine Änderungen der Prämissen gänzlich andere Schlußfolgerungen und damit auch Strategieempfehlungen nahe legen. Selbst wenn der Regierung unterstellt wird, daß sie bemüht ist, strikt nach Kriterien ökonomischer Rationalität zu handeln, ergibt sich in der Praxis eine Fülle von Problemen.

Ein Engagement in der Strategischen Handelspolitik setzt bei den politischen Akteuren Wissen über die bedeutsamen Märkte der Zukunft voraus, um diejenigen Branchen oder Technologien zu bestimmen, die in den Genuß von direkter Förderung oder handelspolitischer Schutzmaßnahmen kommen sollen. Die Gewinnung dieses Wissen dürfte äußerst schwierig sein. Ein bedeutsamer Faktor der Unsicherheit dürfte auch durch aufwendige Prognosetechniken nicht beseitigt werden können. Zudem müßten nationale Politiker besser informiert sein und schneller handeln als die anderer Staaten, da anderenfalls Parallelanstrengungen zu erwarten sind, die das Zustandekommen der erhofften Monopolrenten verhindern. Wissen um zukünftige Marktentwicklungen ist meist nicht in objektivierter Form vorhanden. Politiker sind auf die Mitwirkung von Unternehmen angewiesen, die in potentiell förderungswürdigen Märkten tätig sind. Deren Interesse ist es, die eigene Branche und nicht zuletzt auch sich selbst, als strategisch bedeutsam darzustellen und aus diesem Grunde staatlichen Schutz vor ausländischer Konkurrenz zu reklamieren.

Auch mit Hilfe des Konzeptes der Strategischen Handelspolitik können Beschränkungen des internationalen Handels - Markteintrittsschranken für Anbieter aus Drittländern - nur sehr bedingt als wohlfahrtssteigernde Strategie gerechtfertigt werden. Sie basiert auf einer Reihe restriktiver Prämissen, die ihre Anwendbarkeit für die handelspolitische Praxis begrenzen. Vorausgesetzt wird ein außerordentlich hoher Informationsstand der handelnden Politiker. Reaktionen und Vergeltungsmaßnahmen von Drittländern werden zumeist nicht ausreichend berücksichtigt. Die Verzerrung der inländischen Produktionsstruktur und der damit verbundene Wohlfahrtsverlust findet in den partialanalytischen Modellen keinen Niederschlag. Auch wenn es gelingt, nationale Unternehmen zu Mitgliedern eines globalen engen Oligopols oder gar zum Monopolisten zu

---

[59] Dieser Anspruch wird auch von den einschlägigen Autoren nicht erhoben: „We are not advocating the use of tariffs to extract foreign rents (...). We do, however, point out, that a country may have an incentive to use tariffs under imperfect competition.", Brander, J.A.; Spencer, B.J., 1981, S. 386.

machen, ist fraglich, ob die erzielten Zusatzeinkommen nicht lediglich dem Unternehmen selbst zugute kommen, während der Rest der Ökonomie Kosten in Form höherer Preise für Importgüter, steigenden Steuern etc. zu tragen hat. Selbst wenn durch die Transfers aus dem Ausland per Saldo das inländische Einkommen erhöht wird, dürften die Gewinne bei kleinen Gruppen konzentriert sein. Die Erklärung für protektionistische Maßnahmen wird daher weniger in der Gemeinwohlorientierung von Regierungen als vielmehr in der Durchsetzung von Gruppeninteressen zu suchen sein.

E. Grundlagen einer positiven Theorie institutioneller Markteintrittsschranken

Bis zu diesem Punkt wurde eine normative Theorie institutioneller Markteintrittsschranken skizziert. Anknüpfend an die traditionelle Marktversagenstheorie versucht diese, Situationen zu bestimmen, in denen eine staatliche Beschränkung des Marktzugangs geeignet ist, um die Wohlfahrt der Gesellschaft zu erhöhen. Ein Manko der Wohlfahrtstheorie ist es zweifellos, daß sie kein Element enthält, welches als Bindeglied zwischen Theorie und Realität fungieren kann, um etwa zu erklären, wie theoretisch als wohlfahrtssteigernd erkannte Konzepte zu tatsächlich betriebener Politik werden. Dieser Mangel wäre wenig gravierend, wenn staatliches Handeln den „Vorgaben" der Wohlfahrtstheorie entsprechen würde. Im vorangegangenen Abschnitt wurde gezeigt, daß die Notwendigkeit staatlicher Markteintrittsregulierung selbst dort kritisch zu beurteilen ist, wo Marktbesonderheiten diese noch am ehesten geboten erscheinen lassen. Die Fülle staatlicher Eingriffe in die Bedingungen des Marktzugangs - direkter und indirekter Art - ist wohlfahrtstheoretisch ohne Zweifel nicht zu rechtfertigen.

Gefordert ist folglich eine positive Theorie institutioneller Markteintrittsschranken, die diejenigen Mechanismen offenlegt, durch die Existenz und Höhe dieser Barrieren tatsächlich bestimmt wird[1]. Der im folgenden gewählte Ansatz interpretiert institutionelle Markteintrittsschranken als (Teil einer) Gleichgewichtslösung, die auf politischen Märkten erreicht wird. Zugleich wird auf diese Weise das Marktstrukturmerkmal der institutionellen Markteintrittsschranken zumindest teilweise endogenisiert, da Unternehmen zugleich Marktteilnehmer auf politischen Märkten sind und durch ihr dortiges Verhalten die politischen Rahmenbedingungen „ihrer" Gütermärkte mitbestimmen. Eine vollständige Begründung nur aus dem Verhalten der Gütermarktteilnehmer heraus kann nicht gelingen, da zusätzlich Akteure des politischen Marktes - Politiker und Bürokraten - involviert sind.

---

[1] Eine solche ist wiederum Teilmenge einer positiven Regulierungstheorie, die „... versucht, Gesetzmäßigkeiten darüber zu entwickeln, wo der Staat faktisch in die Vertrags- und Handlungsfreiheit eingreift." Weizsäcker, C.C.v., 1982, S. 326.

Diese Sicht staatlicher Markteingriffe legt es zudem nahe, die Einflußnahme auf politische Entscheidungen als Element unternehmerischer Strategien zu begreifen. Unternehmensziel ist - so verstanden - nicht die bestmögliche Anpassung an politisch gesetzte Rahmenbedingungen, sondern deren aktive Beeinflussung, um die Nutzungsbedingungen des produktiven Kapitals zu optimieren. Die Gestaltung der Marktzugangsbedingungen nimmt dabei eine prominente Rolle ein[2].

Merkmal positiver *ökonomischer* Theorie ist der Versuch, das Handeln von Unternehmen und Nachfragern durch Rückgriff auf individuelle Nutzenmaximierungskalküle zu erklären. Die Übertragung ökonomischer Analysemethoden auf gesellschaftliche Entscheidungsprozesse, die nicht innerhalb der im engeren Sinne ökonomischen Sphäre des marktlichen Tausches von Gütern ablaufen, ist kennzeichnend für die Theorie des Public Choice[3]. Dieser Ansatz erscheint geeignet, den logischen Bruch der normativen Wohlfahrtstheorie zu kitten, die letztlich gezwungen ist, politischen Akteuren andere Handlungsmotive zu unterstellen als ihren privatwirtschaftlich handelnden Pendants.

Das weitere Vorgehen ist wie folgt zu kennzeichnen: Zunächst werden die theoretischen Grundlagen vorgestellt, auf denen eine positive Theorie institutioneller Markteintrittsschranken basieren kann. Von Bedeutung ist hier zunächst die politisch-ökonomische Theorie der Außenhandelspolitik, spezieller die endogene Zolltheorie. Gerade zur Erklärung des Phänomens der Protektion sind polit-ökonomische Erklärungsansätze in ausgebauter Form verfügbar. Da Protektion eine Variante der Errichtung von Markteintrittsschranken um einen räumlich abgegrenzten Markt darstellt, liegt es nahe, zu versuchen, die dort geltend gemachten Argumente zu verallgemeinern und auf andere Formen staatlicher Eintrittsregulierung anzuwenden.

Die Theorie der rent seeking-society ist ursprünglich eher normativ angelegt. Sie weist auf die Wohlfahrtsverluste hin, die der Gesellschaft durch den Wettbewerb um Renten auferlegt werden. Renten werden in diesem Konzept verstanden als Teil der Faktorentlohnung, der als Folge künstlicher, gemeint ist

---

[2] Vgl. Stigler, G.J., 1971, S. 5.

[3] „The public choice approach to nonmarket decision-making has been (1) to make the same behavioral assumptions as general economics (rational, utilitarian man), (2) often to depict the preference revelation process as analogous to the market ... (3) to ask the same questions as traditional price theory (Do equilibria exist? Are they stable? Pareto efficient?).“, Mueller, D.C., 1976, S. 396.

zumeist staatlich induzierter, Knappheit entsteht. Der Beitrag der rent seeking-Theorie zur Erklärung ökonomischer Phänomene liegt in der Einsicht, daß das Bestreben der Wirtschaftssubjekte nach Erhöhung ihres individuellen Nutzens nicht auf die Sphäre der originär ökonomischen Märkte beschränkt ist, sondern ebenso im politischen Entscheidungsprozeß Relevanz besitzt und sich zudem dort nicht auf die Stimmabgabe bei Wahlen beschränkt.

Der Begriff des rent seeking impliziert von vornherein, daß ein solches Streben, das produktive Ressourcen einsetzt und dabei lediglich auf Umverteilung und die Erzielung von Nicht-Leistungseinkommen abzielt, zu einer globalen Wohlfahrtsminderung führen muß. Ob dieses Urteil gerechtfertigt ist, wird allerdings im Rahmen der vorliegenden Arbeit erst an späterer Stelle diskutiert.

Im Anschluß an die Darstellung der theoretischen Grundlagen wird das Konstrukt des politischen Marktes genauer definiert. Sodann werden die Marktteilnehmer mit ihren Zielen, Handlungsparametern und Restriktionen betrachtet. Ziel ist es, zu prüfen, welchen Beitrag Modelle politischer Märkte zu einem differenzierteren Verständnis staatlicher Eintrittsregulierung, aber auch zu staatlicher Eintrittsliberalisierung leisten können.

I. Theoretische Grundlagen einer politisch-ökonomischen Sicht der Markteintrittsregulierung

1. Protection for sale[4] - die endogene Zolltheorie

Die endogene Zolltheorie versucht politische Entscheidungsprozesse speziell im Bereich der Außenhandelspolitik durch ausdrücklichen Rückgriff auf Nutzenmaximierungskalküle politischer und ökonomischer Akteure zu endogenisieren[5]. In diesem Sinne steht sie durchaus in der Tradition Stiglerscher Regulierungstheorie. Die Entstehung speziell der endogenen Zolltheorie läßt sich interpretieren als Versuch, die hartnäckige Existenz von Protektion mit rationalen

---

[4] Bezug wird genommen auf den Aufsatz „Protection for sale", Grossman, G.M.; Helpman, E., 1994. Wesentliche Arbeiten zur endogenen Zolltheorie sind Baldwin, R. E., 1982, 1989; Findlay, R.; Wellisz, S., 1983; 1986; Mayer, W., 1984; und Magee, S.P.; u.a., 1989.

[5] Diese explizite mikroökonomische Fundierung unterscheidet die endogene Zolltheorie von anderen, ähnlichen Ansätzen der internationalen politischen Ökonomie, für die Nelson feststellt, daß „...the assumption structure on which the analysis rests goes substantially unexamined.", Nelson, D., 1988, S. 797.

Kalkülen der Akteure vereinbar zu machen. Denn hinsichtlich der akademischen Beurteilung von Handelsbeschränkungen herrscht zwischen Ökonomen eine sonst durchaus nicht selbstverständliche Einmütigkeit: Sie gelten als wohlfahrtsmindernd - auch für das handelsbeschränkende Land[6]. Nelson nennt drei Ansätze zur Erklärung des Protektionsphänomens[7]: Politiker können Handelsbeschränkungen aufgrund mangelnder Einsicht in die ökonomischen Zusammenhänge durchführen - ein zweifellos nicht abwegiges, aber kaum verallgemeinerbares Argument.

Ein zweiter Ansatz versucht, Protektion ökonomisch zu rationalisieren. Die bekanntesten zugehörigen Konzeptionen sind das Erziehungszollargument („infant industry-argument") und die Optimalzolltheorie. In jüngerer Zeit hat zudem die Theorie der Strategischen Handelspolitik Beachtung gefunden, die Protektion zumindest im Modellrahmen als rationales Politikinstrument auf unvollkommen kompetitiven Weltmärkten zu rechtfertigen vermag (siehe auch Abschnitt D.III.3.). Das Bemühen, protektionistische Maßnahmen wohlfahrtstheoretisch als Instrument nationaler Einkommenssteigerung zu legitimieren, wird jedoch bestenfalls in Einzelfällen erfolgreich sein können. Schließlich kann Protektion auch als Instrument zur Verwirklichung gesellschaftlich akzeptierter nationaler Verteilungsziele begriffen werden: Die Nachfrager der zollbelasteten Importgüter (bzw. deren inländischer Substitute) finanzieren über höhere Preise die Transfers zugunsten der Eigentümer derjenigen Faktoren, die im Importsubstitutionssektor eingesetzt werden. Auch dieses Argument greift jedoch zu kurz, da sich zumeist nachweisen läßt, daß Handelsbeschränkungen kein *ökonomisch* effizientes Umverteilungsinstrument sind und von direkten Transfers auf der Basis von Besteuerung und Subvention dominiert werden[8].

Der dritte Ansatz schließlich verweist auf die „Käuflichkeit" von politischen Entscheidungsträgern, denen die Bereitschaft unterstellt wird, im Gegenzug für Hilfe zum Machterhalt oder auch direkte finanzielle Zuwendungen, Privilegien zu gewähren, deren Kosten die Allgemeinheit zu tragen hat. Eine zu vordergründige „Bestechungstheorie" kann, obwohl ihre Realitätsnähe für viele Gesellschaften außer Frage stehen dürfte, ebenfalls nicht recht befriedigen[9]. Zum

---

6 Die deutliche Mehrzahl der Ökonomen stimmt zu, daß „...tariffs and quotas reduce general economic welfare", Frey, B.S.; u.a. 1984.

7 Nelson, D., 1988.

8 Bhagwati, J.N., 1971; vgl. auch Weck-Hannemann, H., 1992, S. 32.

9 Zur Politischen Ökonomie der Korruption vgl. Rose-Ackerman, S., 1978.

einen mag sie zwar in Einzelfällen belegt werden können, ohne jedoch zugleich Anspruch auf Allgemeinverbindlichkeit erheben zu können. Zum anderen gibt sie Politikerhandeln, welches sich an „special interests" orientiert, den Anschein der Illegalität und moralischen Verwerflichkeit.

Die Idee des „käuflichen Politikers" weist jedoch zu der Überlegung, die der endogenen Zolltheorie zugrunde liegt: Der politische Entscheidungsprozeß läßt sich in Analogie zum Gütermarkt modellieren, wenn Politiker als Anbieter politischer Handlungen begriffen werden, die sich Nachfragern entweder in Form organisierter Interessen oder in ihrer Eigenschaft als Wähler gegenübersehen. In diesem Sinne stehen spezielle Politiken, so wie es der Titel der Arbeit von Grossman/Helpman suggeriert, in der Tat zum Verkauf. Eine Wertung wird jedoch zunächst vermieden, da das allgemeine Prinzip der Käuflichkeit nichts anderes bedeutet, als daß ein Gut demjenigen zur Verfügung gestellt wird, der diesem die höchste Wertschätzung beimißt (und zugleich über die notwendigen Mittel verfügt). Die endogene Zolltheorie nutzt das Instrumentarium der allgemeinen Gleichgewichtstheorie, was ihr ein hohes Maß an logischer Geschlossenheit ermöglicht. Andererseits gelingt der Nachweis der Existenz eines eindeutigen und stabilen politischen Gleichgewichtes nur mittels restriktiver Annahmen, was die Anwendung des theoretischen Rahmens auf reale Fragestellungen erschwert. Eine solche Vereinfachung kann etwa in der Annahme von direkten Abstimmungen über Einzelprobleme („single issue voting") bestehen oder in der Vernachlässigung von Organisations-, Informations- oder Partizipationskosten[10]. Komplexere Entscheidungsverfahren wie die gleichzeitige Abstimmung über eine Vielzahl unverbundener Einzelpunkte schaffen Probleme, die nur mit erheblichem formalen Aufwand und unter restriktiven Annahmen zu lösen sind.

Die Analyse von Entscheidungen in einer repräsentativen Demokratie erfordert vor allem die Berücksichtigung der institutionellen Strukturen, in die der politische Prozeß und seine Akteure eingebettet sind. Hierdurch geht allerdings die formale Eleganz gleichgewichtstheoretischer Modellbildung verloren.

Die Bestimmung der Höhe institutioneller Markteintrittsschranken aus einem allgemeinen Gleichgewichtsmodell heraus wird im Rahmen dieser Arbeit nicht versucht. Angestrebt wird vielmehr eine differenziertere Sicht der Eintrittsregu-

---

[10] Ein einfaches Mehrheitswahlmodell sowie eine Diskussion möglicher Modifikationen findet sich etwa bei Mayer, Mayer, W., 1984.

lierung als diejenige, durch die sich die normative Regulierungstheorie, aber auch frühe Ansätze der positiven Regulierungstheorie[11] bisher ausgezeichnet haben. Zu diesem Zweck wird die in der endogenen Zolltheorie zugrunde gelegte Idee eines (politischen) Marktes für Eintrittsregulierung als sinnvolle Basis für die weiteren Überlegungen übernommen.

Die Übernahme der Denkweise der endogenen Zolltheorie auf industrieökonomische Fragestellungen erscheint fruchtbar, ist gleichwohl aber nicht problemlos: Die Vorgehensweise der Industrieökonomik ist partialanalytisch, d.h. betrachtet werden Interaktionen ökonomischer Akteure, die auf einem (Güter-) Markt zusammentreffen. Eine polit-ökonomische Erweiterung betrachtet zusätzlich vorhandene Regulierungsinstitutionen. Außenhandelstheoretische Modelle sind dagegen zumeist totalanalytisch formuliert. Entsprechend unterscheidet sich die Struktur der Wettbewerbsbeziehungen: Während in industrieökonomischen (Regulierungs-) Modellen Konflikte zwischen Produzenten und Konsumenten dominieren, zeichnen sich Modelle der endogenen Zolltheorie zumeist durch Konflikte zwischen Produzenten (definiert über ihre Faktorausstattung oder ihre Branchenzugehörigkeit) aus[12]. Die Berücksichtigung des Wettbewerbs politischer Anbieter zwingt jedoch auch dort zum Einbezug von Konsumenteninteressen, da Konsumenten, wenn auch nicht als organisierte Gruppen, so doch als Wähler, auf dem politischen Markt präsent sind.

Die Gegensätzlichkeit beider Ansätze ist jedoch nicht so gravierend, daß sie als unvereinbar gelten müßten: Das Partialmodell der Industrieökonomik ist sinnvoll durch weitere Akteure und die zwischen ihnen bestehenden Wettbewerbsbeziehungen zu ergänzen. So ist politischer Wettbewerb über die Höhe von Markteintrittsschranken nicht nur zwischen Anbietern und Nachfragern eines Marktes, sondern auch zwischen aktuellen und potentiellen Konkurrenten, zwischen Interessenverbänden verschiedener Branchen oder einzelnen Unternehmen denkbar, etwa wenn um Zugangsrechte in einen regulierten Markt gestritten wird. Umgekehrt ist nicht einzusehen, warum Konflikte um die Höhe des Protektionsgrades einer Industrie ausschließlich zwischen Produzenten und nicht auch zwischen Produzenten und Konsumenten ausgetragen werden sollten.

---

[11] Gemeint ist hier die „capture theory", wie sie etwa bei Posner referiert wird, Posner, R.A., 1974, S. 341ff.

[12] Nelson, D., 1988, vgl. auch die Modellierung bei Mayer, Mayer,W., 1984.

Dies gilt um so mehr, als Importbeschränkungen aus Sicht ihrer Nachfrager ein Substitut zu binnenwirtschaftlicher Eintrittsregulierung sind, sobald eintrittsfähige Unternehmen ihren Sitz in Drittländern haben. Es ist wenig plausibel anzunehmen, daß sich die Konfliktlinien gänzlich verschieben, sobald etablierte Anbieter Schutz nicht gegen inländische Konkurrenz, sondern gegen Importeure nachfragen, obgleich in diesem Fall Widerstand gegen eine Zollerhebung von Seiten exportorientierter Branchen zu erwarten ist, die eine binnenwirtschaftliche Eintrittsregulierung möglicherweise nicht beanstanden würden.

Trotz gewisser prinzipieller Einschränkungen kann die endogene Zolltheorie somit als theoretische Basis für eine positive Analyse institutioneller Markteintrittsschranken dienen. Das zweite Konzept, auf dessen Grundlage insbesondere die Nachfrageseite politischer Märkte untersucht werden soll, ist das der rent seeking-society.

2. Unproduktiver Wettbewerb - die rent seeking-society

Die Verwandtheit der Theorie der rent seeking-society mit der endogenen Zolltheorie kann daran abgelesen werden, daß sich beide Ansätze auf einen Aufsatz von Tullock berufen[13], in dem dieser argumentiert, daß Zölle schon qua Existenz wohlfahrtsmindernd seien, der gesamte durch sie verursachte Wohlfahrtsverlust die deadweight losses der Zollerhebung aber nochmals um die Ressourcen übersteige, die von den Unternehmen der geschützten Branche eingesetzt werden, um in den Genuß protektionistischer Maßnahmen zu gelangen. Nach dieser Logik mindern auch reine Transfers die gesellschaftliche Wohlfahrt, obgleich sie auf den ersten Blick lediglich die Verteilung vorhandener Konsummöglichkeiten ändern: Die Produktionsfaktoren, die die Betroffenen einsetzen, um in den Genuß von Transfers zu gelangen oder aber um diese abzuwenden, stehen für die Produktion von Gütern und Dienstleistungen nicht mehr zur Verfügung. Sie sind somit zu ihren Opportunitätskosten als Wohlfahrtsverlust anzurechnen[14].

Der Begriff *rent seeking* findet sich erstmals bei Krueger. Sie weist darauf hin, daß durch staatlich festgelegte Importquoten „künstliche" Knappheitsrenten

[13] Tullock, G., 1967.

[14] Die bloße Möglichkeit des Transfers reicht aus, um Wohlfahrtsverluste durch rent seeking zu verursachen, selbst wenn sich die gegensätzlichen Interessen neutralisieren und die Verteilung letztlich unverändert bleibt. Vgl. Tullock, G. 1971.

geschaffen werden und der um diese entstehende Wettbewerb Ressourcen produktiver Verwendung entzieht[15]. In diesem Modell ist der staatliche Eingriff, die Importquotierung, ein exogenes Element, dessen Entstehung nicht weiter problematisiert wird. Das Erkenntnisinteresse ist primär wohlfahrtstheoretischer Natur. Gezeigt wird nämlich, daß Quoten bei gleicher Schutzwirkung für inländische Produzenten höhere Wohlfahrtseinbußen nach sich ziehen als Zölle[16].

Die Mechanismen, die im privaten Sektor einer Ökonomie für ein gesamtgesellschaftliches optimales Ergebnis sorgen, sind Markt und Wettbewerb. Die expost Koordination von Angebot und Nachfrage durch den Preismechanismus sorgt dafür, daß individuelles Handeln, welches ausschließlich eigennutzorientiert ist, derart koordiniert wird, daß ein gesellschaftlich wünschenswertes Resultat erwartet werden kann. Dies impliziert, daß die ökonomischen Akteure Einkommen erzielen, indem sie Produktionsfaktoren zur Erzeugung von Gütern und Dienstleistungen kombinieren und diese hernach auf Märkten veräußern. In einer solchen „profit seeking-society" ist Wettbewerb die Triebfeder von Wohlfahrtsmehrung und Wachstum des Produktionspotentials.

In einer rent seeking-society hat Eigennutzstreben trotz Wettbewerb die gerade entgegengesetzte Wirkung[17]. Kompetitives Handeln zielt statt auf die Schaffung neuer auf die Umverteilung bereits vorhandener Konsummöglichkeiten. Die Innovation der rent seeking-Theorie liegt dabei einerseits in der Betonung der sozialen Kosten des rent seeking *an sich* und andererseits in der Einsicht, daß der Charakter des Strebens nach Umverteilung durchaus kompetitiv ist. Auch Monopolrenten, die nicht auf Pionierleistungen im Schumpeterschen Sinne beruhen, sind folglich keine „windfall gains", sondern echte „returns on investment", der Investition nämlich in die Monopolisierung eines Marktes bzw. in die Beschränkung des aktuellen und potentiellen Wettbewerbs. Ob der Monopolist tatsächlich in den Genuß einer erhöhten Rendite gelangt,

---

15 Krueger, A.O., 1974. In der außenhandelstheoretischen Literatur hat sich parallel der Begriff der „directly unproductive profit seeking activities" - kurz DUP-Aktivitäten - eingebürgert, vgl. Bhagwati, J.N., 1982; Bhagwati, J.N.; u.a., 1984. Zu den konzeptionellen Unterschieden zwischen rent seeking- und DUP-Theorie vgl. Rowley, C.K., 1988.

16 Dies gilt wenigstens dann, wenn um die Verwendung der Zolleinnahmen nicht wiederum konkurriert wird, was als „revenue seeking" bezeichnet wird. Bhagwati, J.N.; Srinivasan, T.N., 1980.

17 Buchanan definiert rent seeking als „...behavior in institutional settings, where individual effort to maximize value generate social waste rather than social surplus." Buchanan, J. M., 1980, S. 4.

bleibt dabei zunächst offen. Dies hängt nicht zuletzt davon ab, wie intensiv der Wettbewerb - hier der Wettbewerb der rent seeker - tatsächlich ist, wie dauerhaft etwa ein Monopolprivileg ist, bzw. welche Anstrengungen zu dessen Verteidigung auf dem politischen Markt vonnöten sind[18].

Die rent seeking-Theorie zieht „harte“ Schlußfolgerungen hinsichtlich der Wohlfahrtswirkungen von rent seeking-Aktivitäten: Sie gelten als eindeutig wohlfahrtsmindernd, da den eingesetzten Produktionsfaktoren kein Output gegenübersteht, der die Konsummöglichkeiten der Gesellschaft erhöht, sondern lediglich umverteilt wird. Illustrieren läßt sich dies wiederum am Wettbewerb um staatlich geschützte Monopole: Der Wettbewerb der potentiellen Konkurrenten verzehrt Produktionsfaktoren durch Lobbying, ohne letztlich zu einer Outputerhöhung des - monopolistisch bleibenden - Sektors zu führen.

Die rent seeking-Theorie konzentriert sich auf die Nachfrager nach staatlichen Privilegien und auf deren Wettbewerbsbeziehung untereinander, während der Modellierung der Anbieterseite weniger Aufmerksamkeit zuteil wird. Sie bedarf daher der Ergänzung um eine Analyse des Anbieterwettbewerbs, was im Rahmen dieser Arbeit durch den Rückgriff auf die endogene Zolltheorie erfolgen soll.

Die aus Sicht des Verfassers größte Schwäche der rent seeking-Theorie ist jedoch das Fehlen einer operationalisierbaren Definition des rent seeking, gerade dann, wenn nicht der Wettbewerb um gegebene Renten betrachtet wird, sondern das Streben nach Schaffung neuer Einkommensquellen. Hierdurch erfahren die Möglichkeiten, wirtschaftspolitische Empfehlungen zur Begrenzung der rent seeking Verluste zu formulieren, eine gravierende Einschränkung.

Die hier angesprochene Abgrenzungsproblematik wird deutlich, wenn eine Typologie verschiedener Formen von Handlungsweisen ökonomischer Akteure, verschiedener Formen von rent seeking und profit seeking, vorgenommen wird.Die Unterscheidung von rent und profit seeking ist kritisch für die Theorie der rent seeking- society. Weitere Begriffspaare, mit denen sich Strategien von Wirtschaftssubjekten charakterisieren lassen sind statisch/dynamisch und privat/öffentlich.

---

[18] Ausgangspunkt der Diskussion um den Grad der Rentendissipation ist Tullock, G., 1980.

Das folgenden Schaubild stellt die möglichen Kombinationen dieser Elemente dar und nennt Beispiele typischer Handlungen. Profit seeking wird gemeinhin verstanden als genuines Unternehmerhandeln, also als Kombination von Produktionsfaktoren zur Erstellung knapper Güter und deren gewinnbringende Veräußerung auf Märkten. Dem Modell der vollkommenen Konkurrenz liegt statisches profit seeking zugrunde: Statisch meint, daß Unternehmen nach Gewinnmaximierung bei gegebenen Rahmenbedingungen streben: Mit einer allgemein verfügbaren Technologie produzieren sie ein homogenes Gut in einem polypolistischen Markt. Surplus-Gewinne werden durch Markteintritte erodiert, bis sie im Gleichgewicht schließlich ganz verschwunden sind. Gleiches gilt für oligopolistische oder monopolistische Märkte, sofern sie die Eigenschaft der „perfect contestability" erfüllen. Hier sorgt die Markteintrittsdrohung dafür, daß lediglich eine angemessene Verzinsung des Kapitals erzielt wird. Die im Gleichgewicht realisierte Allokation schließlich ist unter den gegebenen Bedingungen effizient. Dynamisches profit seeking zeichnet sich dagegen dadurch aus, daß der „Datenkranz" insbesondere die Marktform, von den Unternehmen nicht als Datum akzeptiert wird. Es entspricht dem Handeln des Schumpeterschen Pionierunternehmers.

	rent seeking		**profit seeking**	
	statisch	**dynamisch**	**statisch**	**dynamisch**
privat	limit pricing	strategic entry deterrence; Kartellbildung	Mengenanpasserverhalten im Modell vollkommener Konkurrenz	Innovation und Imitation
institutionell	Wettbewerb um Importquoten; „Lobbying for entry"	„Lobbying for regulation"		„Lobbying for deregulation"

Abb. 3: Eine Typologie ökonomischer Handlungen

Durch Produkt- oder Prozeßinnovationen versuchen Unternehmen, sich dem Wettbewerbsdruck ihrer Konkurrenten zu entziehen und ihre Gewinnmargen zu erhöhen. Monopolrenten werden jedoch nur dann erzielt, wenn es gelingt, Produkte zu lancieren, die den Präferenzen der Konsumenten in höherem Maße entsprechen als das schon vorhandene Angebot, somit einen neuen Markt definieren und dem Pionier dort einen monopolistischen Preissetzungsspielraum einräumen. Pionierunternehmer finden sich mit bestehenden Marktstrukturen nicht ab, sondern begreifen sie als beeinflußbare Größe. Sie schaffen sich qua Innovation die Marktform, die ihre Verdienstmöglichkeiten maximiert, nämlich die des Monopols.

Analog gilt, daß Prozeßinnovationen Kostenersparnisse nach sich ziehen, durch die höhere Stückgewinne beim herrschenden Marktpreis möglich werden, oder die die Erringung höherer Marktanteile und Gewinne durch Preissenkungen erlauben. Die so erzielten Profite signalisieren den Wettbewerbern Gewinnmöglichkeiten, die sie durch Imitation der Pionierleistung als „schnelle Zweite" nutzen können. Bei „modellgerechtem" Verlauf des Wettbewerbsprozesses wird das Pioniermonopol zu guter Letzt wieder in ein Polypol transformiert.

Dynamisches profit seeking erhöht die Gesamtwohlfahrt, da die Konsumentenversorgung per Saldo verbessert wird. Zwar sind temporäre Einbußen an (statischer) Allokationseffizienz hinzunehmen, da es einerseits zur Herausbildung von Monopolen kommt und andererseits auch Ressourcen für die Entwicklung von Produkten eingesetzt werden, die sich am Markt nicht durchzusetzen vermögen[19]. Gerade die Aussicht auf Monopolgewinne ist es jedoch, die Unternehmen dazu bewegt, risikoreiche Wettbewerbsvorstöße zu wagen, neue Technologie einzusetzen und neue Produkte anzubieten. Eine Begrenzung dieser Gewinne, etwa durch Verkürzung von Patentlaufzeiten, führt zugleich auch zu geringerer innovatorischer Aktivität.

Vom wohlfahrtssteigernden profit seeking ist das tendenziell wohlfahrtssenkende rent seeking zu unterscheiden. Die Unterscheidung zwischen Rente und Profit ist allerdings nicht unproblematisch. Als Rente wird ursprünglich der Teil der Entlohnung eines Produktionsfaktors angesehen, der über den Betrag hinausgeht, der gezahlt werden müßte, um diesen in der jeweiligen Verwendung zu halten. Eine dauerhafte Rente kann nur dann entstehen, wenn das Faktorangebot preisunelastisch ist. Ein Preisanstieg auf den Endproduktmärkten führt dann zwar zu intensiverer Konkurrenz auf den Inputmärkten und zu einer Erhöhung der Faktorentlohnung, nicht jedoch zur Ausdehnung der von dem knappen Faktor angebotenen Menge. Im Rahmen des verwandten Konzepts der Differentialrente geht man davon aus, daß Produktionsfaktoren unterschiedlicher

---

[19] Dieses Wissen ist jedoch erst ex-post verfügbar. So auch die Hayeksche Interpretation des Wettbewerbs als Entdeckungsverfahren bzw. als Prozeß der „Hervorbringung von Wissen", Hayek, F.A.v., 1968.

Güte oder - vielleicht zutreffender - unterschiedlicher Produktivität existieren. Ist das Angebot der einzelnen Faktorqualitäten nicht vermehrbar, wird bei gegebenen Preis solange auf zunehmend schlechtere Inputs zurückgegriffen, bis gerade noch die Produktionskosten gedeckt sind. Da vom hochwertigeren Faktor nur eine geringere Menge pro Outputeinheit benötigt wird, erzielen dessen Anbieter eine Differentialrente.

Als „Renten" sollen daher im folgenden funktionslose Anteile der Faktorentlohnung oder allgemeiner des Einkommens bezeichnet werden. Ihre Funktionslosigkeit in einer Marktwirtschaft rührt daher, daß sie im Gegensatz zu Profiten keine Anreize zu einer Erhöhung des Güterangebotes beinhalten, sei es, weil der knappe Faktor prinzipiell nicht vermehrbar ist, wie etwa Boden (fruchtbares Ackerland; Bauland mit Lagevorteilen), sei es aber auch, weil einer Erhöhung des Faktoreinsatzes andersartige Hemmnisse entgegenstehen. Renten können also nicht nur auf quasi „natürliche" Eigenschaften von Produktionsfaktoren zurückgeführt werden, sondern auch Folge institutioneller und privatwirtschaftlicher Markteintrittshemmnisse sein. Das Streben, welches auf Schaffung oder Aneignung der zuletzt genannten Renten abzielt, wird als rent seeking bezeichnet. Als Adressat des rent seeking bzw. als Anbieter von Renten wird in der Literatur daher zumeist der Staat angesehen[20].

Das Lehrbuchbeispiel einer solchen Rente ist diejenige, die aus einem staatlich abgesicherten Monopolprivileg geschöpft werden kann. Erneut ist statisches und dynamisches Handeln zu trennen.

Statisches rent seeking liegt im genannten Beispiel dann vor, wenn ein Markt auf unbestimmte Zeit durch gesetzliche Bestimmungen monopolistisch organisiert ist. Unternehmen können lediglich darum konkurrieren, wem das Monopolrecht für eine bestimmte Frist oder dauerhaft zufällt. Die Art und Weise, in der dieser Wettbewerb organisiert ist, dient als Grundlage für eine wohlfahrtstheoretische Bewertung[21]. Negative Wohlfahrtswirkungen sind gering, wenn Ausschreibungen stattfinden, die entweder die zukünftigen Monopolrenten in Form von Zahlungen in die Staatskasse abschöpfen oder die das Mono-

---

[20] „Rent-seeking activity is directly related to the scope and range of governmental activity in the economy, to the relative size of the public sector.", Buchanan, J.M., 1980, S. 9.

[21] Die Frage ob die monopolistische Marktorganisation an sich zu rechtfertigen ist, etwa bei Natürlichen Monopolen, sei an dieser Stelle ausgeklammert (siehe Abschnitt D.III.1).

polrecht demjenigen zuweisen, der die beste Konsumentenversorgung zusichert. Fehlen solche formalisierten Entscheidungsverfahren, haben die potentiellen Monopolisten einen Anreiz, Einfluß auf die politische Vergabeentscheidung zu nehmen. Hier kommt es zum Einsatz von Produktionsfaktoren, die für die Erstellung von Gütern und Dienstleistungen nicht mehr zur Verfügung stehen und die statt dessen beschäftigt werden, um durch Lobbying für das Unternehmen das Eigentumsrecht „Monopol" einzuwerben.

Von dynamischem rent seeking kann dann gesprochen werden, wenn Wirtschaftssubjekte staatliche Maßnahmen nachfragen, die bisher nicht bestehende Quellen für Renteneinkommen erschließen. Im Kontext dieser Arbeit ist zuerst an die Errichtung institutioneller Markteintrittsschranken bzw. an die Umwandlung eines wettbewerblich organisierten Marktes in einen regulierten Sektor zu denken. Im Kontext der endogenen Zolltheorie richtet sich dynamisches rent seeking auf Erhebung von Einfuhrzöllen oder den Einsatz vergleichbarer handelspolitischer Instrumente. Diese Beispiele deuten bereits an, daß dynamisches rent seeking ein für die Analyse der Nachfrage nach institutionellen Markteintrittsschranken zentraler Begriff ist.

Die Begrenzung von rent seeking auf Interaktionen zwischen Unternehmen oder Interessengruppen und dem Staat ist jedoch nicht geboten. Auch jenseits staatlicher Aktivität ist rent seeking denkbar. Hier sind alle Aktivitäten zu subsumieren, die auf eine Beschränkung des Wettbewerbs und die damit verbundene Erzielung von Renten abzielen, ohne daß staatliche Institutionen direkt involviert sind.

In der statischen Variante des strikt privaten rent seeking nutzen Unternehmen strukturelle Markteintrittsbarrieren zu monopolistischem oder oligopolistischem Anbieterverhalten. Die Marktstrukturmerkmale selbst, insbesondere die Marktzugangsbedingungen, sind jedoch kein Ziel unternehmerischen Handelns. Wohlfahrtsverluste, die über die Allokationsineffizienz hinausgehen, sind nicht zwingend zu erwarten. Sie sind allerdings durchaus denkbar, etwa wenn Preiswettbewerb im zutrittsgeschützten Oligopol durch erhöhte Werbeanstrengungen oder „übermäßige" Produktdifferenzierung substituiert wird[22].

Dynamisches privates rent seeking umfaßt Strategien, die zum Ziel haben, die Marktstruktur zum eigenen Vorteil zu verändern. Hier können Strategien

---

[22] So Posner, R.A, 1975.

der strategischen Eintrittsverhinderung eingeordnet werden, da diese zum Ziel haben, die Eintrittsbedingungen zum Nachteil potentieller Konkurrenten zu modifizieren. Unter den Oberbegriff der dynamischen rent seeking Aktivitäten können auch Kartellbildung oder Strategien zur Monopolisierung eines Marktes durch Verdrängung von Wettbewerbern („predation") und unter Umständen auch durch Fusionen gefaßt werden. Sie alle beinhalten mehr als die reine Anpassung an die Marktgegebenheiten und sind folglich eher den dynamischen Strategien zuzuordnen.

Die drei Begriffspaare mit denen ökonomisches - hier vor allem: unternehmerisches - Handeln zu kennzeichnen ist, sind achtfach kombinierbar. Sechs dieser Kombinationen wurden bis hierher erläutert und mit Beispielen veranschaulicht.

Nicht berücksichtigt wurde bislang die Möglichkeit, unter Einschaltung staatlicher Institutionen profit seeking zu betreiben. Hier wären Bemühungen von Unternehmen einzuordnen, die auf Deregulierung und Liberalisierung von Märkten oder Handelsbeziehungen abzielen. Dies wird als „lobbying for deregulation" bezeichnet. Es kann notwendige Voraussetzung auch für den Versuch einzelner Unternehmen sein, Marktzugangsrechte zu erlangen, wenn der Markt im Ausgangszustand dauerhaft monopolisiert ist: Bedingung für den Eintritt neuer Anbieter in den Markt für Telekommunikation war bzw. ist der Verlust des gesetzlich garantierten Monopols der ehemaligen Deutschen Bundespost.

Als institutionelles profit seeking ist das Handeln privater Akteure letztlich immer dann einzuordnen, wenn die Partizipation am politischen Entscheidungsprozeß Ergebnisse zeitigt, die aus Sicht der Gesellschaft positiv zu bewerten sind. Da als Motiv der privatwirtschaftlich Handelnden üblicherweise Nutzen- oder Gewinnmaximierung und nicht Wohlfahrtsmaximierung unterstellt wird, ist diese Einordnung erst ex-post und zudem nur unter Zuhilfenahme von Werturteilen vorzunehmen.

Begreift man Wettbewerb politischer Anbieter und Nachfrager im Hayekschen Sinne als „Such- und Entdeckungsverfahren", so fehlt ex-ante Werturteilen allerdings eine sichere Basis. Ex-post Werturteile sind dagegen zwar möglich, haben aber „akademischen" Charakter, weil sie auf Wissen basieren, daß erst durch den Wettbewerbsprozeß hervorgebracht wurde und ansonsten nicht verfügbar gewesen wäre. Urteile müßten, wenn man diese Analogie zwischen politischen Märkten und Gütermärkten für zutreffend hält, Bezug nehmen auf die Art und Weise des Zustandekommens der politischen Entscheidung und nicht auf deren Inhalt.

Aussagen, die in dieser Arbeit, vom Verfasser wie von der überwiegenden Zahl der zitierten Autoren, zur ökonomischen Effizienz politischer Märkte getroffen werden, sind unter diesem Vorbehalt zu verstehen. Politische Entscheidungen, die staatliche Markteingriffe zum Gegenstand haben, werden bewertet anhand des Maßstabes ökonomischer Effizienz im Sinne des Abschnitts D.III und anhand der Frage ob sie funktionsfähigen Wettbewerb fördern oder behindern. Ob dieses Vorgehen auf einer gesicherten Grundlage beruht oder „Anmaßung von Wissen" darstellt, sei einstweilen dahingestellt.

Das dritte Kapitel der vorliegenden Arbeit behandelt die Theorie struktureller und strategischer Markteintrittsschranken. Tangiert ist hier folglich der Bereich des privaten rent seeking: Unternehmen versuchen Einkommen zu erzielen, die dort, wo Markteintrittsschranken bereits strukturell vorliegen oder durch strategic entry deterrence geschaffen werden, unzweifelhaft Rentencharakter haben.

Im vierten Abschnitt wurden institutionelle Markteintrittsschranken definiert und es wurde diskutiert, in welchem Zusammenhang ihre Errichtung sinnvoll erscheint. Im nun folgenden Abschnitt soll das Augenmerk auf eine positive Theorie institutioneller Markteintrittsschranken gerichtet werden. Aktivitäten von Unternehmen oder anderen Akteuren, die auf die Einführung staatlicher Eintrittsregulierung abzielen, werden als dynamisch-institutionelles rent seeking klassifiziert. Widersetzen sich Wirtschaftssubjekte staatlicher Eintrittsregulierung, so gilt dies als profit seeking-Aktivität. Vorausgesetzt wird in beiden Fällen, daß die Errichtung institutioneller Markteintrittsschranken Wohlfahrtsverluste für die Ökonomie zur Folge hat

II. Begriff und Konzeption des politischen Marktes

Strikt privates rent seeking wurde definiert als auf Redistribution abzielende Aktivität von Unternehmen auf Güter- und Faktormärkten. Die Beschränkung der disziplinierenden Kraft potentiellen Wettbewerbs durch Praktiken der strategic entry deterrence ist ein prominentes Beispiel für privates rent seeking. Die Alternative, die mit dem Begriff des rent seeking tatsächlich zumeist assoziiert wird, ist die Entfaltung von auf Redistribution oder Wettbewerbsbeschränkung abzielenden Aktivitäten an der Schnittstelle zwischen Ökonomie und Politik bzw. auf politischen Märkten. Das Verwenden des Begriffs des „politischen Marktes“ bringt zum Ausdruck, daß Parallelen vermutet werden zwischen dem Tausch von (i.e.S. ökonomischen) Gütern und der Festlegung staatlichen Handelns im politischen Entscheidungsprozeß.

Der Marktbegriff selbst ist zunächst abstrakt. Der Markt ist der gedankliche Ort, an dem Anbieter und Nachfrager zum Zweck des Leistungsaustausches einander gegenüberstehen. Er läßt sich folglich konkretisieren durch die nähere Bestimmung der Marktteilnehmer, des Tauschobjektes und der institutionellen Rahmenbedingungen des Tausches. Modelle politischer Märkte unterscheiden sich zunächst hinsichtlich der Definition der Marktteilnehmer. Eine Variante besteht darin, Politiker als Anbieter von und Wähler als Nachfrager nach politischen Gütern zu benennen[23]. Davon abzugrenzen sind Modelle, die Politiker bzw. staatliche Institutionen nicht als die eigentlichen Anbieter auf politischen Märkten begreifen, sondern lediglich als Mediatoren oder Broker, die Angebot und Nachfrage durch die Wahl geeigneter Parameter, sprich Politiken, zum Ausgleich bringen[24]. Auf Seiten der Nachfrager können entweder die einzelnen Wähler oder Zusammenschlüsse von Wirtschaftssubjekten zu Interessenverbänden bzw. pressure groups als die eigentlichen Akteure angesehen werden. Dort wo Privatgüter getauscht werden, spielen Unternehmen als Nachfrager eine wichtige Rolle.

Hinsichtlich des Tauschobjektes unterscheiden sich polit-ökonomische Modelle danach, ob der politische Markt als hochaggregierter Markt für Einkommenstransfers begriffen wird oder aber von der Existenz einer Vielzahl voneinander abgegrenzter Märkte für genau definierte sektorspezifische Eingriffsinstrumente ausgegangen wird.

1. Politische Güter

Die Definition des Tauschobjektes, des politischen Gutes, ist nicht unproblematisch. Die naheliegende Gleichsetzung von politischen Gütern mit öffentlichen Gütern bzw. Kollektivgütern im Sinne der Mikroökonomik ist nicht akzeptabel, da öffentliche Güter nicht ausschließlich durch den politischen Prozeß bzw. vom Staat angeboten werden und umgekehrt nicht alle vom Staat angebotenen Güter öffentliche Güter sind. Dennoch gilt das Interesse der Ökonomi-

[23] So etwa bei Herder-Dorneich, P.; Groser, M., 1977.

[24] Tollison, R.D., 1990.

schen Theorie der Politik traditionell der Bereitstellung von Kollektivgütern[25]. Staatliches Handeln wird hier verstanden als Ergänzung zum wettbewerblich organisierten Tausch von Gütern und Dienstleistungen auf ökonomischen Märkten, die bei Existenz von Kollektivgütern bzw. Externen Effekten Koordinationsmängel aufweisen. Zu klären wäre etwa, wie im politischen Prozeß die institutionellen Rahmenbedingungen ökonomischer Märkte gestaltet werden, welche Internalisierungsstrategien bei Vorliegen Externer Effekte den Vorzug erhalten oder ob und wie die Bereitstellung von Kollektivgütern organisiert wird. Wird auch Verteilungsgerechtigkeit als Kollektivgut definiert, so kann auch die direkte staatliche Umverteilungspolitik problematisiert werden.

Die Theorie der rent seeking-society reduziert den Begriff des politischen Gutes auf die Umverteilung gesellschaftlichen Wohlstands. Marktinterventionen dienen nicht der Korrektur von Marktversagen, sondern der Allokation von Renten an einflußreiche gesellschaftliche Gruppen. Erklärtes Ziel vieler Arbeiten ist es, zu erklären, warum bestimmte gesellschaftliche Gruppen Einkommenstransfers zu ihren Gunsten erwirken, während andere verlieren. Dieser enge Gutsbegriff erklärt zugleich die sehr skeptische Beurteilung des politischen Prozesses durch die rent seeking-Theorie: Umverteilung wird erreicht durch die Allokation produktiver Ressourcen in den politischen Sektor der Ökonomie, wodurch das gesamte verteilbare Einkommen mehr und mehr schrumpft. Rent seeking ist für die Gesellschaft ein Negativ-Summen-Spiel. Dieses Ergebnis ist allerdings nach Ansicht des Verfassers durch die zu enge Definition des politischen Gutes bereits vorweggenommen.

So erscheint die Reduktion politischer Güter auf Redistribution (und deren negative Bewertung) als nicht akzeptabel. Zu berücksichtigen ist, daß die gesellschaftliche Einkommensverteilung einen Wert an sich darstellen kann. Ressourcen die eingesetzt werden, um eine letztlich gesellschaftlich akzeptierte Verteilung zu erreichen, können nicht per se als Verschwendung deklariert werden. Ein solches Urteil setzt voraus, daß Korrekturen an der vom Markt hervorgebrachten Einkommensverteilung grundsätzlich nicht wünschenswert sind.

Andererseits kann die Definition oder Umverteilung von Eigentumsrechten notwendig sein, um die Allokationseffizienz ökonomischer Märkte zu erhöhen. Dies gilt z.B. für die Internalisierung von Externalitäten oder allgemeiner ge-

---

[25] Vgl. Kirsch, G., 1974.

sprochen für die Korrektur ökonomischen Marktversagens. Zu konstatieren ist zwar, daß staatliches Intervenieren Marktversagen nicht nur heilen, sondern auch durch „Staatsversagen" substituieren kann. Mögliche Wohlfahrtseinbußen können jedoch keinesfalls a priori in die Definition politischer Güter aufgenommen werden. Erst die Analyse des politischen Prozesses erlaubt gegebenenfalls Aussagen über dessen Wohlfahrtswirkungen. Sowohl die Definition politischer Güter als Kollektivgüter wie auch als Redistribution bzw. Transferleistungen ist folglich unbefriedigend. Dies gilt selbst dann, wenn, wie auch in dieser Arbeit, unterstellt wird, daß es die Fähigkeit des Staates zum Eingriff in die Eigentumsrechte Dritter ist, die die Akteure veranlaßt, sich auf dem politischen Markt zu engagieren. Denn auch auf Gütermärkten gilt, daß Grundlage von ökonomischen Wertungen nicht die Motivation der Markteilnehmer, sondern lediglich Marktprozeß und Marktergebnis sein können.

Alternativ sind politische Güter umfassend durch den Produktionsprozeß zu definieren. Sie sind dann definiert als Leistungen, die durch den politischen Prozeß und die in diesem tätigen Akteure hervorgebracht werden[26]. Es ist zwar häufiges, allerdings nicht durchgängiges Merkmal politischer Güter, daß das Ausschlußprinzip bei ihnen keine oder nur begrenzte Anwendung findet oder finden kann. In diesen Fällen ist die Möglichkeit der Nachfrager zu kollektivem Handeln zu klären.

Daneben bringt der politische Prozeß auch reine Privatgüter hervor, wie etwa unternehmensspezifische Subventionen oder, hier von besonderem Interesse, unternehmensspezifische Marktzugangsrechte. Die Lizenz zum Betreiben eines Mobilfunknetzes oder die Zuweisung einer Frequenz bzw. eines Kanals zur Ausstrahlung eines Fernsehprogramms stellt in diesem Sinne ein politisches Privatgut dar.

2. Probleme der Marktabgrenzung

Die Abgrenzung ökonomischer Märkte orientiert sich zumeist an den auf ihnen gehandelten Gütern. Eine Übernahme dieser Denkweise auf den oder die politischen Märkte legt die Unterscheidung einer Reihe voneinander abgegrenzter Märkte nahe. Zu betrachten wäre dann z.B. der Markt für Zolltarife,

---

[26] „Politiker sind Anbieter, die in einem so und so gearteten politischen Prozeß tätig sind. Das was sie leisten, bezeichnen wir ex-post als politische Güter", Herder-Dorneich, P.; Groser, M., 1977, S. 58.

der Markt für Forschungsförderung oder der Markt für Eintrittsbarrieren bzw. für Eintrittsrechte. Diese wären auf die zugeordneten ökonomischen Märkte zu beziehen. Dieses Vorgehen ist typisch für eine Reihe von Arbeiten der endogenen Zolltheorie, in denen untersucht wird, welche Höhe ein Zolltarif auf einem gegebenen politischen Markt, nämlich dem „tariff market“ erreicht[27]. Dabei wird die Entscheidung für ein bestimmtes Protektionsinstrument, etwa für Zölle, Quoten oder VERs allerdings bereits vorausgesetzt, indem der Zollmarkt als der für die Redistributionsbemühungen der pressure groups relevante Markt vorgegeben wird[28]. Für verschiedene Instrumente wird jeweils ein eigener wohldefinierter Markt betrachtet. Konsequenterweise würden solche Märkte bei unvollständiger Faktormobilität für alle Sektoren der Volkswirtschaft existieren.

Die logische Kontraposition besteht darin, anzunehmen, daß pressure groups ausschließlich an einer Verbesserung der Einkommensposition ihrer Mitglieder und nicht am Einsatz bestimmter Verteilungsinstrumente interessiert sind. Ihre Nachfrage artikulieren sie auf einem einheitlichen, auch nicht nach ökonomischen Sektoren segmentierten Markt für Einkommenstransfers. Dort gilt, daß Interessengruppen zwischen verschiedenen Politiken, die ihnen den gleichen Einkommenszuwachs einbringen, indifferent sind. Sie artikulieren folglich keine Präferenzen für verschiedene Formen der Protektion oder Subvention[29]. Tauschgegenstand ist in dieser Fiktion lediglich ein bestimmter umzuverteilender Betrag, ein Protektionsäquivalent als gemeinsamer Nenner für staatliche Marktinterventionen oder Verteilungsentscheidungen[30]. Die Wahl des „policy mix“, der die eingeforderten Transfers garantiert, würde so ausschließlich in die Entscheidungssphäre politischer Anbieter gelegt, die aus Politiken mit dem gleichen Transfervolumen diejenige auswählen, die die geringsten politischen Kosten aufweist. Die Übersicht auf der folgenden Seite gibt einen Überblick über Konzeptionen politischer Märkte mit unterschiedlichem Aggregationsniveau.

Beide bisher beschriebenen Verfahren zur Definition des jeweils relevanten Marktes - sektoral segmentierter Markt für gegebene Umverteilungsinstrumente

---

[27] So bei Findlay, R.; Wellisz, S., 1982; Mayer, W., 1984.

[28] Nelson kritisiert die mangelnde Fundierung dieser Reduktion auf den Zolltarifmarkt, da rationale Akteure direkte Transfers aufgrund der fehlenden deadweight costs vorziehen müßten, Nelson, D., 1988, S. 813.

[29] Findlay, R.; Wellisz, S., 1983.

[30] Vgl. hierzu die Darstellung bei McCormick, R.E.; Tollison, R.D., 1981, S. 18ff.

vs. hochaggregierter Markt für Transfers - markieren theoretische Pole, die für die Analyse des realen politischen Prozesses wenig hilfreich sind. Die Annahme a priori eindeutig abgegrenzter Märkte für einzelne Instrumente der Redistribution erscheint unrealistisch. Der Hinweis darauf, daß Interessengruppen (oder allgemeiner: rent seeker) letztlich am Verteilungsergebnis interessiert sind, während die gewählten Instrumente lediglich Mittelcharakter haben, ist nicht zu vernachlässigen.

Abgrenzung / Merkmale	**Transfermarkt („Broker"-Konzeption)**	**Sektoral abgegrenzter Markt**	**Sektoral abgegrenzter Markt für spezifische Redistributionsintrumente**
Aggregationsniveau	hoch	mittel	gering
Anbieter	Netto-Verlierer staatlicher Umverteilung	Politische Parteien/ Regierung	Regierung/ Bürokratie
Nachfrager	Netto-Gewinne staatlicher Umverteilung	Interessengruppen/ Unternehmen; Wähler	Interessengruppen/ Unternehmen
zu treffende Entscheidung	Welche Bevölkerungsgruppen werden begünstigt/belastet?	Wie wird der Ordnungsrahmen des ökonomischen Bezugsmarktes gestaltet?	Wie hoch ist die staatliche Eingriffsintensität? (Zollhöhe; Standards)

Abb. 4: Konzeptionen politischer Märkte

Sinnvoll kann es allerdings sein, politische mit ökonomischen Märkten zu verknüpfen (Vgl. auch die Überlegungen zum politisch relevanten (Güter-) Markt in Abschnitt B.I.3). Auf dem jeweils relevanten politischen Markt werden nach dieser Lesart die institutionellen Rahmenbedingungen des zugeordneten ökonomischen Marktes festgelegt. Es wird z.B. entschieden, ob ein wettbewerblicher Ausnahmebereich geschaffen oder beseitigt wird und welche Instrumente der Eintrittsregulierung ggf. zum Einsatz kommen sollen. Es ist plausibel, daß die konkrete Ausgestaltung des so vorgegebenen Ordnungsrahmens nunmehr auf einer niedrigeren Aggregationsstufe festgelegt wird. So kann die Anwendung konkreter Instrumente an ausführende Organe, also z.B. an Behörden, delegiert werden. Zugleich können die Einflußmöglichkeiten der Wähler schwinden[31].

Die Vorstellung, daß ökonomische Märkte ein politisches Pendant haben, ist gerade für die Analyse institutioneller Markteintrittsschranken, die als sektorspezifische Redistributionsinstrumente angesehen werden können, hilfreich. Nicht jede Form der Redistribution greift allerdings in Einzelmärkte oder abgegrenzte Sektoren der Ökonomie ein. Es ist demnach plausibel, daß Verteilungskonflikte auch auf einem höheren Aggregationsniveau, also sektorübergreifend, ausgetragen werden. Ein Bezug zu Gütermärkten kann, wie in der Einkommensteuerpolitik oder der Sozialpolitik, gänzlich fehlen.

3. Politiker als Broker - Der Markt für Einkommenstransfers

Mit der Definition des politischen Marktes als aggregierter Transfermarkt ist in der Literatur eine Konzeption verknüpft, die Politiker als Broker zwischen konkurrierenden Interessen betrachtet. So argumentiert Tollison[32], daß alle Individuen spezifische Interessen hinsichtlich der Gestaltung legaler Normen haben: Sie wünschen die Verabschiedung bestimmter Gesetze, die ihren Nutzen mehren, und lehnen wiederum andere ab, von denen Nutzeneinbußen erwartet werden. Jede Entscheidung der Legislative definiert somit gleichzeitig Begünstigte und Benachteiligte, hat also ein Transferäquivalent. Der Gesetzgebungsprozeß erscheint in dieser Interpretation als ein hochaggregierter Markt für Einkommenstransfers. Effektive Anbieter der Gesetzgebung sind diejenigen Wirtschaftssubjekte, die zu Nettozahlern designiert werden. Umgekehrt gelten die Gewinner, die Nettoempfänger, als effektive Nachfrager nach Entscheidungen der Legislative.

Die Einflußnahme auf politische Entscheidungen erfordert auf einem so definierten Transfermarkt gemeinschaftliches Handeln, typischerweise die Bildung einer Interessengruppe. Die Höhe der dabei anfallenden Organisationskosten bestimmt, wer auf dem Transfermarkt effektiver Anbieter und wer effektiver Nachfrager ist. Effektive Nachfrager von Einkommenstransfers sind diejenigen Gruppen, deren Organisationskosten vergleichsweise gering sind, während

---

[31] Die Ausnahme bilden politische Systeme mit Elementen direkter Demokratie. In der Schweiz sind Volksabstimungen über den Einsatz genau spezifizierter Instrumente nicht unüblich, vgl. Schneider, F., 1985.

[32] Tollison, R.D., 1990.

(latente) Gruppen mit hohen Organisationskosten es nicht lohnend finden werden, gegen drohende Wohlfahrteinbußen vorzugehen und so zu Nettozahlern bestimmt werden[33].

Die Funktion, die Politiker als gewählte Repräsentanten auf dem Transfermarkt wahrnehmen, besteht darin, Angebot und Nachfrage mittels geeigneter Gesetzgebung so zu koordinieren, daß diejenigen gewinnen, die am nachdrücklichsten Forderungen erheben, und diejenigen verlieren, die am wenigsten gegen Einkommensverluste opponieren[34]. Ein politisches Gleichgewicht ist erreicht, wenn die Politiken so gewählt werden, daß keine Gruppe Anlaß hat, sich neu zu organisieren oder ihre Organisation einzuschränken. Folglich läßt sich auf den politischen Markt ebenso wie auf den ökonomischen oder Gütermarkt die Konzeption des Nash-Gleichgewichts anwenden. Diese Analogie ist für die in dieser Arbeit verfolgten Argumentation bedeutsam, weil postuliert wird, daß industrieökonomische Analysemethoden auf Prozesse und Ergebnisse politischer Märkte sehr wohl anwendbar sind. In Abschnitt F wird auf dieser Grundlage die Politische Ökonomie des Marktzugangs als wettbewerblicher Prozeß zwischen Unternehmen unter Einbezug politischer Institutionen entwickelt und auf diese Weise eine analytische Brücke zwischen strikt privaten Strategien des Markteintritts und der Eintrittsabwehr und solchen auf politisierten Märkten geschlagen.

Die Rolle der Politiker ist in der bisher skizzierten Konzeption auf die eher passive Rezeption der geltend gemachten Forderungen und auf das Herstellen eines Kräftegleichgewichts beschränkt. Noch einen Schritt weiter gehen Modelle, die die Festlegung von Politiken im Rahmen von direkten Abstimmungen betrachten. Sie kommen unter den zusätzlichen Annahmen vollständiger Information und vernachlässigbaren Partizipationskosten ohne explizite Berücksichtigung von Politikern als eigenständige Akteure der Angebotsseite aus[35]. Kritisch anzumerken ist jedoch, daß in beiden Fällen ungeklärt bleibt, auf welche Weise und von wem Abfolge („agenda setting") und Inhalt („issue definition")

---

33 „The principle is that groups who can organize for less than one dollar in order to obtain one dollar of benefits from legislation will be effective demanders of laws.", Tollison, R.D., 1990, S. 17. Zur Organisationsfähigkeit von Gruppen vgl. Abschnitt E.III.1.

34 „..., they seek to pair those who want a law or a transfer most with those who object the least.", Tollison, R.D., 1990, S. 19.

35 So etwa im Modell zur Zolltarifbestimmung bei Abstimmungen mit einfacher Mehrheit ohne Restriktionen bei Mayer; Mayer, W., 1984, S. 975 ff.

von Abstimmungen bestimmt werden[36]. „Brokermodelle" politischer Märkte werden in dieser Arbeit nicht weiter betrachtet, da ihr hohes Aggregationsniveau sie für die Analyse sektorspezifischer Instrumente ungeeignet erscheinen läßt.

4. Politiker als Anbieter - Politische vs. ökonomische Produktionskosten

Konzepte, in denen Politiker der Angebotsseite politischer Märkte zugerechnet werden, in denen diese folglich als Produzenten und nicht nur als Makler angesehen werden, sind dann schlüssig, wenn gezeigt werden kann, daß Politiker die Kosten der von ihnen herbeigeführten Entscheidungen selbst tragen, also auf eigene Rechnung und nicht auf die anderer tätig sind. Dies widerspricht auf den ersten Blick der oben skizzierten Argumentation, die darauf hinweist, daß politische Entscheidungen lediglich die Eigentumsrechte Dritter tangieren, und von den Entscheidungsgremien (in einer repräsentativen Demokratie) selbst nur ein Bruchteil der Kosten getragen wird, die den Netto-Verlierern auferlegt werden.

Der Widerspruch ist aufzulösen, wenn zwischen ökonomischen und politischen Produktionskosten unterschieden wird. Politiker tragen die politischen Kosten ihrer Entscheidungen. Als „Produktionskosten" sind für politische Akteure neben den direkten Kosten der Gesetzgebung[37] in erster Näherung die drohenden Verluste an politischer Gefolgschaft relevant, die sie als Folge ihrer Entscheidungen gegebenenfalls hinnehmen müssen.

In der Formulierung von Tollison sind diejenigen Gruppen Anbieter, die die *ökonomischen* Kosten der Gesetzgebung zu tragen haben, die also per Saldo durch diese schlechter gestellt werden, sei es durch direkte Einkommensverluste oder durch Ineffizienzen infolge staatlicher Eingriffe in die Marktsphäre. Alternativ lassen sich die Träger der *politischen* Kosten als Anbieter definieren. Die Unterscheidung von politischen und ökonomischen Kosten der Gesetzgebung ist für die weitere Argumentation essentiell. Nicht nur die Definition der Angebotsseite hängt davon ab, ob politische oder ökonomische Produktionskosten zugrundegelegt werden. Von Bedeutung ist, daß politische und ökonomische

---

[36] Nelson, D., 1988.

[37] Zu denken ist hier etwa an Opportunitätskosten der Zeit.

Produktionskosten nicht zwangsläufig positiv korreliert sind[38]. Wenn sich das Anbieterverhalten, wie im folgenden postuliert, ausschließlich an den politischen Kosten orientiert, sind Abweichungen vom sozialen Optimum möglich. Politisch rationale Entscheidungen sind nicht zwingend zugleich ökonomisch rational.

Als Anbieter auf dem politischen Markt werden im folgenden diejenigen Akteure verstanden, die die politischen Produktionskosten tragen. Hier ist zuerst an die Organe der Legislative, also an die gesetzgebenden Körperschaften auf verschiedenen föderalen Ebenen, also etwa in Bund, Ländern und Gemeinden, bzw. an ihre Mitglieder zu denken. Hinzu kommen supranationale Entscheidungsgremien: So wird die Handelspolitik der Europäischen Union von deren Organen betrieben, namentlich von Kommission und Rat. Im Marktsegment „Außenhandelsschutz" sind somit im europäischen Integrationsraum nicht die nationalen Gesetzgeber, sondern die Organe der EU Anbieter. Es ist abzusehen, daß der politische Markt auf Ebene der Europäischen Union mit der weitergehenden Delegation von Entscheidungskompetenzen an deren Organe an „Handelsvolumen" zunehmen wird.

Die Vielfalt der Institutionen und Individuen, die als politische Anbieter agieren, deutet darauf hin, daß die Analyse des Anbieterverhaltens auf politischen Märkten ohne den Einbezug des konstitutionellen Rahmens, in den diese eingebunden sind, unvollständig ist[39]. Wichtig ist zunächst die grundsätzliche Form der Verfassung bzw. die Frage nach der Legitimation von Macht. Hier kann zwischen autokratischen, oligarchischen und demokratischen Verfassungen differenziert werden. Demokratische Gesellschaften unterscheiden sich zudem darin, inwieweit repräsentative oder direkt-demokratische Elemente überwiegen.

---

[38] Nicht selten gilt das Gegenteil, daß bei gleichem Transferäquivalent diejenigen Instrumente mit den geringsten politischen Kosten zugleich die höchsten ökonomischen Kosten aufweisen (Vgl. Abschnitt E.V.2.).

[39] Allgemein gilt, daß die Definition politischer Märkte und die Analyse ihrer Funktionsweise institutionelle Gegebenheiten des politischen Prozesses, auch auf der Seite der Nachfrager nicht vernachlässigen darf. Kritik an der „Institutionslosigkeit" speziell der endogenen Zolltheorie übt etwa Nelson: „Such a link (between theory and empirical reality, F.S.) can be forged only by explicit attention to the institutional structure of the demand and supply sides of the political market and the incentives and constraints implied by those structures.", Nelson, D., 1988, S. 830.

Referenzsystem für die Mehrzahl der folgenden Überlegungen ist das der repräsentativen Demokratie, da es in der Mehrzahl der entwickelten Industrieländer praktiziert wird. Am Rande werden allerdings auch direkt-demokratische Entscheidungsverfahren, wie Referenden oder Volksabstimmungen, berücksichtigt.

Angemerkt werden soll an dieser Stelle, daß auch in autokratischen Gesellschaften, etwa Diktaturen oder Monarchien, für den Souverän mit jeder Entscheidung politische Produktionskosten verbunden sind, da die Unterstützung durch wichtige gesellschaftliche Gruppen bindende Nebenbedingung für den Machterhalt ist. Das Konzept des politischen Marktes ist folglich nicht nur auf demokratische Gesellschaften anwendbar[40].

Bei der Analyse des Anbieterverhaltens von Politikern in einer repräsentativen Demokratie werden zwei Situationen unterschieden: Eine Gruppe von Modellen analysiert den vor Wahlen dominierenden Wettbewerb konkurrierender Anbieter, sprich Parteien, die um Maximierung der auf sie entfallenden Stimmen bemüht sind, um nach Möglichkeit in der nächsten Legislaturperiode die Regierung zu stellen. Zwischen den Wahlen besitzt die Mehrheitspartei dagegen einen gewissen monopolistischen Angebotsspielraum, den sie nutzen kann, um im Prozeß des laufenden decision-making von ihren Wahlversprechen abzuweichen, falls dies opportun erscheint. Dies gilt als das eigentliche Betätigungsfeld der Lobbyisten und bildet zugleich die Referenzsituation für Modelle des Interessengruppenwettbewerbs[41].

Neben politischen Akteuren, die sich durch ihre legislativen Befugnisse auszeichnen, gehören auch Organe der Exekutive zur Angebotsseite politischer Märkte. Diese können in ihrer Gesamtheit als Bürokratie gekennzeichnet werden[42]. Die Zuerkennung einer eigenständigen Anbieterfunktion konfligiert mit der Definition der Bürokratie als grundsätzlich gegenüber der Legislative weisungsgebundene und rechenschaftspflichtige Institution.

---

[40] Vgl. etwa Tullock, G., 1986.

[41] Vgl. etwa das „demokratisch pluralistische" Modell von Findlay, R.;Wellisz, S., 1983, in dem Wahlen keine Rolle spielen, oder Becker, G.S., 1983; 1985; Grossman, G.M.; Helpman, E., 1994. Anders die Modelle der Parteienkonkurrenz bei Magee, S.P.; u.a., 1989 oder Ursprung, H., 1991.

[42] Vgl. hierzu Messerlin, P.A., 1981; Finger, J.M.; u.a., 1982.

Bei der Wahrnehmung der ihnen zugewiesenen Exekutivaufgaben stehen der Bürokratie nicht unerhebliche Handlungsspielräume offen, die sich aus unvollständig spezifizierten Aufgaben und aus Informationsvorteilen ergeben. Auch für die Bürokratie gilt, daß nicht die ökonomischen Kosten ihres Handelns entscheidungsrelevant sind, sondern lediglich die, die sie selbst zu tragen hat. Diese Kosten bestehen, grob gesprochen, in Budgetkürzungen und im Verlust von Einfluß und Autonomie.

Während die Vorstellung, daß die Entscheidungen von Legislative und Exekutive von Interessengruppen zum eigenen Vorteil beeinflußt werden können, vergleichsweise unspektakulär und anerkannt ist, gilt die Judikative nach wie vor als objektive Institution, die jenseits von rent seeking-Aktivitäten operiert. Obgleich Gerichte in dieser Arbeit nicht als eigenständige Anbieter von Zusatzeinkommen behandelt werden, soll wenigstens angemerkt werden, daß auch die Rolle der Gerichtsbarkeit im rent seeking-Prozeß problematisiert worden ist[43]. Hingewiesen wird zum einen darauf, daß auch Richter als eigennutzorientierte ökonomische Akteure angesehen werden können und darüber hinaus auch der Prozeß der Rechtsprechung von Unternehmen instrumentalisiert werden kann[44].

5. Die Nachfrageseite politischer Märkte - Interessengruppen, Unternehmen und Wähler

Als Nachfrager auf politischen Märkten kommen prinzipiell alle privaten Wirtschaftsakteure, Konsumenten wie Unternehmen, in Betracht, da staatliches Handeln ihr Nutzenniveau mehr oder weniger direkt beeinflußt. Ihr Interesse richtet sich allgemein formuliert auf eine politische Konzeption, die die eigene Wohlfahrt maximiert. Erneut sind es die institutionellen Rahmenbedingungen des politischen Marktes, die die Art und Weise festlegen, in der diese Nachfrage geäußert wird. Werden politische Entscheidungen durch Wahlen oder Referenden getroffen, so offenbaren die potentiellen Nachfrager ihre Präferenzen durch ihre Stimmabgabe. Bei Abstimmungen über singuläre Probleme und bei Abwesenheit von Informations- und Partizipationskosten können Wähler als die Hauptakteure der Nachfrageseite betrachtet werden.

---

[43] Vgl. hierzu Shughart, W.F. II, 1990; Baumol, W.A.; Ordover, J., 1985; Landes, W.M.; Posner, R., 1975.

[44] Dies gilt in besonderem Maße dort, wo, wie in den USA, legale Normen maßgeblich durch richterliche Entscheidungen mitgeprägt werden.

Sind Wähler über die zur Abstimmung anstehenden Probleme nur unvollständig informiert, so können auch pressure groups durch Wahlempfehlungen oder finanzielles Engagement auf den Ausgang von Wahlen und Referenden Einfluß nehmen[45]. Kollektives Handeln ist gefordert, da Abstimmungsergebnisse Güter sind, bei denen das Ausschlußprinzip keine Anwendung finden kann.

Das Geltendmachen von Nachfrage im Prozeß des laufenden decision making erfordert ebenfalls, wie im nächsten Abschnitt dargelegt wird, in vielen Fällen die Bildung einer Interessengruppe. Interessengruppen bzw. Lobbys werden daher als die wichtigeren Akteure der Nachfrageseite behandelt, während Wähler lediglich periodisch als Nachfrager auftreten. Diese Priorität findet ihre Rechtfertigung in der Vermutung, daß Markteintrittsschranken ein industriespezifisches Phänomen sind, dessen Existenz bei Dominanz von Mehrheitsabstimmungen ohne organisierte Interessenvertretungen nur schwer zu erklären wäre.

Überall dort, wo politische Entscheidungen Privatgutcharakter haben, fehlt allerdings der Zwang zu kollektivem Handeln. Hier kommt auch Unternehmen in ihrer Rolle als politische Nachfrager gesteigerte Aufmerksamkeit zu.

6. Gleichgewicht auf politischen Märkten

Der Ausgleich von Angebot und Nachfrage auf Gütermärkten erfolgt über den Preismechanismus. Ein Marktgleichgewicht zeichnet sich dadurch aus, daß kein Marktteilnehmer Anlaß hat, sein Verhalten zu ändern. Diese Situation ist auf politischen Märkten des Broker-Typs dann erreicht, wenn die Politiken so gesetzt sind, daß es weder für die Nettozahler noch für die Nettoempfänger sinnvoll ist, zusätzliche Ressourcen in den politischen Willensbildungsprozeß zu lenken. Grenznutzen und Grenzkosten der Lobbyaktivität entsprechen einander. An die Stelle des Gleichgewichtspreisvektors tritt in politischen Märkten ein Vektor von gleichgewichtserzeugenden Politiken[46].

Etwas anders ist zu formulieren, wenn als Marktteilnehmer Politiker vs. Lobbys betrachtet werden, so wie es für den politischen Markt für Eintrittsre-

---

[45] Vgl. Modell 2 bei Mayer, W., 1984; Magee, S.P.;u.a., 1989.

[46] „..., policies play the same role in politics as prices play in an economy: Both are equilibrating variables that adjust until opposing forces are balanced.", Magee, S.P.; u.a., 1989, S. 3.

gulierung angemessen erscheint: Hier bieten Politiker und Bürokraten annahmegemäß die Errichtung (oder die Entfernung) von Markteintrittsschranken an. Der Verlauf der politischen Angebotsfunktion hängt von den politischen Kosten ab: C.p. wird ein höheres Protektionsniveau nur zu einem höheren Preis angeboten. Für unterschiedliche Instrumente der Eintrittsregulierung sind unterschiedliche Angebotsfunktionen denkbar, sofern sie hinsichtlich ihrer politischen Kosten differieren. Kostendifferenzen können ihre Ursache im Grad der ökonomischen Effizienz der Instrumente aber auch in unterschiedlicher Wahrnehmbarkeit für Wähler und konkurrierende Interessen haben (Vgl. auch Abschnitt E.V).

Die Zahlungsbereitschaft der Nachfrager hängt davon ab, wie durch eine Variation der Höhe von Markteintrittsbarrieren ihr Nutzen bzw. ihr Einkommen beeinflußt wird. Folglich steigt die Zahlungsbereitschaft für die Errichtung von barriers to entry c.p. mit der Intensität des Drucks potentieller Konkurrenten. Unstetigkeiten in der Nachfragefunktion können ihre Ursache in der Eintrittsfähigkeit potentieller Konkurrenten haben: Niedrige Eintrittshemmnisse gewähren gegen leistungsfähige Newcomer keinen wirksamen Schutz und mobilisieren folglich keine Zahlungsbereitschaft. Diese steigt sprunghaft, wenn die Höhe der Markteintrittsschranken hinreicht, um auch potentielle Konkurrenten mit hoher Eintrittsfähigkeit am Markteintritt zu hindern.

Die Zahlungsbereitschaft für die Beseitigung oder Senkung von Eintrittsbarrieren variiert mit den Gewinnmöglichkeiten, die potentielle Konkurrenten auf dem geschützten Markt vermuten. Sie hängt weiter ab von den Kosten, die die Eintrittsregulierung anderen Sektoren der Ökonomie auferlegt: Führen institutionelle Markteintrittsschranken dazu, daß Vorleistungen zu hohen Preisen oder nicht in ausreichender Menge oder Qualität angeboten werden, können Nachfrager Zahlungsbereitschaft für eine Eintrittsliberalisierung signalisieren.

Formale Modelle politischer Märkte unterstellen häufig, daß der Preis für politische Güter in Form von finanziellen Hilfen an politische Parteien oder amtierende Regierungen gezahlt wird. Ein weiteres „Zahlungsmittel" sind Wählerstimmen, die von Interessengruppen entweder durch Empfehlungen an ihre Mitglieder oder durch Einflußnahme auf die öffentliche Meinung bereitgestellt werden. Auch Informationen sind als Gegenleistung in politischen Tauschgeschäften denkbar. In Abschnitt F.II werden Instrumente politischer Einflußnahme weiter differenziert.

In den folgenden Überlegungen und Modelldarstellungen wird unterstellt, daß es grundsätzlich sinnvoll ist, eine Gleichgewichtskonzeption auf politische Märkte anzuwenden. Weiter wird angenommen, daß diese tatsächlich zum Gleichgewicht tendieren, daß also die beobachteten Ausprägungen der Politik - Regulierungs- und Deregulierungsentscheidungen, Redistribution und Höhe institutioneller Markteintrittsschranken - Ausdruck eines Ausgleichs von Marktkräften sind. Wenn kein Politikvektor existiert, der seinem Anbieter ein höheres Maß an politischer Unterstützung garantiert, befindet sich der politische Markt im Gleichgewicht[47]. Aus Sicht der Nachfrager entspricht im Gleichgewicht der Grenzertrag politischer Aktivität den Grenzkosten. Welche Eigenschaften ein solches Gleichgewicht darüber hinaus hat, insbesondere ob es als *ökonomisch effizient* im Sinne der Wohlfahrtstheorie gelten kann, ist a priori unklar. Im Kern geht es um die Frage, ob allgemeine Aussagen über die Wohlfahrtswirkungen staatlicher Markteingriffe analog zum „Invisible Hand-Theorem" über die Effizienz von Gütermärkten in dem Sinne möglich sind, daß politische Märkte bestmögliche Lösungen für ökonomische Probleme hervorbringen. Die in dieser Arbeit dargestellten Ansätze lassen sich diesbezüglich nicht zu einem einheitlichen Bild zusammenfügen. Die Gleichgewichtskonzeption politischer Märkte ist allerdings zu relativieren, da Störungen die Tendenz zum Gleichgewicht überlagern können. Diese Störungen können modellexogen sein, wie die Änderung weltwirtschaftlicher Rahmenbedingungen oder technischer Fortschritt. Endogene Störungen resultieren dagegen aus Wettbewerbsinitiativen politischer Marktteilnehmer, die mit ihrer Einkommensposition unzufrieden sind. Sie sind in Analogie zu dynamischen Konzepten des Wettbewerbs auf ökonomischen Märkten zu betrachten.

III. Das Verhalten der Nachfrager auf politischen Märkten

Bevor Modelle politischer Märkte eingehender behandelt werden, sind einige Überlegungen zu deren Nachfrageseite sinnvoll; sinnvoll zum einen deshalb, weil häufig Interessengruppen als politische Nachfrager behandelt werden, ohne daß zugleich die Voraussetzungen ihrer Bildung und Handlungsfähigkeit erörtert werden. Statt dessen wird der Organisationsgrad verschiedener Gruppen als

---

[47] Magee u.a. bezeichnen diesen Gleichgewichtszustand als politisch effizient. Der Effizienzbegriff bleibt hier jedoch inhaltsleer und ist irreführend. Ökonomische Effizienz ist durch Bezug auf das Pareto-Kriterium definiert, d.h. ein Individuum kann sein Nutzenniveau nur zu Lasten anderer erhöhen. Über die Erfüllung dieser Bedingung wird nichts ausgesagt. Definiert ist ein Markt-Gleichgewicht dessen Effizienzeigenschaften jeweils zu bestimmen sind. Magee, S.P.; u.a., 1989, S. 50.

exogenes Datum gesetzt. Die betrachteten Modelle sind zudem partialanalytisch in dem Sinne, daß unterstellt wird, daß die Akteure solange zusätzliche Ressourcen in den politischen Markt einbringen, wie deren Grenzertrag die Grenzkosten übersteigt. Aussagen über die Höhe der Grenzkosten, diese interpretiert als Opportunitätskosten, sind jedoch modellimmanent nicht möglich. Zu prüfen ist folglich, welche Alternativen sich speziell Unternehmen zu einem Engagement auf dem politischen Markt bieten und was die Wahl zwischen den verschiedenen Optionen beeinflußt.

1. Politische Kollektivgüter: Die Definition gemeinsamer Interessen und „Die Logik kollektiven Handelns"

Kann bei politischen Gütern das Ausschlußprinzip keine Anwendung finden, so ist zu prüfen, über welche Merkmale sich gemeinsame Interessen hinsichtlich ihrer Bereitstellung definieren lassen. Sodann ist zu klären, welche Interessen zum Zwecke politischer Einflußnahme organisiert werden können.

Dieser Abschnitt beginnt mit der Frage nach dem angemessenen Verfahren zur Definition gemeinsamer Interessen. Die hier letztlich gewählte Definition orientiert sich primär an der Faktorausstattung der Akteure, wobei die Existenz sektorspezifischer Faktoren als Begründung für eine Industrie-basierte Interessendefinition dient. Die Interessenlage der Akteure hinsichtlich staatlichen Handelns wird also wesentlich durch deren Zugehörigkeit zu Industriezweigen bestimmt.

Der Kollektivgutcharakter, durch den sich politische Güter häufig auszeichnen, erfordert es, die Fähigkeit der Nachfrager, verstanden als einzelne Wirtschaftssubjekte, zu gemeinschaftlichem Handeln bzw. ihre Organisationsfähigkeit zu bestimmen. Gemeinsam auf dem politischen Markt Handelnde werden als Interessengruppe („pressure group") bezeichnet. Anzumerken ist, daß dieser Begriff nicht nur traditionelle Organisationsformen, wie Unternehmensverbände oder Gewerkschaften erfaßt, sondern - auf der Seite der Unternehmen - auch weniger institutionalisierte Kooperationsformen wie die „Strategische Allianz" oder formlose Verhaltensabstimmungen. Wähler können jenseits von Abstimmungen politischen Druck ausüben, wenn sie Initiativen gründen oder wenn sie sich Bürgerbewegungen anschließen.

Vernachlässigbar sind die Voraussetzungen für die Bildung und die Handlungsfähigkeit von Interessengruppen nur dann, wenn der Markt für politische Kollektivgüter in Form direkter Referenden organisiert ist und zudem keine

Informations- und Partizipationskosten berücksichtigt werden müssen, so daß jeder Wähler seinen objektiven Interessen gemäß abstimmt[48]. Während in diesen Modellen keine Notwendigkeit zu kollektivem Handeln besteht, bilden ansonsten Interessengruppen das Bindeglied zwischen individuellen Interessen und kollektiven Entscheidungsmechanismen[49]. Sie werden somit als die zentralen Akteure der Nachfrageseite interpretiert.

a) Kriterien für die Definition „gemeinsamer Interessen"

In erster Näherung sind alle Wirtschaftsakteure, Unternehmen ebenso wie Konsumenten, potentielle Nachfrager auf politischen Märkten, sofern ihre Nutzen- bzw. Gewinnfunktion von staatlichen Aktivitäten tangiert wird. Gemeinsame Interessen bestehen zwischen denjenigen Wirtschaftseinheiten, die von staatlichen Maßnahmen in gleicher Weise in ihrem Nutzen beeinflußt werden. Anknüpfungspunkt ist hierbei zumeist die Ausstattung der Akteure mit Produktionsfaktoren, da davon ausgegangen wird, daß staatliche Eingriffe in die Marktstruktur die erzielbaren Faktoreinkommen direkt beeinflussen und dieser Einfluß die Wirkungen politischer Entscheidungen auf die Konsummöglichkeiten dominiert.

Die als Referenz heranzuziehenden Modelle der endogenen Zolltheorie unterscheiden sich danach, ob in ihnen vollständige oder unvollständige Mobilität der Produktionsfaktoren unterstellt wird[50]. Bei vollständiger Faktormobilität hängen die Interessen einzelner Akteure hinsichtlich politischer Entscheidungen lediglich von ihrer Ausstattung mit (unspezifischen) Produktionsfaktoren ab, im Modellrahmen üblicherweise Arbeitskraft und Kapital. Jeder Einzelne wird für Maßnahmen votieren, die die Entlohnung des bei ihm reichlich oder ausschließlich vorhandenen Faktors erhöhen.

Bei unvollständiger Mobilität der Produktionsfaktoren spielt die Zugehörigkeit zu Wirtschaftssektoren bzw. Branchen für die Interessendefinition eine wichtige Rolle. Der Konflikt zwischen Arbeit und Kapital wird durch die Iden-

---

[48] Vgl. Modell I in Mayer, W., 1984, S. 975.

[49] Es gilt jedoch die Einschränkung, daß bei einer Vielzahl von Einzelabstimmungen die Möglichkeit der Koalitionsbildung zwischen Minderheiten Berücksichtigung finden sollte.

[50] Ein Modell mit vollständiger Faktormobilität ist Modell I bei Mayer, W., 1984; vgl. auch den Überblick bei Weck-Hannemann, H., 1992, S. 50ff.

tität der Interessen innerhalb der Branche ersetzt, wenn z.B. der Einsatz handelspolitischer Instrumente zur Entscheidung steht. Konflikte haben bei unvollständiger Faktormobilität den Charakter interindustrieller Auseinandersetzungen. Ferner existieren auch Modelle, in denen sowohl sektorspezifische Produktionsfaktoren (Boden; Kapital) wie unspezifische, mobile Produktionsfaktoren (Arbeit) betrachtet werden[51]. In allen diesen Fällen dominieren Interessenkonflikte zwischen unterschiedlich definierten Gruppen von Produzenten, während Konsumenteninteressen keine oder eine weit geringere Rolle spielen[52].

Institutionelle Markteintrittsschranken gehören zu den industriespezifischen Politikinstrumenten, so daß die für ihre Analyse sinnvolle Vorgehensweise darin besteht, sie im Kontext unvollständiger Faktormobilität zu diskutieren. Es kann in erster Näherung unterstellt werden, daß den etablierten Unternehmen (bzw. den Kapitaleignern) wie den dort beschäftigten Arbeitnehmern ein Interesse an einem erschwerten Marktzugang gemein ist, während Nachfrager und potentielle Konkurrenten durch eine entgegengesetzte Interessenlage gekennzeichnet sind.

Eine differenziertere Betrachtung muß jedoch auch mögliche Konflikte innerhalb der so abgegrenzten Interessengruppen berücksichtigen. Konflikte können auf Seiten der etablierten Anbieter aus unterschiedlicher Wettbewerbsfähigkeit oder Zugehörigkeit zu unterschiedlichen Marktsegmenten resultieren. Die Bereitschaft, zur Errichtung institutioneller Markteintrittsschranken beizutragen, wird bei Unternehmen, die über eine starke Marktstellung verfügen, geringer ausgeprägt sein als bei Wettbewerbern, die fürchten, als Folge von Markteintritten Marktanteilseinbußen hinnehmen zu müssen. Unternehmen, die dem Kernsegment eines Marktes zugeordnet werden können, werden Eintritten in den „wettbewerblichen Rand" nur geringen Widerstand entgegensetzen und erst auf einen steigenden Marktanteil des Newcomers oder dessen Versuche, ins Kernsegment überzuwechseln, reagieren. Eine Interessenidentität zwischen

---

[51] So etwa Findlay, R.; Wellisz, S., 1983; 1986; Mayer, W., 1984, Modell 2.

[52] Die Vernachlässigung von Konsumenteninteressen ergibt sich aus der Annahme gleicher Konsumgewohnheiten, die zu uniformen Interessen aller Nachfrager führt und diese zu einer einheitlichen (aber unorganisiert bleibenden) Interessengruppe formt. Denkbar ist allerdings, daß Produzentenverbände zugleich die Interessen ihrer Mitglieder als Konsumenten vertreten. Weiterhin gilt, daß die Nachfrage, wenn auch nicht die Konsumgüternachfrage, nicht stets atomistisch ist. Dies gilt für Güter, die als Vorleistungen wieder in den Produktionsprozeß eingehen. Hier ist eine Interessenformation, die von der Nachfrageseite her, also von den Sektoren, die den jeweiligen Input verwenden, definiert ist, durchaus plausibel.

etablierten Unternehmen ist folglich auf segmentierten Märkten keineswegs zwangsläufig.

Potentielle Konkurrenten unterscheiden sich hinsichtlich ihrer Eintrittsfähigkeit. Unternehmen, die über hohe Eintrittsfähigkeit verfügen, werden auf dem politischen Markt möglicherweise keine vollständige Beseitigung institutioneller Markteintrittsschranken anstreben, da so die Zahl der Unternehmen, die den Markteintritt schließlich vollziehen können, wächst. Hierdurch sinkt die erwartete Rendite des Markteintritts. Die optimale Höhe der Eintrittshemmnisse ist aus Sicht des einzelnen Unternehmens die, die ihm selbst den Eintritt noch ermöglicht, während alle „schwächeren" Newcomer ausgeschlossen bleiben (Vgl. Abschnitt F. IV). Auch für die Gruppe der potentiellen Konkurrenten sind homogene Interessen angesichts differierender Markteintrittsfähigkeit folglich nicht gesichert.

b) Die Notwendigkeit und die Problematik kollektiven Handelns

Basis für die ökonomische Analyse kollektiver Handlungen ist nach wie vor die Arbeit von Olson, die bereits aus dem Jahre 1965 stammt[53]. Darauf lassen zumindest die zahlreichen Verweise auch in neueren Arbeiten zur Politischen Ökonomie schließen[54]. Olson zeigt mit Hilfe einer strikt ökonomischen Argumentation, daß bei streng rationalem Verhalten des Einzelnen gemeinsame politische Interessen nicht automatisch zu gemeinsamem Handeln führen. Denn die auf politischen Märkten gehandelten Güter weisen in vielen Fällen (wenn auch nicht immer) Kollektivguteigenschaften auf: Gemeint ist hier, daß das Ausschlußprinzip bei ihnen nur begrenzt Anwendung findet oder finden kann[55]. Daher kommen als effektive Nachfrager nur jene Akteure in Betracht, denen es gelingt, sich zu kollektivem Handeln zusammenzuschließen[56]. Dies ist zu begründen:

---

[53] Olson, M., 1965.

[54] So Grossman, G.M.; Helpman, E., 1994.

[55] Als Kollektivgut sollen hier vereinfachend solche Güter bezeichnet werden, bei denen das Ausschlußprinzip nicht anwendbar ist. Theoretisch korrekt wäre es, zudem Nicht-Rivalität in der Nutzung zu fordern.

[56] Dieses Problem wird in Modellen der endogenen Zolltheorien vielfach als gelöst unterstellt. So etwa in Findlay, R.; Wellisz, S., 1983.

Gewinner und Verlierer von staatlichen Interventionen in Marktstruktur, -prozeß und -ergebnis sind zumeist nicht als Einzelne - natürliche oder juristische Personen - sondern durch ihre Zugehörigkeit zu Gruppen, also etwa zu Einkommensschichten, Berufsgruppen oder Branchen definiert. Wird eine Gruppe, etwa eine bestimmte Branche, durch staatliche Eingriffe bessergestellt, so kann kein Mitglied von der Teilhabe an den entstandenen Vorteilen ausgeschlossen werden. Die fehlende Anwendbarkeit des Ausschlußprinzips ist gerade auch Kennzeichen von Markteintrittsschranken: Dort, wo sie existieren, eröffnet sich allen etablierten Anbietern die Möglichkeit zur Erzielung höherer Gewinne. Das gleiche Kalkül gilt auch für Liberalisierungsbemühungen von potentiellen Konkurrenten oder Nachfragern. Markteintrittsschranken sind allerdings insofern exklusiv, als die Möglichkeit der Erosion der durch sie geschaffenen Renten, wenigstens durch Eintritte in den ökonomischen Markt, definitionsgemäß äußerst begrenzt ist[57].

Umgekehrt gilt, daß sich niemand drohenden Nachteilen (kostenlos) entziehen kann: So kann kein Steuerzahler über eine Steuererhöhung frei disponieren. Auch das (erfolgreiche) Bemühen um Steuervermeidung bedeutet aufgrund aufzuwendender Ressourcen oder notwendiger Verhaltensänderungen gegenüber dem status quo ante eine Schlechterstellung[58]. Eine Zollerhebung führt zu einem höheren Inlandspreis, der von allen potentiellen Nachfragern getragen werden muß, sei es durch höhere Ausgaben, sei es durch verminderten Konsum oder durch den Ersatz des Importgutes durch ein weniger geschätztes Substitut.

Die Nicht-Anwendbarkeit des Ausschlußprinzips bei Kollektivgütern verhindert in den meisten Fällen, daß ihre Bereitstellung durch spontanes, unkoordiniertes Handeln einzelner erfolgt. Dies sei am Beispiel institutioneller Markteintrittsschranken nochmals illustriert: Für ein einzelnes Unternehmen ist es wenig attraktiv, auf eine administrative Beschränkung des Marktzugangs hinzuarbeiten. Unter der Voraussetzung, daß die Einflußnahme auf politische Entscheidungen nicht „frei" ist, hätte dieses Unternehmen die gesamten Kosten der Bereitstellung, also etwa Kosten der Lobbytätigkeit, Öffentlichkeitsarbeit, Parteispenden etc. zu tragen, könnte sich aber von der entstehenden Rente nur einen Bruchteil, entsprechend seinem Anteil an der Branchenproduktion, aneig-

57 Diese Eigenschaft kann für die konkrete Strategie von Interessengruppen bzw. hinsichtlich ihrer Präferenzen für alternative Instrumenten der Einkommenssteigerung von großer Bedeutung sein.

58 Mögliche positive Lenkungseffekte der Besteuerung bleiben dabei unberücksichtigt.

nen. Aus den gleichen Gründen ist es allerdings auch für Nachfrager oder potentielle Wettbewerber wenig attraktiv, sich drohenden Zugangsbeschränkungen im Alleingang entgegenzustellen.

Olson argumentiert, daß die Überwindung des „free rider"-Problems, also die Ausschaltung des Anreizes, nicht zur Bereitstellung des Gutes beizutragen, sich aber dennoch am Konsum zu beteiligen, zum zentralen Hemmnis einer kollektiven Interessenvertretung wird. Kollektives Handeln ist jedoch, wie gezeigt, Voraussetzung für die Entfaltung effektiver Nachfrage auf politischen Märkten.

Die Gruppenmitglieder (die sich zunächst über gemeinsame Interessen definieren) befinden sich in einer „prisoners dilemma"-Situation. Die Wohlfahrt der gesamten Gruppe und auch die jedes einzelnen wird maximiert, wenn alle Mitglieder sich an der Bereitstellung des Kollektivgutes, etwa durch Bildung einer Organisation, eines Verbandes oder durch die Unterstützung einer Lobby, beteiligen.

Eine solche aktive Interessenvertretung ist im Sinne aller Gruppenmitglieder. Ihre Leistungen auf dem politischen Markt, etwa das Erwirken eines Einfuhrzolles auf konkurrierende Importgüter, können allerdings auch denen nicht vorenthalten werden, die zu ihrer Finanzierung nicht beitragen. Somit ist es für den einzelnen rational, hier Zurückhaltung zu üben: Er maximiert seinen Nutzen, wenn er Organisation und Finanzierung der Interessenvertretung anderen überläßt, um im nachhinein dennoch von ihrer Tätigkeit zu profitieren. Umgekehrt ist es besonders unvorteilhaft, selbst Zeit und Geld zu investieren, während andere, die sich verweigern, am Ende ebenfalls Nutznießer sind. In jedem Falle ist es somit Ausdruck individuell rationalen Verhaltens, im geschilderten Fall *nicht* zu kooperieren.

Olson folgert, daß unter diesen Voraussetzungen die Organisation der Gruppeninteressen scheitern muß, daß also individuell rationales Handeln nicht auch zu kollektiv rationalen Lösungen führt - hier zur Kooperation aller derer, die an der Bereitstellung des Kollektivguts vital interessiert sind.

Dennoch existieren in allen Industriegesellschaften (und nicht nur dort) einflußreiche, wohlorganisierte Interessengruppen. Diesen gesellschaftlichen Gruppen muß es folglich gelungen sein, das beschriebene „Gefangenendilemma" zu überwinden. Olson arbeitet eine Reihe von Faktoren heraus, die die Wahrscheinlichkeit für kollektiv-rationales Handeln erhöhen. Entscheidend ist dabei zunächst die Zahl der Gruppenmitglieder und das Maß der Ungleichverteilung des erzielbaren Zusatzeinkommens[59]. Während die Wahrscheinlichkeit dafür, daß das Kollektivgut bereitgestellt wird, mit zunehmender Gruppengröße abnimmt, steigt sie, je ungleicher der erwartete Nutzenzuwachs verteilt ist.

So ist für einen Anbieter, der am nationalen Markt einen Anteil von 90 v.H. hält, das Bemühen um einen Schutzzoll auch ohne die Beteiligung der anderen Anbieter möglicherweise attraktiv. Analog gilt in kleinen Gruppen, daß ihre Mitglieder c.p. einen größeren Anteil am erzielten Einkommen erlangen als die Mitglieder großer Gruppen. Folglich ist durchaus vorstellbar, daß der Nutzen, den ein Einzelner aus dem Konsum des Kollektivgutes zu ziehen vermag, die Kosten übersteigt, die er zu tragen hat, wenn er dieses in privater Initiative bereitstellt. Die Notwendigkeit kollektiven Handelns stellt sich somit nicht in jedem Fall. Gruppen, in denen mindestens ein Mitglied bereit ist, auch allein zu handeln, bezeichnet Olson als „privilegiert“[60].

Doch auch bei der Organisation kollektiven Handelns haben relativ kleine Gruppen größere Erfolgschancen: Das einer Kooperation entgegenstehende Hindernis ist, wie bereits beschrieben, der individuelle Anreiz zum Trittbrettfahren. Dieser nimmt ab, wenn Einzelne damit rechnen müssen, daß das eigene free rider-Verhalten zu einer spürbaren Unterversorgung oder einem Unterbleiben der Bereitstellung des Kollektivgutes führt[61]. Ist der eigene Beitrag dagegen relativ gering, wird der Erfolg der Interessenvertretung von der individuellen Partizipationsentscheidung nicht fühlbar beeinflußt. Die Versorgung des Einzelnen mit dem Kollektivgut ist dann von seinem eigenen Beitrag zu dessen Produktion unabhängig.

Weiter kann Kooperation sichergestellt werden, wenn Trittbrettfahrer negativ - oder umgekehrt Kooperateure positiv - sanktioniert werden können[62]. Dieser „selektive Anreiz“ muß stets in Entzug oder Zuteilung eines Privatgutes liegen, da der Kollektivgutgenuß definitionsgemäß allen Gruppenmitgliedern zugute kommt. Kleingruppen, vor allem wenn ihre Mitglieder auch persönlichen Umgang miteinander pflegen, verfügen mit gegenseitiger Anerkennung oder Miß-

[59] Vgl. Olson, M., 1965, S.21 ff.

[60] Olson, M., 1965, S. 48.

[61] Eine solche Gruppe wird als „mittelgroß“ bezeichnet, ebd., S.48.

[62] Vgl. ebd., S. 49 f.

achtung je nach Grad der Kooperation, über ein preiswertes und dazu effektives Sanktionsmittel.

Große, zwangsläufig anonymere Gruppen haben schon bei der Identifikation von Trittbrettfahrern Schwierigkeiten und hernach größere Mühe, diese negativ zu sanktionieren. Das Fehlen persönlicher Bindungen macht eine „moralische" Bestrafung schwierig[63]. Große Gruppen müssen die Disziplin ihrer Mitglieder, wenn die Ausübung von Zwang nicht möglich ist, statt durch ideelle durch materielle selektive Anreize wie Mitgliederzeitschriften, Versicherungen oder Rechtsberatung sichern[64]. Die Möglichkeit zum Trittbrettfahren vermindert sich darüber hinaus in dem Maße, in dem die Erträge staatlichen Handels auf diejenigen begrenzt werden können, die es erwirkt haben. Eine attraktive Strategie für Interessengruppen respektive für deren Manager ist es folglich, Transfers in Form von Privatgütern, wie spezifischen Subventionen oder öffentlichen Aufträgen, zugunsten der Gruppenmitglieder zu organisieren, um free rider-Möglichkeiten zu begrenzen[65].

Daß eine Organisation durch die Bereitstellung von Privatgütern die Kooperation ihrer Mitglieder zumindest fördern kann, erscheint plausibel[66]. Unbeantwortet bleibt jedoch die Frage, wie die erstmalige Organisation der Gruppeninteressen bewerkstelligt werden kann. Denn ein funktionierender Sanktionsapparat stellt für die Gruppe wiederum ein Kollektivgut dar: Jeder hält Sanktionen und Anreizsysteme für wünschenswert, aber wiederum ist der Anreiz, zu ihrer erstmaligen Finanzierung beizutragen, nur gering, da ihre Wirkung keinem vorenthalten werden kann.

---

[63] Dies gilt nicht für „föderative" Gruppen. Vgl. Olson, M., 1965, S. 61.

[64] Olson bezeichnet dies als die „Nebenprodukttheorie" der großen Gruppen. Vgl. ebd., S.130ff.

[65] „...interest group leaders (...) usually lobby for, or support candidates and incumbent office holders who promise to provide private, divisible goods to group members, not public goods", Aranson, P.H.; Ordeshook, P.C., 1981, S. 80.

[66] Die Nebenprodukttheorie kann die Existenz von Gruppen nicht erklären, die ausschließlich Kollektivgüter anbieten. Alternative Erklärungen kollektiven Handelns basieren auf der Annahme altruistischer Elemente in der Nutzenfunktion der Individuen (Margolis, H., 1982) oder auf der Orientierung an ethischen Standards, deren Verletzung durch free-riding Nutzeneinbußen verursacht (Sugden, R. 1984). Guttman entwickelt ein Modell, in dem die kollektiv-rationale Lösung zustande kommt, weil die Akteure berücksichtigen, daß ihr eigener Beitrag (abweichend von den Annahmen nichtkooperativer Spiele des Cournot-Nash Typs) auch die Zahlungsbereitschaft anderer beeinflussen kann. Vgl. die Darstellung bei Guttman, J. M., 1991.

Die Nebenprodukttheorie großer Gruppen wirft zudem die Frage auf, warum gleichzeitig Privatgut und Kollektivgut produziert werden. Denn wenn mit Hilfe des Angebots von Privatgütern die Kooperation der Gruppenmitglieder, also vor allem ihr finanzieller Beitrag, sichergestellt werden kann, müssen diese Güter attraktiv genug sein, um dem Anbieter Gewinne zu ermöglichen. Diese müssen dann wiederum verwendet werden, um das Kollektivgut zu produzieren. Lobbytätigkeit schmälert so c. p. die Gewinne aus dem Privatgutverkauf. Konsequenterweise müßten Anbieter, die nicht beabsichtigen, politischen Einfluß geltend zu machen, die gleiche private Leistung zu geringeren Preisen anbieten können. Eine große Gruppe, die ihr politisches Engagement durch den Verkauf von Privatgütern finanziert, müßte folglich permanent durch ausschließlich privatgutorientierte Anbieter in ihrer Existenz bedroht werden. Andererseits mag sich die Kooperation im Laufe der Zeit stabilisieren, so daß sich diese Gefahr relativiert, oder aber es existieren Verbundvorteile zwischen der Produktion von Privat- und Kollektivgut.

Letztes Mittel, um die Kooperation der Gruppenmitglieder zu erreichen, ist die Ausübung von Zwang. Die Bereitschaft, Zwang gegen sich gelten zu lassen, kann im Sinne einer Strategie der Selbstbindung durchaus rationalisiert werden. Der Beitritt zu einer Zwangsgemeinschaft kann daher freiwillig erfolgen, zumal dann, wenn abzusehen ist, daß eine hinreichend große Zahl von Individuen diesen Schritt zur gleichen Zeit vollzieht. Die Ausübung des Zwangs, aber auch die Sicherstellung von Kooperation durch materielle selektive Anreize kann dabei an Verbandsfunktionäre delegiert werden, die als „politische Unternehmer“ oder besser als „politische Manager“ charakterisiert werden können[67]. Diese Idee entspricht dem Ansatz der vertragsorientierten Theorie der Firma, die die Funktion des Managements ebenfalls im Sicherstellen von Kooperation bzw. im Verhindern von „shirking“ in Teamarbeitssituationen sieht[68].

Zu ergänzen ist schließlich, daß große Gruppen in jedem Falle höhere Transaktionskosten zu veranschlagen haben. Diese entstehen beispielsweise durch aufwendigere gruppeninterne Abstimmungsprozesse sowie durch die Notwendigkeit der Unterhaltung eines umfangreichen Verwaltungsapparates. Hierdurch verringert sich der Pro-Kopf-Nutzenzuwachs, den die Gruppenmitglieder aus der Aktivität ihrer Interessenvertretung ziehen können.

---

[67] Vgl. Moe, T.M., 1980, 1981.

[68] Alchian, A.A.; Demsetz, H., 1972.

Festzuhalten bleibt, daß die Organisation großer wie kleiner Gruppen prinzipiell möglich ist. Die Kooperationsprobleme sind jedoch von kleinen Gruppen leichter zu überwinden. Auf der Basis von Olsons Theorie des Gruppenhandelns ist zu erwarten, daß zahlenmäßig kleine Gruppen sich besser organisieren und somit ihre Interessen nachdrücklicher geltend machen können als Gruppen, die zwar viele nominelle Mitglieder aufweisen, von denen jeder Einzelne jedoch kaum Anreize hat, zur Organisation der Gemeinschaft beizutragen. Zudem dürften kleine Gruppen geringere Kosten der Organisation zu tragen haben. Der „kritische Punkt" beim Übergang von der latenten Gruppe zur aktiven Interessenvertretung, der auch am schwierigsten modellimmanent zu erklären ist, ist in jedem Falle der Gründungszeitpunkt. Mögliche Erklärungen für die Herausbildung stabiler kollektiver Handlungsstrukturen ist die Erweiterung der „Angebotspalette" von Privatgutproduzenten oder anderen historisch gewachsenen Institutionen, wie etwa Glaubensgemeinschaften, um Kollektivgüter, staatliche „Geburtshilfe" durch Zwangsmitgliedschaften oder organisatorische Hilfen[69] sowie die Existenz von Unternehmerpersönlichkeiten, hier bezogen auf die Gruppenorganisation.

Ist die erstmalige Organisation geglückt, steht also etwa erst einmal ein Verwaltungs- und Sanktionsapparat zur Verfügung, so steigen die Chancen für eine dauerhafte Existenz der Interessengruppe - möglicherweise sogar über den Zeitpunkt hinaus, zu dem ihre ursprüngliche Funktion gegenstandslos wird. Olson schließt, daß die Zahl aktiver Interessengruppen im Zeitablauf ansteigen müsse, solange die grundlegenden gesellschaftlichen und ökonomischen Rahmenbedingungen stabil bleiben[70].

Die „Logik kollektiven Handelns" ist überall dort anwendbar, wo die Kooperation der Marktteilnehmer notwendig ist, um Ziele zu erreichen. Hierzu zählen die Durchsetzung privatwirtschaftlicher Wettbewerbsbeschränkungen, wie Kartelle, formlose Verhaltensabstimmung oder das Errichten von Markteintrittsschranken: Bereits strikt private entry deterrence kann Kollektivguteigenschaften aufweisen. In Kapitel C war jedoch darauf hingewiesen worden, daß das Gros der in der Literatur diskutierten entry deterrence Strategien erhebliche Auswirkungen auch auf die Position der Unternehmen im aktuellen Wettbewerb hat. Hier können sich die Unternehmen die Erträge ihrer Handlungen etwa in

---

[69] Hieraus ergeben sich Möglichkeiten für die Anbieter, die Struktur der ihnen gegenüberstehenden Nachfrage gezielt zu beeinflussen.

[70] Olson, M., 1985, S.52.

Form steigender Marktanteile in der Regel sehr wohl ausschließlich aneignen. Das Kollektivgutproblem ensteht nur dann, wenn lediglich vereinfachend auf die eintrittsbehindernden Wirkungen von Strategien abgestellt wird[71]. Bei institutionellen Markteintrittsschranken, wie etwa bei tarifären und nicht-tarifären Handelshemmnissen, sind die Kollektivguteigenschaften allerdings wesentlich ausgeprägter, da die einzelnen Unternehmen häufig keine Vorteile gegenüber ihren aktuellen Konkurrenten erringen können. Im Gegensatz zu reinen Kollektivgütern ist free riding allerdings nur für etablierte Gruppenmitglieder, hier Marktteilnehmer, möglich, während Newcomer definitiv vom Konsum ausgeschlossen sind.

Die Entfaltung effektiver Nachfrage nach institutionellen Markteintrittsschranken erfordert folglich die Kooperation der Markteilnehmer. Gleiches gilt für potentielle Newcomer oder Nachfrager, die eine Liberalisierung des Markteintritts anstreben. Einzelne Unternehmen haben nur dann einen Anreiz, sich auf dem politischen Markt zu engagieren, wenn ihr aktueller oder erwarteter Gütermarktanteil sehr hoch ist, sie also den Großteil der entstehenden Renten selbst erhalten. Kleinere Unternehmen können als free rider agieren[72]. Ein hoher Konzentrationsgrad oder das Vorhandensein eines eindeutigen Marktführers, gemessen am Marktanteil, erhöht c.p. die Wahrscheinlichkeit effektiver Nachfrage nach institutionellen Markteintrittsschranken. Eintrittsregulierung wird umgekehrt um so nachdrücklicher in Frage gestellt, je größer potentielle Konkurrenten bzw. deren erwarteter Marktanteil bzw. je größer der Anteil einzelner Unternehmen an der Gesamtnachfrage ist.

c) Konsequenzen und Grenzen der „Logik"

Olsons Beitrag zur Mikrofundierung kooperativen Handelns ist weitgehend anerkannt. Er selbst hat auf Basis der „Logik" eine Reihe weitreichender und kontrovers diskutierter Schlußfolgerungen gezogen, die abschließend skizziert werden sollen[73]: Zentrale Annahme ist der Organisationsvorteil, den kleine gegenüber großen, umfassenden Gruppen genießen. Olson schließt, daß dieser Vorteil dazu führt, daß in jeder entwickelten Gesellschaft einer großen Zahl von

---

[71] Dieses Problem wird in der Literatur dann zumeist dadurch gelöst, daß entweder ein Monopol oder ein funktionierendes Kartell unterstellt wird.

[72] Dies wird als Ausbeutung der Großen durch die Kleinen bezeichnet, vgl. auch Magee, S.P.; u.a., 1989, S. 93f.

[73] Olson, M., 1985.

gut organisierten Partikularinteressengruppen nur eine geringe Zahl umfassender Organisationen gegenübersteht. Kleine Gruppen können sich folglich mit ihren Redistributionswünschen oftmals durchsetzen. Umverteilung wird zudem nicht zwingend allokationsneutral durchgeführt, da kleine Gruppen die externen Kosten ihrer Forderungen nicht berücksichtigen[74]. Je länger das gesellschaftspolitische Umfeld stabil bleibt, um so mehr Partikularinteressen überwinden ihre Organisationsprobleme. Das Ausmaß umverteilender Staatstätigkeit wächst folglich ebenso wie der politische Sektor der Ökonomie. Zugleich schrumpft der produktive, also im engeren Sinne wohlstandsschaffende, Sektor, da einerseits immer weniger Ressourcen produktiven statt redistributiven Zwecken zugeführt werden und andererseits die wachsende Regulierungsdichte dynamisches Unternehmerhandeln zunehmend unattraktiv macht. Olson prognostiziert mithin für politisch stabile Volkswirtschaften abnehmende Wachstumsraten und eine fortschreitende ökonomische „Sklerose".

Diese Behauptung hat ihm den Vorwurf eines simplifizierenden Determinismus eingetragen[75]. Er läßt sich etwa damit begründen, daß die komplexe institutionelle Struktur, in die Interessengruppen in vielen Gesellschaften eingebunden sind, zu wenig berücksichtigt wird. Die Erfolgswahrscheinlichkeit von Redistributionsbemühungen scheint so nur von der Organisationsfähigkeit abzuhängen. Die Frage nach dem politischen Erfolg einer Interessengruppe ist allein durch den Verweis auf ihre Organisationsfähigkeit nicht zu beantworten. Diese ist lediglich notwendige, nicht aber schon hinreichende Bedingung für die Partizipation am politischen Entscheidungsprozeß. Die Existenz eines stabilen positiven Zusammenhangs zwischen dem Konzentrationsgrad, der Organisationsfähigkeit und dem Schutzniveau, das der jeweiligen Industrie gewährt wird, wird folglich bezweifelt[76]. Die Fähigkeit zur Organisation kollektiver Interessen ist bei der Definition der Wettbewerbsfähigkeit auf politischen Märkten zu ergänzen um andere Dimensionen politischer Kompetenz (Vgl. Abschnitt F.I).

Vernachlässigt wird das Auftreten organisierter Gegenmacht ebenso wie die Fähigkeit der Marktgegenseite, also Staat und Regierung, die Bildung von Organisationen zu fördern oder zu behindern. Zudem führt Olsons strikt individualistisches Nutzenmaximierungskalkül zu einer zu skeptischen Beurteilung

[74] Umfassende Gruppen tragen einen größeren Teil der Redistributionskosten selber und präferieren daher effiziente Umverteilungsinstrumente.

[75] Lehner, F., 1992.

[76] Baldwin, R.E., 1991.

des Kooperationsvermögens umfassender gesellschaftlicher Gruppen. Unterschätzt wird weiterhin die Möglichkeit des Auftretens liberalisierender Kräfte. Dies ist gerade dann wahrscheinlich, wenn der Schaden, den die Wachstumsdynamik der Ökonomie durch den Einfluß von Partialinteressen genommen hat, im Laufe der Zeit größer und offenbarer wird. Für politische Anbieter wie auch für Interessengruppen gewinnen in dieser Situation auf Deregulierung und Liberalisierung zielende Strategien an Rationalität. Dies läßt vermuten, daß Krisen, die das Verteilungsgeflecht erschüttern und die Wachstumsdynamik wiederbeleben, endogen entstehen können und nicht nur, wie Olson vermutet, durch exogene Schocks, wie etwa militärische Auseinandersetzungen. Die Sklerotisierungstendenz von Industriegesellschaften erscheint letztlich wenig zwangsläufig und mag durch gegenläufige Entwicklungen abgelöst oder überlagert werden.

Grenzen für die Anwendung der Logik kollektiven Handelns ergeben sich darüber hinaus aus der Überlegung, daß die Nachfrageseite politischer Märkte nicht ausschließlich aus organisierten Interessengruppen zusammengesetzt sein kann. Denn nicht bei allen Interaktionen von privaten Wirtschaftssubjekten und Staat sind Kollektiv- oder Clubgüter involviert. Ein einfacher Fall ist der eines Monopolunternehmens, das für die politische Absicherung seiner privilegierten Marktstellung eintritt. Umgekehrt mögen einzelne Unternehmen versuchen, Zutritt zu einem regulierten Markt zu erhalten. Wird der Marktzugang in Form einer Lizenzerteilung gewährt, handelt es sich offenbar um ein reines Privatgut. Hier ist kollektives Handeln nicht erforderlich (vgl. Abschnitt F.I).

Gerade im Falle von Liberalisierungs- oder Deregulierungsforderungen kann Gruppenhandeln eng mit individuellem Handeln verzahnt sein: Kooperation, analog zur Bildung einer strategischen Allianz, kann notwendig sein, um das politische Klima derart zu beeinflussen, daß die Entmonopolisierung bestimmter Bereiche auf die Agenda gelangt und schließlich mehrheitsfähig wird. Im Zuge der Marktöffnung werden die Gruppenmitglieder dann zu mehr und mehr zu Konkurrenten, die untereinander im Wettbewerb um Marktzugangsrechte stehen (Vgl. Abschnitt F.III und F.IV).

2. Die Allokation von Ressourcen zwischen wettbewerblicher Strategie und rent seeking

Nachdem Faktoren herausgearbeitet worden sind, die die Organisation von Interessen begünstigen, gilt es zu klären, wovon es abhängt, wieviele Ressourcen von den jeweiligen Interessengruppen oder - im Falle politischer Privatgüter

- von einzelnen Unternehmen in den Prozeß des rent seeking eingebracht werden.

Im Kontext der Eintrittsregulierung gilt es, die Zahlungswilligkeit von Unternehmen oder Verbänden für die Errichtung oder Beseitigung institutioneller Markteintrittsschranken zu bestimmen. Zum anderen interessiert jedoch auch die unternehmensinterne Ressourcenallokation zwischen den Polen profit seeking und rent seeking und darüber hinaus zwischen privatem und institutionellem rent seeking, also zwischen der Errichtung strategischer Markteintrittsschranken privater Art (private entry deterrence) und dem Streben nach institutionellen Markteintrittsschranken (institutional entry deterrence).

a) Die optimale Höhe der Lobbyaktivität

Die strikt ökonomische Interpretation des Lobbyverhaltens gibt die Marginalbedingungen für das optimale Niveau der rent seeking Aktivitäten einer pressure group auf einem gegebenen politischen Markt vor. Da Interessengruppen „Redistribution“ produzieren, finden Überlegungen der Produktionstheorie Anwendung:

Eine Interessengruppe dehnt ihre Aktivitäten solange aus, bis der Einkommenszuwachs, der durch eine zusätzliche Einheit eines Produktionsfaktors, die in den rent seeking-Prozeß alloziert wird, gerade den Kosten entspricht, die ihr Einsatz verursacht. Dies entspricht der Regel, daß im Produktionsoptimum das bewertete Grenzprodukt eines Faktors seiner Entlohnung entsprechen muß. Für den Fall institutioneller Markteintrittsschranken kann dies wie folgt formuliert werden: Die Lobbyaktivität hat ihre optimale Höhe erreicht, wenn die erwartete Erhöhung der Markteintrittsschranken, die durch Einsatz einer zusätzlichen Einheit eines Produktionsfaktors erreicht wird, den etablierten Unternehmen einen erwarteten[77] Einkommenszuwachs einbringt, der den Opportunitätskosten des im rent seeking-Prozeß eingesetzten Produktionsfaktors entspricht[78].

---

[77] Investitionen in den politischen Prozeß sind Entscheidungen unter Unsicherheit. Manches spricht dafür, daß die Risiken dieser Investitionen höher sind als die von privaten Investitionsentscheidungen und sie somit bei unterstellter Risikoaversion eine vergleichsweise hohe erwartete Verzinsung erbringen müssen, um realisiert zu werden. Vgl. Ben-Zion, U.; Eytan, Z., 1974.

[78] Falls eine Lobby ihren Nutzen maximiert, indem sie durch Gewährung von Wahlkampfhilfen die Wahlchancen der Partei, die ihren Zielen am nächsten steht, erhöht, ist

Um gemäß dieser Marginalbedingung zu agieren, benötigt eine Interessengruppe zwei Informationen: Es muß bekannt sein, wie sich die erzielbaren Renditen der etablierten Unternehmen bei Variation der Markteintrittsschranken ändern. Dies erfordert wiederum Kenntnisse über das Maß an Bedrohung, welches von potentiellen Konkurrenten ausgeht, sowie Wissen um die Preiselastizität der Nachfrage, die die Spielräume zu Preiserhöhungen determiniert.

Interessengruppen müssen darüber hinaus die Bereitschaft der Anbieter, ihren Forderungen nachzugeben, und die Reaktionsfunktionen möglicher Opponenten auf dem politischen Markt kennen, sofern zu ihnen eine fühlbare Reaktionsverbundenheit besteht.

Die Ausprägung vieler entscheidungsrelevanter Variablen wird in der Realität nicht bekannt sein. Selbst objektive Wahrscheinlichkeitsverteilungen werden nicht immer vorliegen, so daß der Erwartungsnutzen bestenfalls auf Basis subjektiver Wahrscheinlichkeiten maximiert werden kann. Die genannte Marginalbedingung kann daher lediglich als Approximation für den Umfang der Ressourcen gelten, die in den politischen Entscheidungsprozeß eingebracht werden.

b) Die Opportunitätskosten der rent seeking Aktivität

Die Bewertung der auf dem politischen Markt eingesetzten Ressourcen muß zu Opportunitätskosten erfolgen. Denn die Einflußnahme auf politische Entscheidungen bindet Ressourcen, die den Interessengruppen bzw. den sie unterstützenden Akteuren für andere Zwecke nicht mehr zur Verfügung stehen.

Folglich sind die alternativen Einsatzmöglichkeiten der im rent seeking Prozeß eingesetzten Produktionsfaktoren von Bedeutung. Ein gewinnmaximierendes Unternehmen, das sich allein oder zusammen mit anderen im rent seeking engagiert, sollte die ihm zur Verfügung stehenden Ressourcen zwischen verschiedenen Verwendungsrichtungen so aufteilen, daß das Grenzprodukt eines Faktors in allen Richtungen gleich ist. Die Einsatzmöglichkeiten sind in abstrakter Form vorgeben durch die in Abschnitt E.I.2 vorgenommene Einteilung zwischen verschiedenen Varianten von rent seeking bzw. profit seeking.

---

die Optimalitätsbedingung anders zu formulieren: Die optimale Höhe der Lobbyausgaben ist erreicht, wenn die marginale Änderung der Chance der präferierten Partei, die nächste Wahl zu gewinnen, multipliziert mit dem Nutzendifferential verschiedener Wahlausgänge, den Grenzkosten, hier der nächsten Geldeinheit, die der Partei zugewiesen wird, gerade entspricht. Vgl. Magee , S.P.; u.a., 1989, S. 59 sowie Abschnitt E.V.2.

Das relevante Entscheidungskalkül soll am Beispiel eines Unternehmens illustriert werden, das sich auf seinem angestammten Gütermarkt der Eintrittsdrohung potentieller Konkurrenten gegenübersieht.

Die wettbewerbskonforme Variante besteht darin, Maßnahmen einzuleiten, die die eigene Wettbewerbsposition wenigstens mittelfristig verbessern, also Kostensenkungspotentiale zu nutzen oder die Produkt- und Absatzpolitik neu auszurichten. Wenn dies auch nicht ausreichen mag, um den Markteintritt eines „sophisticated entrant" zu verhindern, so reduziert es doch die Wahrscheinlichkeit der schnellen Erosion des eigenen Marktanteils.

Die dynamische Variante der Reaktion auf Markteintrittsdrohungen stellt ein Wettbewerbsvorstoß dar, der Versuch also, sich mit Hilfe innovativer Produkte, Produktionsverfahren oder Managementmethoden von den aktuellen und potentiellen Wettbewerbern abzusetzen. Gelingt dies, erlangt das Unternehmen ein Pioniermonopol und ist in der Lage, die dort erzielbaren Pionierrenten (also genuine Profite) solange abzuschöpfen, bis Konkurrenten schließlich in der Lage sind, gleichzuziehen und die Renten zu erodieren. Die Wahl dieser Option entspricht dem Ideal eines dynamischen Wettbewerbs als Abfolge von Aktion und Reaktion.

Die wettbewerbstheoretisch weniger positiv bewertete Alternative besteht darin, den potentiellen Wettbewerb durch Maßnahmen der strategischen Eintrittsabschreckung zu begrenzen. Die Wahl dieser Variante ist dann wahrscheinlich, wenn dem bedrohten Unternehmen die geforderte Anpassungsflexibilität und Innovationsfähigkeit abhanden gekommen sind, wenn die Stärkung der eigenen Wettbewerbsposition längere Zeit in Anspruch nimmt oder wenn abzusehen ist, daß der Wettbewerbsvorteil des Newcomers durch Anpassungsmaßnahmen nicht auszugleichen ist.

Von Interesse ist auch, welche Faktoren die Wahl zwischen privater und institutioneller entry deterrence beeinflussen: Wann entscheiden sich Unternehmen dafür, den Marktzugang potentieller Konkurrenten durch limit pricing-Strategien, durch strategische Investitionen in Kapazität oder Preisdifferenzierung zu behindern, und wann fragen sie statt dessen auf politischen Märkten institutionelle Markteintrittsbarrieren, wie Zölle, Quotenarrangements, technische Normen, Emissionsstandards oder FuE-Subventionen nach? Die verschiedenen Formen privater und institutioneller Eintrittsabwehr sind aus der Sicht etablierter Unternehmen hinsichtlich der angestrebten Errichtung von Markteintrittsbarrieren sowohl Substitute als auch Komplemente. Die Beziehung zwischen ihnen ist substitutiv, weil staatlicher Schutz private Abwehrmaßnahmen ersetzen kann und umgekehrt ein großes Potential der privaten entry deterrence politische Einflußnahme entbehrlich macht. Komplementarität besteht, weil eine Kombination von privater und politisch vermittelter Eintrittsabschrekkung effektiver sein kann als der isolierte Einsatz eines der beiden Instrumente.

Institutionelle Markteintrittsschranken sind c.p. dort attraktiv, wo private entry deterrence keinen Erfolg verspricht, äußerst kostspielig oder mit hohem Risiko belastet ist. Entry deterrence wird in der Theorie zumeist in einem Kontext diskutiert, indem etablierte Unternehmen Newcomern gegenüberstehen, die entweder abstrakt, also als Unternehmen noch nicht existent sind, oder die wenigstens marktspezifische Investitionen noch nicht getätigt haben. Auf dieser Basis werden Vorteile des ersten Zuges für die incumbenten Unternehmen begründet. Eine gänzlich andere Situation liegt vor, wenn es sich bei potentiellen Konkurrenten um „already established firms" anderer oder gar derselben Branche handelt, die, anders als totale Newcomer, bereits über einen Teil der zum Markteintritt notwendigen Ressourcen und damit definitionsgemäß über eine hohe Eintrittsfähigkeit verfügen.

Dies gilt etwa für das Wirksamwerden von (zunächst potentieller) Importkonkurrenz. Hier streben Unternehmen den Markteintritt an, die auf räumlich getrennten Märkten seit geraumer Zeit als Anbieter präsent sind. Sie verfügen bereits über hinreichend groß dimensionierte Produktionskapazitäten, haben Lernkurveneffekte realisiert und kennen die Eigenarten des (ökonomischen) Marktes. Auch sind die inländischen Unternehmen für sie keine unbekannte Größe, da man mit ihnen nicht selten auf ausländischen Märkten bereits in einer aktuellen Wettbewerbsbeziehung steht.

Gegen den Markteintritt dieser Newcomer, der aus deren Sicht ja „nur" den Eintritt in einen neuen räumlichen Markt darstellt, sind private Abwehrstrategien nur sehr begrenzt erfolgversprechend und zudem teuer, zumal dann, wenn die potentiellen Konkurrenten Wettbewerbsvorteile, etwa in Form geringerer Stückkosten, für sich geltend machen können. Auch das Verfolgen marktorientierter Anpassungstrategien ist hier wenig attraktiv[79]. Derartige Konstellationen

[79] Wählen Unternehmen in schrumpfenden Branchen eine Anpassungstrategie, so sinkt ihre Chance, in zukünftigen Perioden Zollschutz nachzufragen, da ihre gesamtwirtschaftliche Bedeutung relativ schneller schrumpft. Setzen sie (erfolgreich) auf den politischen Markt, so bleiben sie dort umgekehrt länger wettbewerbsfähig und können ihr Schutzniveau besser konservieren. Vgl. Brainard, S.L.; Vernier, T., 1994.

sind für Märkte plausibel, die ihre Sättigungs- oder gar Rückbildungsphase erreicht haben. Hier prognostiziert die Produktlebenszyklustheorie des internationalen Handels, daß Produzenten in den entwickelten Industrieländern sich stärker werdender Konkurrenz aus Schwellen- oder gar Entwicklungsländern gegenübersehen.

Beispiele für erfolgreiche Eintritte in neue räumliche Märkte findet man im Automobilbereich: Während der Eintritt in die Automobilmärkte der Industrieländer nach wohl einheitlicher Auffassung für einen totalen Newcomer wenig erfolgversprechend ist, zeigt das Beispiel fernöstlicher Automobilproduzenten, daß „already established firms“ durchaus in der Lage sind, nach Markteintritten (hier in Europa und den USA) respektable Marktanteile zu erringen. Für die im Inland etablierten Anbieter verspricht hier kurzfristig nur eine Abwehrstrategie Erfolg, die auf institutionelle Markteintrittsschranken hinwirkt bzw. deren Abbau dort, wo sie bereits bestehen, zu verhindern sucht. Das entsprechende außenhandelspolitische Instrumentarium umfaßt Zölle und nicht-tarifäre Handelshemmnisse, wie Importkontingente oder technische Vorschriften, vor allem aber freiwillige Exportselbstbeschränkungsabkommen. Die von der EU mit Japan abgeschlossenen VERs für Automobile sollen der europäischen Automobilindustrie Gelegenheit geben, ihre Wettbewerbsfähigkeit zu steigern. Folgt man dieser Darstellung, so handelt es sich hier um eine Kombination marktorientierter Anpassung mit institutioneller Eintrittsabwehr.

Wie angedeutet, bestimmt das Preisverhältnis die optimale Kombination von institutionellen und privaten Abwehrstrategien. Das Betreiben privater Abwehrstrategien zwingt die Unternehmen, einen Teil der theoretisch erzielbaren Rente zu opfern, um potentielle Wettbewerber vom Markteintritt abzuhalten. Das gleiche gilt prinzipiell auch für staatlich sanktionierte Eintrittsbarrieren.

Die Ausgaben, die getätigt werden müssen, um ein Transferäquivalent via rent seeking zu erlangen, liegen nur dann unter denen, die eine rein marktorientierte Strategie erfordert, wenn der politische Markt eine geringere Kompetitivität als der ökonomische Markt aufweist bzw. wenn die politische Wettbewerbsfähigkeit der rent seeker größer ist ihre ökonomische. Die Wettbewerbsintensität auf dem politischen Markt ist dann gering, wenn sowohl Nachfrager als auch potentielle Konkurrenten über keine funktionierende Interessenvertretung verfügen. Plausibel ist dies bei atomistisch strukturierter Nachfrage und in Fällen, in denen potentielle Newcomer als Unternehmen noch nicht existent oder in unterschiedlichen Industrien oder Wirtschaftsräumen tätig sind. Ist die Nachfrageseite des ökonomischen Marktes hoch konzentriert oder gelingt es

Newcomern zu kooperieren, so steigt die politische Wettbewerbsintensität zwischen Nachfragern, und die erwarteten Renditen aus politischem Engagement sinken. In dynamischer Betrachtung können politische Renten als Vorsprungsgewinne aufgefaßt werden, die dem zufallen, der den politischen Prozeß vor anderen instrumentalisiert, die aber im Zeitablauf von nachstoßenden Wettbewerbern erodiert werden können.

Die Opportunitätskosten der im rent seeking-Prozeß eingesetzten Faktoren sind schließlich dann gering, wenn sie für Unternehmen den Charakter unteilbarer spezifischer Ressourcen haben. Verfügen Unternehmen oder Verbände bereits über einen rent seeking-Kapitalstock, etwa eine leistungsfähige Rechtsabteilung oder eine Schnittstelle zur Regulierungsbürokratie, die keinen alternativen Zwecken zugeführt werden können, ist die Neigung zu intensivem Engagement auf dem politischen Markt besonders ausgeprägt. Eine lange „Regulierungsgeschichte" kann die Akkumulation solchen Kapitals begünstigen. Möglichkeiten des Transfers in andere ökonomische Märkte und deren politische Bezugsmärkte werden in Abschnitt F.II diskutiert.

IV. Ziele und Restriktionen von Politikern und Parteien als Anbieter auf politischen Märkten

In Abschnitt E.II sind diejenigen Akteure der Anbieterseite eines politischen Marktes zugeordnet worden, die die politischen - nicht die ökonomischen - Kosten staatlichen Handelns tragen. In demokratischen Gesellschaften konkurrieren Politiker bzw. die von ihnen gebildeten Parteien um die Wahrnehmung von Regierungsverantwortung, die an die Erringung von Mehrheiten in allgemeinen Wahlen gebunden ist. Die politischen Kosten eines verabschiedeten Gesetzes oder einer Programmentscheidung liegen in den Verlusten an politischer Unterstützung und Wählerstimmen derjenigen gesellschaftlichen Gruppen, die durch diese Entscheidungen negativ betroffen sind oder es in Zukunft sein könnten.

In einem ersten Schritt gilt es Ziele und Restriktionen zu formulieren, die das Anbieterverhalten von Politikern und Parteien[80] auf politischen Märkten bestimmen. Es wird postuliert, daß Politiker Stimmenmaximierung betreiben bzw. bemüht sind, ihre Wahlchancen zu maximieren.

---

[80] Die Begriffe Politiker und Partei werden zumeist synonym verwendet. Mögliche innerparteiliche Konflikte werden nicht berücksichtigt.

1. Die Zielfunktion von Politikern

Eine der Grundannahmen der ökonomischen Theorie der Politik lautet, daß Politiker - ebenso wie die im engeren Sinne ökonomischen Akteure - bestrebt sind, ihren Nutzen zu maximieren. So nimmt Downs an, daß „*...they (die Politiker) act solely in order to attain the income, prestige, and power which come from being in office.*“[81] Und weiter, daß „*... their only goal is to reap the rewards of holding office per se.*“[82]

Die privaten Erträge, die aus der Ausübung von politischen Ämtern erzielt werden können, sind offensichtlich nicht auf solche pekuniärer Art begrenzt. Das obige Zitat erwähnt neben dem Einkommen Prestige und Macht.

Als politische Macht soll nicht die Ausübung eines Amtes an sich begriffen werden, sondern die Fähigkeit, eigene Ziele zu verfolgen, die den Interessen derjenigen Wähler entgegenlaufen, die den Wahlsieg ermöglicht haben. Ihr Umfang ist somit korreliert mit der Intensität des politischen Wettbewerbs. Politische Macht kann nicht nur genutzt werden, um den eigenen Nutzen (im Sinne von Einkommen) zu mehren, sondern auch, um eine als „gut“ und „angemessen“ empfundene Politik durchzusetzen. Ein solches Motiv kann - durchaus wertfrei - als ideologisch charakterisiert werden[83]. Die Verfolgung ideologischer Ziele ist mit der Annahme individueller Nutzenmaximierung durchaus vereinbar. Die Definition von Downs ist allerdings wesentlich enger und schließt die strikte Gemeinwohlorientierung des Politikerhandelns aus.

Politische Ämter wie Abgeordnetenmandate, Ministerämter etc. verschaffen ihren Inhabern nicht nur Macht, sondern auch Einkommen. Eine Einkommenskategorie ist die direkte Entlohnung, sofern es sich nicht um Ehrenämter handelt. In gesetzgebenden Körperschaften auf höherer Ebene (Bundesrepublik: Bund und Land) ist ehrenamtliche Tätigkeit die Ausnahme, da die gleichzeitige Ausübung eines Berufes zumeist kaum möglich ist. In dieser Hinsicht ist die Tätigkeit des Politikers, oder vielleicht besser des Polit-Managers, ein Beruf wie jeder andere. Die Entscheidung für eine Politikerlaufbahn ist dabei mit nicht unerheblichen Irreversibilitäten versehen[84]. Die Rückkehr in den ur-

---

[81] Downs, A., 1957, S. 28.

[82] Ebd., S. 28.

[83] Vgl. etwa Bernholz, P.; Breyer, F., 1994, S.100.

[84] „Politik läßt sich heute kaum mehr als Nebengeschäft betreiben. Die politische Tätigkeit hat allmählich alle Merkmale eines ausgeprägten Berufes angenommen: Sie

sprünglich ausgeübten Beruf ist, sofern ein solcher überhaupt vorhanden ist, zumeist problematisch[85]. Es ist daher plausibel anzunehmen, daß Politiker versuchen, Ämter zu erringen und errungene Positionen zu verteidigen, um einen beruflichen und sozialen Abstieg zu vermeiden. Analog gilt für Parteifunktionäre, daß ihre Leistungen an Wahlerfolgen der Partei gemessen werden. Politische Karriere, hohes Einkommen und Wahlerfolge sind eng miteinander korreliert.

Politische Ämter garantieren ihren Inhabern nicht nur die dafür vorgesehene Entlohnung aus öffentlichen Mitteln, sondern bieten darüber hinaus die Möglichkeit, Zusatzeinkommen zu realisieren. Diese können aus Tätigkeiten stammen, die entweder parallel zur politischen Tätigkeit ausgeübt werden, wenn dies legal bzw. gesellschaftlich akzeptiert ist, oder die erst nach dem Ende der politischen Karriere aufgenommen werden. Insofern ist die These von der Unvereinbarkeit politischer Mandate und „privater" Erwerbstätigkeit zu relativieren. Die Fähigkeit zur Kombination von politischer Tätigkeit und privater Einkommenserzielung variiert zwischen Berufsgruppen nicht unerheblich. So vermutet Tollison, daß Anwälte *„are the most effective at combining service in the legislature with making outside income"*[86]. Er belegt dies durch die Dominanz von Anwälten in Parlamenten, in denen niedrige Gehälter gezahlt werden und die so für andere Berufsgruppen vergleichsweise unattraktiv sind[87].

Politische Betätigung in herausgehobener Position kann darüber hinaus den „Marktwert" ihrer Inhaber beim Bemühen um eine privatwirtschaftliche Tätigkeit nach dem Ende der politischen Karriere nicht unerheblich erhöhen[88]. Zudem existiert eine Reihe von lukrativen Positionen in öffentlichen Institutionen oder aber in privatwirtschaftlichen Unternehmen mit signifikantem Einfluß der öffentlichen Hand, etwa über entsprechende Anteile am Aktienkapital, die poli-

---

erfordert spezielle Fähigkeiten und Fertigkeiten, die (...) sich nur schwer in anderen Tätigkeiten verwerten lassen." Herder-Dorneich, P.; Groser, M., 1977, S. 79.

85 Dies gilt nicht für Beamte, die folglich in deutschen Parlamenten überrepräsentiert sind.

86 Tollison, R.D., 1990, S. 33. Zugleich gilt, daß Anwälte in redistributiven Gesellschaften zentrale Akteure sind. Magee, S.P.; u.a., 1989, S. 111f.

87 McCormick R.E.; Tollison, R.D., 1978.

88 Der Wert eines ehemaligen Politikers für eine Unternehmung besteht darin, daß dieser politische Kompetenz, nicht zuletzt in Form nach wie vor bestehender Kontakte zu politischen Sektor, in die Unternehmung einbringt. Vgl auch Abschnitt F.II.

tisch zugewiesen werden, also in aller Regel vorheriges (partei-) politisches Engagement erfordern.

Zuletzt sind direkte Zahlungen zu nennen, die im Gegenzug für politische Vergünstigungen geleistet werden. Angenommen wird, daß Politiker bzw. Parteien sich einen Teil der Renten, auf deren Allokation sie Einfluß nehmen, selbst aneignen können[89]. Ist der Zusammenhang zwischen finanziellem Transfer und politischer Gegenleistung nicht formal fixiert, so spricht man üblicherweise von Spenden oder Wahlkampfhilfen[90]. Begünstigte sind hier zumeist nicht Einzelpersonen, sondern Parteien, die auf diese Weise ihre politische Arbeit finanzieren. Das Ausmaß der tatsächlich möglichen persönlichen Bereicherung hängt wiederum von der politischen Wettbewerbsintensität und von der Effektivität der Kontrolle durch die Wähler ab[91]. Auch dies wird unten weiter ausgeführt.

Eine allzu enge Auslegung des Eigennutzaxioms, etwa im Sinne des ausschließlichen Strebens nach persönlicher Bereicherung oder der Befriedigung von Eitelkeit, erscheint dennoch nicht angemessen[92]. Ein solches Vorgehen hieße die unakzeptable Fiktion des wohlwollenden Diktators bzw. Politikers durch den extremen Gegenpol des egozentrischen Nutzenmaximierers zu ersetzen. Beide Versionen werden der Komplexität des politischen Prozesses nicht gerecht. Politiker können in ihrem Handeln durchaus von dem Wunsch geleitet sein, das „öffentliche Interesse" wahrzunehmen. Es gilt allerdings die Ein-

---

[89] McChesney, F.S., 1987.

[90] Ist der Zusammenhang zwischen Abstimmungsverhalten und finanziellen Zuwendungen eng, mögen diese als Schmier- oder Bestechungsgelder bezeichnet werden. Die Grenze zwischen legaler Einflußnahme und illegaler Bestechung ist in der Realität nicht leicht zu ziehen. Wie relevant Korruption für den politischen Prozeß ist, kann nur vermutet werden. Im zwischenstaatlichen Vergleich dürften hier beträchtliche Unterschiede in Ausmaß und Bewertung auflaufen. Zur Ökonomik der Bestechung vgl. Rose-Ackermann, S., 1978.

[91] Je intensiver der politische Wettbewerb ist und je besser Wähler informiert sind, umso bindender ist die Wiederwahlrestriktion, umso geringer ist folglich die Möglichkeit, daß Politiker Zuwendungen der Partei- bzw. Wahlkampfkasse vorenthalten können. Hillman, A.L.; Ursprung, H., 1988.

[92] Einen „breiteren" Ansatz befürworten Kalt/Zupan: „...we find that approaches which confine themselves to a view of political actors as narrowly egocentric maximizers explain and predict legislative outcomes poorly." Kalt, J.P.; Zupan, M.A., 1984, S. 279.

schränkung, daß dieses in aller Regel von den Politikern selbst definiert wird und letztlich nicht objektivierbar ist.

Beide Hypothesen lassen sich in kompetitiven politischen Systemen auf den gemeinsamen Nenner der Stimmenmaximierung oder allgemeiner der Maximierung politischer Unterstützung bringen. Erst wenn der politische Wettbewerb zwischen den Anbietern Restriktionen unterliegt, erhalten die übergeordneten Ziele der Politiker bzw. Parteien einen höheren Stellenwert und bedürfen einer genaueren Betrachtung[93].

Einkommen, Prestige und Macht sind in Demokratien von Wahlerfolgen abhängig. Aus der Nutzenmaximierungsannahme kann daher gefolgert werden, daß sich Politiker bzw. Parteien, analog zur Gewinnmaximierung von Unternehmen, bemühen, die Zahl der Stimmen, die bei Wahlen auf sie entfallen, zu maximieren, bzw. mehr Stimmen zu bekommen als die Kontrahenten[94]. Der Wahlausgang entscheidet darüber, wie weit die verschiedenen Akteure ihre Ziele tatsächlich erreichen können. Dabei ist eine Sichtweise des „Alles oder Nichts" unangemessen. D. h. nicht der gesamte „Kuchen" fällt an die Partei oder die Parteienkoalition, die die Mehrheit erringt und somit die Regierung stellen kann. Statt dessen verändert sich die Möglichkeit der Politiker, ihre übergeordneten Ziele zu erreichen, mit dem erreichten Stimmenanteil oder mit der Zahl der errungenen Parlamentssitze. Diskontinuitäten liegen bei „kritischen" Stimmenanteilen, die zumeist konstitutionell vorgegeben sind. In der Bundesrepublik liegen diese Diskontinuitäten bei 5% der abgegebenen Stimmen („Fünf Prozent Hürde"), bei der Stimmenzahl, die mehr als ein Drittel der Parlamentssitze sichert (qualifizierte Mehrheit für Verfassungsänderungen) sowie selbstverständlich bei der Stimmenzahl, die der Mehrheit der Sitze entspricht (Regierungsbildung).

Die Nutzenmaximierungshypothese, die auf das Handeln der Politiker Anwendung finden soll, läßt sich somit zusammenfassend in zweierlei Weise kon-

---

[93] Herder-Dorneich/Groser ziehen hier eine Parallele zum Verhalten der Unternehmung, deren Zielfunktion bei hohem Wettbewerbsdruck auf Gewinnmaximierung beschränkt sein muß, während bei geringerem Druck andere Ziele wie Wachstum, Beschäftigungssicherung oder gesellschaftliche Veränderungen an Bedeutung gewinnen können. Herder-Dorneich, P.; Groser, M., 1977. Politische Wettbewerbsbeschränkungen können aus der Begrenzung von Wahlkampfbudgets entstehen, wenn der marginale Nutzen zusätzlicher Ausgaben für den Herausforderer größer ist als für den Amtsinhaber, vgl. etwa Glazer, A., 1993.

[94] Vgl. Downs, A., 1957, S. 30f.

kretisieren: Einerseits versuchen Politiker eine Politik zu betreiben, die den eigenen (oder den vermuteten allgemeinen) Präferenzen hinsichtlich der Versorgung der Gesellschaft mit politischen Gütern möglichst nahe kommt. Diese Zielsetzung kann als Ideologiemaximierung charakterisiert werden. Die andere läßt sich mit „Maximierung des Lebenseinkommens" umschreiben. Politische Aktivität dient hier vornehmlich dazu, möglichst ergiebige Einkommensquellen zu erschließen, oder, anders formuliert, den Gegenwartswert der zukünftig zu erzielenden Einkünfte zu maximieren.

Unabhängig von den Zielen, die politischem Handeln zugrundeliegen, müssen Politiker eine Strategie der Stimmenmaximierung verfolgen, da Wahlerfolge als bindende Nebenbedingung sowohl für die Maximierung ideologischen wie materiellen Nutzens angesehen werden muß. Das politische Angebot wird also zunächst auf Mehrheitsgewinnung ausgerichtet sein. Dies impliziert, daß Ideologien wie auch der Wunsch nach Einkommen beim Formulieren des politischen Programms wenigstens vorübergehend dem Bemühen um eine möglichst hohe Stimmenzahl untergeordnet werden müssen. Dies gilt in strengster Form im Zeitraum unmittelbar vor Wahlen, während danach die Handlungsspielräume wieder anwachsen. Unter der Annahme unvollständiger Informiertheit der Wähler, kann es für Parteien sinnvoll sein, ihr Programm so zu formulieren, daß Wahlkampfhilfen mobilisiert werden. Dies eröffnet pressure groups direkte Einflußmöglichkeiten auf die Programmformulierung.

2. Restriktionen nutzenmaximierenden Politikerhandelns

Das Stimmenmaximierungsverhalten von Politikern unterliegt einer Reihe von Restriktionen, die an dieser Stelle zumindest angedeutet werden sollen. Eine relevante Nebenbedingung ist die politische Überzeugung der Handelnden, die auch angesichts anstehender Wahlen nicht vollständig dem Mehrheitskalkül untergeordnet werden dürfte. Jede Partei verfügt zudem über eine Reihe von programmatischen Kernpunkten, von denen sie nicht abrücken kann, ohne ihre Stammwähler zu verprellen und die für den langfristigen Zusammenhalt der Partei und ihre Fähigkeit zur Bindung von Wählergruppen vermutlich unverzichtbar sind. Der Wechsel der programmatischen Position einer Partei kann bestenfalls langfristig und graduell erfolgen, wenn erkennbar ist, daß das bisherige Programm auf absehbare Zeit nicht mehrheitsfähig sein wird.

Auch für Parteien (wie in anderem Kontext für Unternehmen) kommt es darauf an, den stetigen Wandel der Nachfragerpräferenzen zu antizipieren und frühzeitig Positionen zu besetzen, die im politischen Bewußtsein der Wähler an Bedeutung gewinnen, selbst wenn dies in der Anfangsphase nur geringe Stimmenanteile sichert. Auch dies legt den Verzicht auf kurzzeitige Stimmenmaximierung nahe: Politischen „Imitatoren", die zu spät auf geänderte Präferenzen regieren, mag es schließlich an Glaubwürdigkeit mangeln, so daß die „first-mover-advantages" der Wettbewerber nicht mehr aufzuholen sind. Analog zur Theorie der Produktdifferenzierung ist zu vermuten, daß politische Positionen nicht kostenlos geändert werden können, so daß die „Geschichte" der miteinander in Wettbewerb stehenden Parteien in die Gegenwart fortwirkt und sie nicht etwa vor jeder Parlamentswahl ihre programmatische Position simultan neu bestimmen.

Schließlich wäre es verfehlt, Parteien lediglich als passive Rezeptoren der Wählerpräferenzen zu begreifen. Es erscheint vielmehr sinnvoll anzunehmen und entspricht wohl auch dem Selbstverständnis der meisten politischen Parteien, daß diese versuchen, eigene Positionen mehrheitsfähig zu machen, mithin also Einfluß auf die Nachfragerpräferenzen zu nehmen.

Stimmenmaximierung als hier postuliertes Ziel politischer Parteien kann daher nicht als unrestringierte, kurzfristige Strategie interpretiert werden. In dieser Hinsicht sind die nun referierten Modelle der Parteienkonkurrenz ohne Zweifel idealisiert, da sie eine programmatische Flexibilität suggerieren, die in der Realität nur in Ausnahmefällen anzutreffen sein dürfte. Bei der Auseinandersetzung mit formalen Modellen politischen Wettbewerbs wird deutlich, daß sich diese eher an den Verhältnissen in den USA orientieren. Dort gelten Parteien in erster Linie als Zweckbündnisse für Wahlkämpfe und nicht als Mitgliederorganisationen und sind folglich programmatisch flexibler. In der Bundesrepublik wie auch in anderen Staaten Westeuropas sind Parteien historisch gewachsene Mitgliederorganisationen, in denen programmatische Kurswechsel langer Vorbereitung bedürfen und schließlich nur selten vollzogen werden. Eine umfassende Kritik der referierten Konzepte folgt im Anschluß an ihre Darstellung in Abschnitt E.VIII.

V. Modelle politischer Märkte

Betrachtet wird zunächst die Parteienkonkurrenz im Medianwählermodell. Das Nachfrageverhalten von Interessengruppen findet hier keine Berücksichtigung, solange Informations- und Partizipationskosten auf Seiten der Wähler vernachlässigt werden. Wird diese Annahme dagegen aufgegeben, so läßt sich die Teilnahme von special interest groups am politischen Entscheidungsprozeß plausibel machen. Politische Programme, die Minderheiten abseits des Medianwählers begünstigen, gewinnen an Rationalität.

Gegenüber dem traditionellen Medianwählermodell bietet das „probabilistic voting model", so wie es bei Magee u.a. elaboriert ist, den für unsere Zwecke bedeutenden Vorteil, daß es explizit die Partizipation von Interessengruppen am politischen Entscheidungsprozeß, genauer an der Programmformulierung der konkurrierenden Parteien, berücksichtigt.

Berücksichtigt man, daß Politiker bei Wahlen Verpflichtungen gegenüber Wählern *und* Interessengruppen eingehen, diese jedoch nicht vollständig spezifiziert sein können, so läßt sich die Zeitspanne zwischen Wahlen als zweifache Principal-Agent Konstellation charakterisieren. Die Idee, daß die Agenten, hier die gewählten Regierungen, Freiheitsspielräume genießen zwingt zur Berücksichtigung des politischen Tagesgeschäfts und der dort vorzunehmenden Konkretisierung der zuvor formulierten Programme.

Um die Idee des politischen Marktes zu verallgemeinern, wird aus diesem Grund anschließend von Wahlentscheidungen abstrahiert und der Prozeß der laufenden politischen Entscheidungen (decision making) betrachtet. Dies ist das ursprüngliche Feld des Interessengruppenwettbewerbs bei quasi-monopolistischem Angebot[95], so wie er etwa bei Becker modelliert wird. Im Modell von Grossman/Helpman wird der politische Prozeß als Auktion abgebildet, in dem Interessengruppen Zahlungswilligkeiten für verschiedene Politiken, spezieller Handelspolitiken, äußern, auf deren Basis die Regierung über den Einsatz verfügbarer Instrumente entscheidet.

1. Der Wettbewerb der Parteien im Medianwählermodell

Aussagen über das Angebotsverhalten von Parteien können durch Rückgriff auf das Medianwählermodell getroffen werden[96]. Dessen ursprüngliches An-

---

[95] „The traditional interest-group approach to endogenous policy determination focuses on the interaction between interest groups and the elected politician or the government.", Ursprung, H., 1991, S. 6.

[96] Die Analyse entspricht dem Modell räumlichen Wettbewerbs zweier Anbieter, daß auf Hotelling zurückgeht, Hotelling, H., 1929. Dessen Anwendung in der politischen Ökonomie geht zurück auf Downs, Downs, A., 1957. Vgl. auch Black, D, 1958; Herder-

wendungsfeld ist die Analyse von Mehrheitsabstimmungen über ein Einzelproblem, wie sie in direkt-demokratischen Gesellschaften üblich sind. Im Kontext der endogenen Zolltheorie läßt sich mit Hilfe dieses Modells etwa analysieren, welcher Zolltarif bei einem Referendum mehrheitsfähig ist[97].

Angenommen wird, daß jeder Wähler über eine eingipflige Präferenzverteilung verfügt. So besitzt er etwa eine eindeutige Präferenz für einen bestimmten Zollsatz, die von seiner Faktorausstattung abhängig gemacht wird[98]. Desweiteren wird angenommen, daß er alternative Zollsätze umso weniger wünscht, je weiter sie von dem für ihn optimalen Zollsatz abweichen. Von zentraler Bedeutung ist in diesem Modell der Wähler, dessen Zollpräferenz den Medianwert aller Abstimmungsberechtigten bildet. Bei einfacher Mehrheitsabstimmung läßt sich nämlich zeigen, daß einem Zollsatz, der von dem des Median-Wählers abweicht, stets ein anderer vorgezogen wird, der diesem näherliegt. Folglich ist der einzige Zollsatz, der von keinem anderen dominiert wird, derjenige des Medianwählers.

Eine Übertragung dieses einfachen Modells von speziellen Referenden auf das Verhalten von Parteien in allgemeine Wahlen verspricht nur dann Erfolg, wenn sich die Wählerpräferenzen ebenfalls zweidimensional abbilden lassen, etwa wenn Wähler konkurrierende Parteien in ein simples links-rechts Schema einordnen und hier wiederum eine eingipflige Präferenz besitzen. Denkbar wäre auch, daß ein einzelnes Thema für die Wahlentscheidung von herausragender Bedeutung ist. Die Aggregation der individuellen Präferenzen ermöglicht die Herleitung einer Wählerverteilungskurve, die im einfachsten Fall symmetrisch und ebenfalls eingipflig verläuft[99].

In diesen Fällen prognostiziert das Medianwählermodell die Konvergenz der politischen Programme. Wählt eine Partei ein Programm, das nicht den Präferenzen des Medianwählers entspricht, gilt wiederum, daß es bei Mehrheitsabstimmung einem Programm unterliegt, welches diesen näher kommt, so daß im

---

Dorneich, P. 1957, sowie die Darstellung bei Herder-Dorneich, P.; Groser, M., 1977; Enelow J.M.; Hinich,M.J., 1984; Bernholz, P.; Breyer, F., 1994.

[97] Mayer, W., 1984.

[98] Die Bestimmung der Zollpräferenz ist nur möglich, wenn vollständige Information auf Seiten der Wähler vorausgesetzt wird. M.a.W. kennt jeder Wähler den Zollsatz, der sein Einkommen bei gegebener Faktorausstattung maximiert.

[99] Vgl. die Darstellung bei Herder-Dorneich, P., 1980, S.43.

Zwei-Parteien-Fall nur Programmkonvergenz ein stabiles Gleichgewicht darstellt.

Gegen die allgemeine Gültigkeit des Konvergenz-Theorems spricht allerdings nicht nur die Beobachtung, daß Wahlprogramme auch in einem Zwei-Parteien System nicht immer identisch sind. Dagegen sprechen auch theoretische Erwägungen, so etwa die Vermutung, daß gleichlautende Wahlprogramme etablierter Parteien attraktive Eintrittsmöglichkeiten für politische Newcomer an den „Rändern" des politischen Spektrums eröffnen[100] oder alternativ Wähler, die extreme Positionen besetzen, Stimmenthaltung üben, wenn die ihnen nahestehende Partei sich programmatisch zu weit von ihnen entfernt[101].

Das Medianwählermodell in der skizzierten simplen Form ist nur auf Wahlen oder Abstimmungen anwendbar, bei denen Einzelprobleme im Mittelpunkt stehen. So ist die Zweidimensionalität der Präferenzverteilung zu begründen. Bei Parlamentswahlen wird aber meist implizit über ein großes Spektrum von Einzelproblemen abgestimmt. Die Bestimmung des Medianwählers bzw. des mehrheitsbringenden Vektors von Einzelpolitiken erfordert dann einen hohen formalen Aufwand, ist aber prinzipiell zu leisten, so daß das Modell unter restriktiv gefaßten Annahmen auch auf multidimensionale Abstimmungen Anwendung finden kann[102].

Ein wichtiges Problem ist dabei die Gewichtung, mit der verschiedene Einzelprobleme in die Wahlentscheidung eingehen. Diese Gewichtungen, wie auch die Einstellungen der Wähler zu den Einzelproblemen selbst, müßten den Parteien bei der Programmfestlegung bekannt sein. Ansonsten handelt es sich um eine nochmals komplexere Entscheidung unter Unsicherheit. Anzumerken ist, daß die Konvergenzprognose unter Unsicherheit nur aufrechterhalten werden kann, wenn die Parteien gleiche Erwartungen hegen.

Eine umfassende Kritik an der räumlichen Theorie der Parteienkonkurrenz („spatial theory of voting") kann und soll hier nicht geleistet werden. Ein Mangel, der für unsere Zwecke besonders gravierend ist, liegt in der beschränkten Möglichkeit zur Integration von Interessengruppen als den von uns benannten

---

[100] Bei Existenz von mehr als zwei Parteien ergeben sich auch im einfachen Modell Stabilitätsprobleme. Vgl. Bernholz, P.; Breyer, F, 1994.

[101] Herder-Dorneich, P.; Groser, M., 1977, S. 128ff.

[102] Vgl. die Darstellung bei Enelow, J.M.; Hinich, M.J., 1984, S. 15ff.

Hauptakteuren der Nachfrageseite politischer Märkte. Ihr Einbezug wird möglich, wenn - wie im folgenden Abschnitt - die Annahmen vollständiger Information und fehlender Partizipationskosten auf Seiten der Wähler (aber auch auf Seiten der Politiker) aufgehoben werden. Die Aktivität von Interessengruppen kann dann durchaus in das einfache Medianwählermodell integriert werden.

a) Der Einfluß von Informations- und Partizipationskosten auf das Verhalten von Parteien im Rahmen des Medianwählermodells

Die Bedeutung der individuellen Stimmabgabe für den Ausgang von Wahlen ist bei einer großen Zahl von Wahlberechtigten gering. Die Wahrscheinlichkeit, daß die eigene Stimme die Machtverhältnisse entscheidend beeinflußt, ist minimal. Andererseits entstehen Kosten, vor allem in Form von geopferter (Frei-) Zeit, wenn Information über die konkurrierenden Parteiprogramme eingeholt werden, aber auch durch den Wahlakt selbst.

Rationale Wähler beschaffen sich Informationen, bis die Grenzkosten einer weiteren Informationseinheit ihrem Grenznutzen entspricht[103]. Der Grenznutzen der Information errechnet sich in erster Näherung aus der Nutzendifferenz, die aus verschiedenen Wahlausgängen resultiert[104], multipliziert mit der Wahrscheinlichkeit, daß die eigene Stimme den Wahlausgang beeinflußt. Weiterhin sind zusätzliche Informationen streng genommen nur dann sinnvoll, wenn der Wähler zumindest nicht ausschließt, daß seine vorläufige Entscheidung dadurch nochmals beeinflußt wird. Wähler, die ex-ante starke Präferenzen für eine bestimmte Partei hegen, werden aus diesem Grund kaum Informationen nachfragen, da sie eine politische Neuorientierung für unwahrscheinlich halten.

Diese Überlegung und der geringe Einfluß der eigenen Stimmabgabe auf den Wahlausgang läßt für den Grenznutzen der Information geringe Werte erwarten. Wähler, die die Grenzkosten der Information mit dem Grenznutzen vergleichen, den eine auf dieser Basis getroffene, wohlinformierte Entscheidung verspricht, werden vielfach nur geringe Kosten für das Beschaffen von Informationen zu tragen bereit sein.

---

[103] Die folgende Argumentation basiert wiederum auf der Arbeit von Downs, Downs, A., 1957, S. 207ff.

[104] Allerdings ist diese Differenz für uninformierte Wähler gar nicht bekannt, so daß ein Mindestmaß an Information zweckmäßig sein dürfte.

Informationen über politische Entscheidungsprozesse haben zudem Kollektivgutcharakter, insofern Konsumrivalität nicht besteht und auch das Ausschlußprinzip nur begrenzt Anwendung findet: Die eigene Stimmabgabe nützt auch Wählern, die gleiche Interessen hegen wie man selbst, die aber nicht bereit sind, Informationen einzuholen und die möglicherweise sogar Stimmenthaltung üben[105]. In dieser Konstellation ist free rider-Verhalten, also das Hoffen auf Bereitstellung des Gutes durch andere und damit letztlich eine Unterversorgung mit Informationen bzw. eine nur geringe Zahl von informierten Wählern, nicht auszuschließen.

Der Wissensstand der Bevölkerung läßt sich mit dem Begriff der „globalen rationalen Unwissenheit" umschreiben. Global meint, daß Wähler über spezielle Probleme außerordentlich gut informiert sein können, während andere kaum wahrgenommen werden. Rational heißt, daß es Kosten-Nutzen-Kalküle der Individuen sind, die eine umfassende Information über miteinander im Wettbewerb stehende politische Angebote verhindern. C. p. werden Wähler über anstehende Entscheidungen umso besser informiert sein, je geringer ihre Informationskosten sind, umso stärker das eigene Nutzenniveau durch den Wahlausgang beeinflußt wird und umso größer der Einfluß der eigenen Stimmabgabe eingeschätzt wird.

Zwei Schlußfolgerungen lassen sich ziehen: Ein auf Partikularinteressen zugeschnittenes Wahlprogramm kann bei Berücksichtigung der von den Wählern zu tragenden Informationskosten politisch rational sein. Andererseits gilt, daß das Wählerverhalten aus Sicht der Parteien durch gezieltes Bereitstellen von Informationen beeinflußt werden kann.

b) Die Befriedigung von Partikularinteressen als Strategie der Stimmenmaximierung

Ein politisches Angebot, daß einzelne Bevölkerungsgruppen besserstellt, die für sich genommen keine Mehrheit bilden, während die Mehrzahl der Wähler tatsächlich schlechtergestellt wird, scheint auf den ersten Blick das Gebot politischer Rationalität zu verletzen. Jedes Befriedigen von Partikularinteressen müßte per Saldo Wählerstimmen kosten. Die genannte Prämisse rational uninformierter Wähler erlaubt jedoch abweichende Schlüsse: Politiker bzw. Parteien

---

[105] Die Frage, ob der Akt des Wählens selbst mit Kosten-Nutzen-Erwägungen überhaupt ausreichend begründet werden kann, wird hier ausgeblendet.

haben die Möglichkeit, Wählerentscheidungen zu ihren Gunsten zu beeinflussen, wenn es ihnen gelingt, die Schwelle „rationaler Unwissenheit" auf der Nutzenseite, nicht aber auf der Kostenseite zu überschreiten.

Die Auswirkungen von tatsächlichen oder angekündigten Entscheidungen müssen von den Wählern zu geringen Kosten abgeschätzt werden können. Sie müssen zudem das Nutzenniveau signifikant beeinflußen, um entscheidungsrelevant zu werden. Hieraus ergibt sich die Ratio eines Angebotes, das bestimmte Wählergruppen spürbar begünstigt, während die notwendige Finanzierung bzw. die entstehenden Kosten breiter gestreut werden, um die Fühlbarkeitsschwelle nicht zu überschreiten. Vernachlässigbar sind auch Kosten, die Bevölkerungsgruppen tragen müssen, deren Loyalität zu konkurrierenden Parteien außer Frage steht[106].

Unter diesen Annahmen kann nunmehr auch die Neigung der Politiker diskutiert werden, der Forderung von Interessengruppen nach einer Begrenzung des Marktzugangs nachzugeben. Markteintrittsschranken erlauben den etablierten Unternehmen eines Marktes die Erzielung einer Rendite, die höher ist, als die, die bei unbeschränktem Marktzugang möglich wäre. Zu den Begünstigten gehören nicht nur die Kapitaleigner, sondern auch die Beschäftigten der geschützten Branche, die zum einen darauf hoffen können, über höhere Löhne einen Teil der entstehenden Renten zu erhalten, und die zum anderen zumindest kurz- bis mittelfristig ein höheres Maß an Arbeitsplatzsicherheit genießen. Da die positiven Wirkungen der Eintrittsbeschränkungen auf der Seite der Einkommenserzielung auftreten, ist für die Betroffenen ein hoher Informationsstand rational: Die Informationskosten sind niedrig, der Einfluß auf das erreichbare Nutzenniveau ist dagegen hoch.

Die Kosten institutioneller Markteintrittsschranken sind dagegen breit gestreut. Die Notwendigkeit der Finanzierung durch Steuereinnahmen stellt sich in der Vielzahl der Fälle nicht. Finanziert werden sie von den Nachfragern, denen höhere Preise abverlangt werden sowie von potentiellen Konkurrenten, denen der Markteintritt verwehrt wird. Hinzu kommen Kosten, die dadurch entstehen, daß die Wachstumsdynamik der Volkswirtschaft beeinträchtigt wird, etwa weil die Innovationsrate der geschützten Branche geringer wird.

---

106 Dies führt dann zu der zwar logischen aber paradox anmutenden Konsequenz, daß Parteien in Wahlkämpfen dazu neigen sollten, die eigene Klientel zu belasten.

Richten sich die Schutzmaßnahmen vornehmlich gegen ausländische Konkurrenten, ist zudem eine Verzögerung des gesamtwirtschaftlichen Strukturwandels intendiert. Das Wirksamwerden von Importkonkurrenz kann auf eine Verschiebung komparativer Kostenvorteile hindeuten, deren als negativ empfundene Folgen durch protektionistische Maßnahmen verringert werden sollen. Per Saldo opfert die Volkswirtschaft jedoch einen Teil der Erträge, die aus der optimalen, an Kostenvorteilen orientierten internationalen Arbeitsteilung zu erzielen wären.

Die volkswirtschaftlichen Kosten institutioneller Markteintrittsschranken sind somit nur in sehr begrenztem Maße direkt fühl- oder meßbar. Sichtbar sind bestenfalls Preiserhöhungen, sofern sie unmittelbar nach Errichtung der Eintrittsbarrieren wirksam werden, so daß der kausale Zusammenhang für die Konsumenten wahrnehmbar ist. Denkbar ist allerdings auch, daß Markteintrittsschranken dazu führen, daß Preissenkungen ausbleiben, die, etwa in Folge des Markteintritts von Drittlandanbietern, ansonsten eingetreten wären. Auch kann der Zwang zur Weitergabe von Kostenersparnissen (Produktivitätsfortschritten) an die Nachfrager abgemildert werden. Diese Kosten sind für die Nachfrager nicht auszahlungswirksam, sondern stellen lediglich entgangene Einnahmen dar. Falls diese überhaupt wahrgenommen werden, ist ihre Bewertung zumeist geringer als die gleich hoher zusätzlicher Ausgaben[107]. Der Einfluß institutioneller Markteintrittsbarrieren auf den erreichbaren Nutzen, so die Schlußfolgerung, wird von Seiten der Nachfrager systematisch unterschätzt.

Die gleiche Überlegung läßt sich auch für potentielle Konkurrenten durchführen. Falls es sich hierbei um „already established firms" handelt, wird die Eintrittsbeschränkung von Management, Kapitaleignern und mit Einschränkungen auch von den Arbeitnehmern als entgangener Gewinn oder entgangene Chance, nicht jedoch als Verlust, wahrgenommen. Wenn potentielle Wettbewerber noch nicht in Erscheinung getreten sind, bleiben die Kosten der Zutrittsbeschränkung und ihre Träger abstrakt.

Das Anbieten institutioneller Markteintrittsschranken kann somit auch dann durchaus Element einer rationalen Stimmenmaximierungsstrategie sein, wenn sie wohlfahrtstheoretisch nicht zu begründen sind oder wenn die Zahl der Verlierer die der Gewinner übersteigt. Ein entscheidender Vorteil aus Politikersicht

---

[107] Dieser Effekt wird als „endowment effect" oder „opportunity cost effect" bezeichnet. Vgl. Thaler, R., 1980, S. 43ff.

ist die in vielen Fällen gegebene Haushaltsneutralität: Sie erfordern keine zusätzlichen Steuereinnahmen. Ihr Nutzen läßt sich auf bestimmte Gruppen konzentrieren, während die entstehenden Kosten breit gestreut sind und zumeist keinen Auszahlungscharakter haben, sondern - wenn überhaupt - als entgangener Einkommenszuwachs wahrgenommen werden.

c) Die Rolle der Interessengruppen

Interessengruppen fungieren in diesem Kontext als Übermittler von Informationen und beeinflussen so direkt die Stimmengewinne und -verluste, die mit politischen Handlungen verknüpft sind. Sie senken für ihre Mitglieder die Informationskosten, sorgen also dafür, daß die Schwelle rationaler Unwissenheit bei diesen überschritten wird. Die Gegenleistung, die Interessengruppen in ein Tauschgeschäft mit politischen Anbietern einbringen können, liegt folglich in der Zusicherung, daß Entscheidungen, die ihre Klientel begünstigen, sich in deren Stimmverhalten niederschlagen wird. Zudem können sie Politikern die für die Programmformulierung notwendigen Kenntnisse über die Wählerpräferenzen, aber auch über die ökonomischen Konsequenzen alternativer wirtschaftspolitischer Instrumente liefern[108].

Schneider hat in einer empirischen Studie den Einfluß untersucht, den die Abstimmungsempfehlungen der vier schweizerischen Spitzenverbände auf den Ausgang von Referenden wirtschaftspolitischen Inhalts ausüben[109]. Für zwei Verbände wird ein signifikanter Einfluß auf das Abstimmungsergebnis festgestellt: Ihre Empfehlung erhöht (senkt) die Zustimmung zu einer Vorlage c.p. um durchschnittlich acht Prozentpunkte. Die Fähigkeit von Interessengruppen zur Einflußnahme auf das Stimmverhalten der Wähler kann folglich zumindest in Einzelfällen belegt werden.

2. Anbieter- und Nachfragerwettbewerb im „probabilistic voting"-Modell

Eine theoretische Alternative zum Medianwählermodell, die insbesondere die Berücksichtigung von Partikularinteressen in Parteiprogrammen bzw. die Existenz von gesellschaftlichen Minderheiten begünstigender horizontaler Re-

---

[108] Vgl. Herder-Dorneich, P., 1980.

[109] Schneider, F., 1985.

distribution[110] erklären soll, stellt das „probabilistic voting model" dar. Die hier gewählte Darstellung dieses Modells basiert auf der Arbeit von Magee u.a.[111]. Es wird dort zur Fundierung einer Theorie der endogenen Protektion benutzt. Eine Verallgemeinerung hin zum Einbezug außen- wie binnenwirtschaftlich wirksamer Umverteilungsinstrumente, wie etwa von institutionellen Markteintrittsschranken, scheint den Autoren prinzipiell möglich[112]. Grundlegende Verhaltensannahme für politische Parteien ist die Maximierung der Wahrscheinlichkeit, die nächste Wahl zu gewinnen. Das Modell basiert auf der Annahme unvollständig informierter Wähler. Aus diesem Grund können Wahlen nicht allein mit programmatischen Aussagen gewonnen werden. Vielmehr hängt das Abstimmungsverhalten von der Präsentation, vom politischen Marketing der Parteien ab. Die hierzu notwendigen finanziellen Mittel beschaffen sich die Parteien bei wohlorganisierten Interessengruppen, indem sie deren Wunsch nach Umverteilung nachgeben[113].

Magee u.a. bringen das Verhältnis zwischen Parteien und Interessengruppen auf eine „reduzierte" Form: Von Politikern angeboten wird „special interest legislation", während die nachfragenden Interessengruppen mit Wahlkampfhilfen zahlen. Tatsächlich verfügen pressure groups noch über eine Reihe weiterer „Zahlungsmittel" wie die Bereitstellung exklusiver Informationen, die Kooperation bei der Durchführung (wirtschafts-) politischer Vorhaben sowie die Ein-

---

[110] Der Begriff geht zurück auf Lindbeck, der zudem die horizontale Umverteilung zwischen großen Bevölkerungsgruppen, Umverteilung mit Versicherungscharakter (soziale Sicherungssysteme) sowie vertikale Umverteilung im Sinne der Nivellierung (oder Vergrößerung) von Einkommensdifferenzen unterscheidet. Lindbeck, A., 1985.

[111] Magee, S.P.; u.a., 1989; ein vergleichbares Modell entwickelt Ursprung unter der Bezeichnung „interest-group-cum-electoral competition model" vgl. Ursprung, H., 1991; Hillman, A.L.; Ursprung, H., 1988; vgl. auch Austen-Smith, D., 1987.

[112] „... the analysis would apply, with minor modification, to all forms of protection and hopefully to any government policy influenced by special interests." Magee, S.P.; u.a., 1989, S. 31.

[113] Diese Annahme gilt vor allem in Staaten, in denen die Parteienfinanzierung ausschließlich aus privaten Quellen erfolgt, wie etwa in den USA. In anderen Staaten, so auch in der Bundesrepublik, werden Mischsysteme praktiziert. Für die USA vgl. Malbin, M.J., 1979.

flußnahme auf das Wahlverhalten ihrer Mitglieder oder auf die öffentliche Meinung, die nicht weiter berücksichtigt werden[114].

Magee u.a. zufolge bedenken Parteien bei der Formulierung ihres Programms den folgenden trade-off[115]: Die Befriedigung partikularer Interessen durch Einsatz global wohlfahrtsmindernder Verteilungsinstrumente - Beispiele sind Zölle oder VERs - führt c.p. zu einem Netto-Verlust an Wählerstimmen aufgrund der zu erwartenden gesellschaftlichen Wohlfahrtsverluste[116]. Stimmengewinne, die - wie im vorhergehenden Abschnitt beschrieben - *ausschließlich* darauf beruhen, daß den Forderungen von Interessengruppen nachgegeben wird, werden nicht berücksichtigt.

Parteien erzielen jedoch durch die Berücksichtigung von Gruppeninteressen Einkünfte („campaign contributions"), die ihr Wahlkampfbudget und somit ihre Wahlchancen erhöhen, falls ein direkter Zusammenhang zwischen der absoluten oder relativen Höhe des Wahlkampfbudgets und der erreichbaren Stimmenzahl besteht[117].

Dieser Zusammenhang läßt sich nicht nur theoretisch aus der „rational ignorance" der Wähler ableiten, die nur durch intensive Werbung überwunden werden kann, sondern scheint auch empirisch belegbar zu sein[118]. Jacobson zeigt darüber hinaus auf Basis der Daten für die Wahlen zum US-Repräsentantenhaus bzw. zum Senat in 1972 und 1974, daß die Grenzerträge zusätzlicher Wahlkampfausgaben für die Amtsinhaber geringer sind als für die Herausforderer. Folglich haben letztere größere Möglichkeiten, den Wahlausgang durch Budgetsteigerungen zu ihren Gunsten zu beeinflussen[119]. Diese Beobachtung ist konsistent mit der „rational ignorance"- Hypothese, da politische Newcomer Informationen über ihre Person bzw. über ihr Programm zu eigenen Kosten bereitstellen müssen. Amtsinhaber weisen dagegen nicht nur einen höheren

[114] Insbesondere dürfte das Stimmenpotential einer Interessengruppe von Bedeutung sein: „The industry which seeks regulation must be prepared to pay with the two things a party needs: votes and resources.", Stigler, G. J., 1971.

[115] Vgl. Magee, S.P.; u.a., 1989. S. 39.

[116] Bestenfalls ist die Redistribution wohlfahrtsneutral.

[117] Austen-Smith formuliert: „... there is a potential trade-off for candidates between choosing policies to attract funds and choosing policies to attract votes.", Austen-Smith, D., 1987, S. 124.

[118] Vgl. Welch, W.P., 1974.

[119] Jacobson, G.C., 1978, vgl. auch Tollison, R., 1990.

Bekanntheitsgrad auf, sondern genießen zudem den Vorteil, daß Informationen über die von ihnen betriebene Politik für die Wähler zu geringen Kosten verfügbar sind, sei es durch unmittelbare Erfahrung oder durch Berichterstattung in den Medien.

Special interests finden Eingang in Parteiprogramme, wenn eine redistributive Politik existiert, bei der die Stimmenzahl, die durch das gestiegene Wahlkampfbudget hinzugewonnen werden kann, höher ist, als die, die verlorengeht, weil die angekündigten Maßnahmen die Wohlfahrt der Stimmberechtigten insgesamt schmälern.

Jede Partei formuliert ein Programm, das ihre Wahlchancen unter Berücksichtigung der möglichen Strategie der konkurrierenden Partei maximiert. Das optimale Programm zeichnet sich dadurch aus, daß der politische Grenzertrag zusätzlicher special interest legislation deren politischen Grenzkosten entspricht: Wird den Partikularinteressen marginal mehr oder weniger entsprochen, so halten sich Stimmengewinne und Verluste gerade die Waage[120]. Die Existenz eines Optimums wird durch die Annahmen an die Wählerreaktionsfunktionen sichergestellt: Der Grenzverlust an Wählerstimmen als Folge einer die Wähler marginal schlechterstellenden Politik (also etwa bei marginal höheren Zollsätzen oder einer marginal restriktiveren Eintrittsregulierung) ist stets positiv. In der Nähe des Ursprungs, der sich durch „Freihandel" oder „freien Marktzugang" charakterisieren läßt, ist der Stimmenverlust allerdings sehr gering. Marginale Abweichungen vom Freihandelsprinzip oder von einer Wettbewerbspolitik, die auf Offenhaltung des Marktzugangs abzielt, verursachen zunächst geringe, kaum spürbare Wohlfahrtsverluste, die nur eine geringe Zahl von Wählerentscheidungen negativ beeinflussen. Eine zunehmende Intensität der Intervention läßt die Wohlfahrtsverluste immer schneller ansteigen und für die Wähler spürbarer werden, so daß die Grenzverluste an Stimmen steigen.

Umgekehrt nimmt mit der Intensität der Intervention die für die Partei erzielbare Einnahme für die Wahlkampfkasse zu. Die Grenzgewinne an Wählerstimmen, die mit einem marginal höheren Budget erreichbar sind, seien ebenfalls stets positiv. Angenommen wird, daß die Stimmengewinne zunächst hoch sind, dann aber abnehmen. Das optimale Programm ist jenes, daß den Netto-Stimmengewinn maximiert. Der Abstand zwischen Stimmengewinnen und

---

[120] Magee, S.P; u.a., 1989, S.38ff.

Stimmenverlusten ist bei der Politik am größten, bei der Grenzgewinne und Grenzverluste gerade gleich sind.

Zu beachten ist, daß die Kostenkurve, die Stimmenverluste mit der Intensität der Intervention verknüpft, immer nur für ein gegebenes Redistributionsinstrument gelten kann. Verschiedene Instrumente generieren verschiedene Kostenkurven. So gilt, daß die politischen Kosten einer umverteilten Einkommenseinheit c.p. (d.h. insbesondere bei gleicher Wahrnehmbarkeit) umso höher sind, je höher die allokative Ineffizienz ausfällt, die mit der Intervention verbunden ist. In diesem Sinne gilt, daß eine Redistribution, die sich direkter, pauschaler Steuern und Transfers bedient, die Wohlfahrt bei jedem Verteilungsvolumen weniger schmälert, als eine Politik, die in das Preissystem eingreift oder die Wettbewerbsintensität auf Märkten herabsetzt.

Die politischen Kosten einer redistributiven Intervention hängen jedoch nicht nur von deren ökonomischen Kosten ab, sondern im Kontext rational uninformierter Wähler auch von ihrer Wahrnehmbarkeit für die negativ betroffenen Gruppen bzw. vom Einfluß der Wahrnehmung auf die Wahlentscheidung. Hier verkehrt sich in der Argumentation von Magee u.a. die Reihenfolge der Politiken ins Gegenteil: Ökonomisch effiziente Redistribution ist wahrnehmbarer, als der Einsatz von Instrumenten, die stärker indirekt wirken, dafür aber mit höheren Ineffizienzen belastet sind. Ihr Einfluß auf das Abstimmungsverhalten ist folglich größer.

Der so beschriebene trade-off muß von den Parteien bei der Wahl ihrer politischen Instrumente berücksichtigt werden. Ökonomisch effiziente Redistribution ist nur dann zugleich politisch sinnvoll, wenn die deadweight losses zunehmend indirekt wirkender Instrumente schneller steigen als ihre Wahrnehmbarkeit und damit ihr Einfluß auf das Abstimmungsverhalten sinkt. Es mag sein, daß eine gut informierte Wählerschaft indirekte Umverteilung für die Parteien unattraktiv macht, da die hohen ökonomischen Kosten nicht dadurch kompensiert werden, daß diese weitgehend unbemerkt bleiben. Paradoxerweise ist auch das Gegenteil denkbar: Ein steigender, aber noch unvollkommener Informationsstand der Wähler zwingt die Parteien, zu immer stärker indirekten Formen der Redistribution überzugehen[121].

---

[121] Magee u.a. bezeichnen dies als „voter information paradox". Zur Illustration verweisen sie auf die Tendenz, anstelle von Zöllen auf das Instrument der VERs

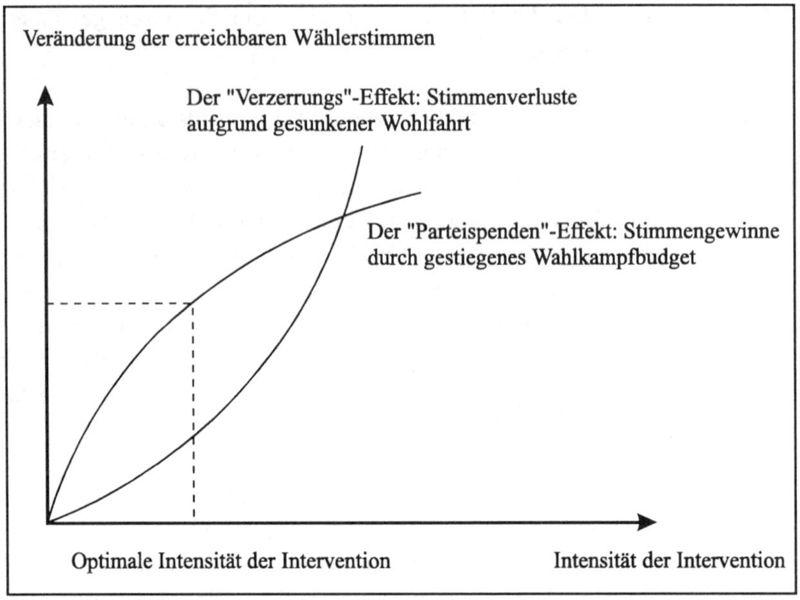

Quelle: Magee, S.P., u.a., 1989, S. 39; Übersetzung vom Verfasser.

Abb. 5: Die optimale Intensität von Interventionen im probabilistic voting-Modell

Im skizzierten Modellrahmen antizipieren die Parteien die Zahlungswilligkeiten diverser Interessengruppen und legen ihre Programme ex-ante, daß heißt vor Erhalt von Zahlungen, fest[122]. Bei Vernachlässigung von Unsicherheit finden die Parteien ihre Erwartungen letztlich bestätigt, so daß eine Programmrevision nach Erhalt von Wahlkampfhilfen ausgeschlossen ist. Dieses antizipierende Verhalten der Parteien läßt sich als Stackelberg-Führerschaft gegenüber den unterstützenden Interessengruppen beschreiben, während die Beziehungen der Parteien bzw. der Interessengruppen untereinander vom Cournot-Nash-Typ sind[123].

Bei wirksamem Parteienwettbewerb verfügen Politiker letztlich über keinerlei Macht, diese verstanden als Fähigkeit, autonome Ziele zu verfolgen. Der

auszuweichen. Diese mag allerdings auch durch deren geringeres Konfliktpotential hinsichtlich der GATT-Statuten zu erklären sein. Magee, S.P.; u.a., 1989, S. 263.

[122] Anders Ursprung, der als Motiv für Wahlkampfhilfen den Einfluß auf die Programm*formulierung* annimmt, Ursprung, H., 1991.

[123] Vgl. auch Ursprung, H., 1991, S. 12.

politische Wettbewerb zwingt zur Formulierung eines Wahlprogramms, welches sich ausschließlich an den Zahlungsbereitschaften der Lobbys und den Auswirkungen der gewählten Instrumente auf das Wählerverhalten orientiert.

Magee u.a. ziehen auf der Basis des skizzierten Modells eine Reihe von Schlußfolgerungen, die von denen des Medianwählermodells deutlich abweichen:

So prognostiziert das Medianwählermodell (in dem die Auswirkungen von Wahlkampagnen vernachlässigt werden) zumindest für ein Zwei-Parteien-System die Annäherung der politischen Standpunkte. Bei Programmkonvergenz hat allerdings keine pressure group ein Interesse daran, Einfluß auf den Wahlausgang zu nehmen, da deren Einkommensposition mit dem Wahlergebnis nicht variiert. Somit ist es rational, keine der Parteien zu unterstützen. Die Höhe der Wahlkampfhilfen ist folglich Null. Programmkonvergenz stellt somit im „probabilistic voting model" kein politisches Gleichgewicht dar. Für jede Partei ist es attraktiv, sich vom Programm des politischen Gegners zu entfernen, um mittels der so erzielbaren Wahlkampfhilfen die eigenen Wahlchancen zu verbessern.

Aus der Hypothese, daß die Erhöhung der Wahlchancen der präferierten Partei Hauptmotiv der Geldgeber ist, folgt, daß jede Interessengruppe nur die ihr programmatisch näherstehende Partei unterstützt[124]. Zahlungen an die jeweils andere Partei senken die Wahrscheinlichkeit dafür, daß das für die Interessengruppe günstigere Programm realisiert wird. Eine Diversifizierung der Zuwendungen läßt sich nur begründen, wenn Geldgeber über die Parteiziele und den erwarteten Wahlausgang keine vollständige Information besitzen. Weitere Ausnahmen vom „Spezialisierungstheorem" sind begründbar, wenn Geldgeber Einfluß auf die künftige Linie der Partei gewinnen wollen, oder wenn sie bemüht sind, die eigenen Verluste für den Fall zu minimieren, daß die bevorzugte Partei die Wahl verliert und der Wahlsieger an den Unterstützern des Verlierers „Vergeltung" übt[125]. Zugleich steigt die Höhe der insgesamt geleisteten Zahlungen mit der Polarisierung der Wahlprogramme, da mit steigender Polarisierung die Auswirkungen alternativer Wahlausgänge auf die Einkommensposition der Interessengruppen bzw. von deren Mitgliedern zunehmen.

---

[124] Dies wird als „contribution specialization theorem" bezeichnet, vgl. Magee, S.P.; u.a., 1989, S. 60.

[125] Magee, S.P.; u.a., 1989, S.62.

Die Höhe der Wahlkampfhilfen, die eine Partei erzielt, hängt schließlich nicht von der absoluten Wahrscheinlichkeit ihres Wahlsieges ab, sondern lediglich von der marginalen Änderung der Wahrscheinlichkeit ihres Erfolges. Interessengruppen vergleichen ihren Beitrag mit der *Veränderung* der Wahlchancen der von ihnen präferierten Partei und nicht mit deren absoluter Höhe[126].

Es wurde bis hierher geprüft, ob es für Politiker respektive politische Parteien rational ist, „special interest legislation“ bereits im Rahmen ihrer Wahlprogramme mit dem Ziel der Maximierung ihrer Wahlchancen anzubieten. Der Prozeß des laufenden „decision making“ zwischen zwei Wahlterminen bleibt hierbei einstweilen ausgeklammert. Als Grundlage für die Analyse des Parteienverhaltens dient das probabilistic voting model. Es basiert auf der Downs'schen Annahme rational uninformierter Wähler und erlaubt die Berücksichtigung von Interessengruppen, die mittels Wahlkampfhilfen Einfluß auf das Wahlergebnis zu nehmen suchen. Im Modellrahmen kann gezeigt werden, daß Parteien zur Maximierung ihrer Erfolgswahrscheinlichkeit bei anstehenden Wahlentscheidungen auf Partikularinteressen eingehen werden. Im probabilistic voting model wird, in Kontrast zum Medianwählermodell, die Konvergenzhypothese auch für ein Zwei-Parteien-System nicht bestätigt. Die Attraktivität, die im Modellrahmen dem Befriedigen von Partikularinteressen zugeschrieben wird, rührt daher, daß das ausschließlich auf diese Weise zu erhöhende Wahlkampfbudget genutzt werden kann, um zusätzliche Wählerstimmen zu gewinnen. Diese Möglichkeit beruht wiederum auf der fehlenden Bereitschaft der Wähler, für (objektive) Informationen zu zahlen („rational ignorance“). Parteien können so durch gezieltes und kostenloses Bereitstellen von (parteipolitisch gefärbter) Information die Meinungsbildung beeinflussen.

Die Höhe des konkreten Angebots, also etwa die Höhe des angebotenen Importzolls oder Art und Höhe binnenwirtschaftlich wirksamer Markteintrittsschranken hängt von zwei Faktoren ab: Zum einen von der Zahlungsbereitschaft der Interessengruppe (die von den Parteien annahmegemäß ex-ante bestimmt werden kann) und zum anderen von dem Einfluß der entstehenden und von den Wählern wahrgenommenen ökonomischen Verzerrungen auf das Stimmverhalten.

---

[126] Ob dieses Kalkül, das auf der Maximierung von Erwartungswerten basiert, auch bei ex-ante sehr geringer Erfolgswahrscheinlichkeit greift, scheint zweifelhaft. Es ist umso plausibler, je stetiger die Durchsetzungsmöglichkeit des Parteiprogramms mit der erreichten Stimmenzahl variiert.

Eine interessantes Merkmal des probabilistic voting model ist die gerade im Kontext der Außenhandelspolitik interessante Möglichkeit, die direkte Einflußnahme ausländischer Interessengruppen auf die inländische Politik zu berücksichtigen[127].. Dies ist im Medianwählermodell nur über Umwege möglich. Als Konsequenz ergibt sich, daß ausländischen Produzenten die Möglichkeit eingeräumt wird, die Höhe der für sie relevanten Handelshemmnisse direkt, also nicht nur über den Umweg über die WTO oder Verhandlungen zwischen Regierungen, zu beeinflussen

Nicht die absolute Höhe der ökonomischen Kosten von staatlichen Interventionen auf die Güter- und Faktorallokation ist für die Parteien relevant, sondern nur die Höhe der Kosten, die vom Wähler tatsächlich wahrgenommen und bei der Wahlentscheidung berücksichtigt werden. Daher wird das Angebot, das den pressure groups unterbreitet wird, umso reichhaltiger sein, je weniger sichtbar, je unauffälliger die Umverteilungsinstrumente eingesetzt werden können.

Während Wettbewerb auf Gütermärkten zur Mehrung des Wohlstandes beiträgt, bewirkt politischer Wettbewerb das genaue Gegenteil, da das sich einstellende Marktgleichgewicht unter den gegebenen Annahmen mit ökonomischer Effizienz der Politik nicht vereinbar ist. Die Politiken sind im probabilistic voting model vollständig endogenisiert als Resultat der Interaktion nutzenmaximierender Lobbys und stimmenmaximierender Parteien. In diesem Kontext ist es auch sinnvoll - wie im Titel dieser Arbeit - von „endogenen institutionellen Markteintrittsschranken" zu sprechen.

Die vorgestellten Überlegungen stützen die eingangs aufgestellte Hypothese, der zufolge institutionelle Markteintrittsschranken von Politikern bervorzugte Redistributionsinstrumente sind. Ihre Errichtung oder Erhöhung bzw. ihre Aufrechterhaltung ist für Politiker attraktiver als der Einsatz solcher Instrumente, deren gesamtwirtschaftlicher Schaden aufgrund schwächerer negativer Allokationswirkungen geringer ist, wie etwa pauschale Subventionierung.

Der hohe Anreiz zum Einsatz institutioneller Markteintrittsschranken im politischen Machtkampf ist einmal Folge ihrer bereits mehrfach angesprochenen Haushaltsneutralität, die Parteien davon entlastet, die Netto-Zahler der Trans-

---

[127] Hillman, A.L.; Ursprung, H., 1988. Die Existenz von pressure groups der ausländischen Exportindustrie wird dort als *eine* Erklärung für die Dominanz freiwilliger Exportselbstbeschränkungsabkommen, die Renten ins Ausland transferieren, über andere Formen der Protektion angeführt.

fers, die den geschützten Branchen gewährt werden, im Rahmen der Steuererhebung direkt zu benennen[128]. Die ökonomischen Kosten institutioneller Markteintrittsschranken fallen zudem, wie gezeigt, breit gestreut und teilweise in Form entgangener, zukünftiger Gewinne an, haben folglich eher Opportunitätskosten- als Auszahlungscharakter. Folglich wird ihre Höhe von Seiten der Belasteten, der Nachfrager und der potentiellen Konkurrenten, systematisch unterschätzt.

Die Intention der Umverteilung zugunsten organisierter Interessen kann kaschiert werden, wenn die Errichtung von Markteintrittsbarrieren in den Begründungszusammenhang der Internalisierung Externer Effekte oder des Schutzes von Nachfragern mit Qualitätsunkenntnis gestellt wird. Auch industriepolitische Konzeptionen oder solche Strategischer Handelspolitik beinhalten Begrenzungen des Marktzugangs, die jedoch argumentativ hinter die Sicherung internationaler Wettbewerbsfähigkeit oder heimischer Arbeitsplätze zurücktreten. Zwar wurden die Argumente, die für die Notwendigkeit staatlicher Eintrittsregulierung sprechen, in Abschnitt D.III zumeist skeptisch beurteilt. Sie können dennoch angesichts unvollkommen informierter Wähler instrumentalisiert werden, um die politischen Kosten der Redistribution zu senken.

Weiterhin gilt, daß institutionelle Markteintrittsschranken von Wählern nur schwer als solche zu identifizieren sind. Die Theorie der „strategic entry deterrence“ hat eine Vielzahl von eintrittsbehindernden Faktoren herausgearbeitet, die durch staatliche Intervention imitiert bzw. in ihrer Wirkung gesteigert werden können. Der Staat ist, wie in Abschnitt D.II.2 gezeigt, nicht darauf angewiesen, den Marktzugang formal, etwa durch Lizenzierungserfordernisse, zu beschränken, wenn er den etablierten Unternehmen Transfereinkommen sichern will. Er kann vielmehr zu materiellen, indirekt wirkenden Formen der Zutrittsbeschränkung übergehen, die möglicherweise gleich effektiv, jedoch wesentlich schwieriger zu durchschauen sind.

Beispiel ist etwa eine Strategie, die der Intuition des „raising rivals' costs“ durch Setzen von Normen und Standards oder der Besteuerung bestimmter Inputs nahekommt. Die Bestreitbarkeit eines Marktes kann durch staatliche Investitionsvorschriften oder Haftungsregeln beeinflußt und gegebenenfalls aufgehoben werden. Bei Existenz von Netzwerkexternalitäten oder Lernkur-

---

[128] Je nach Ausgestaltung können sie sogar zu zusätzlichen Einnahmen führen, wie im Falle von Zöllen oder Lizenzen, die zu Gunsten der Staatskasse veräußert werden.

veneffekten verschaffen staatliche Aufträge den begünstigten Unternehmen first-mover- advantages, die von Wettbewerbern nur schwer aufgeholt werden können.

Durch politische Entscheidungen können etablierte Unternehmen vor potentieller Konkurrenz geschützt werden, ohne daß es dazu stets einer formalen Zugangsbeschränkung bedarf, die für Wähler zu geringen Kosten erkennbar wäre. Die materielle Zugangsbeschränkung dominiert folglich aus Sicht der Politiker die formale Eintrittsregulierung.

Diese Hypothese ist konsistent mit der Beobachtung, daß in vielen Volkswirtschaften vormals formal regulierte Bereiche, dort, wo die gesamtwirtschaftlichen Kosten mehr und mehr augenfällig werden, allmählich dereguliert werden. Sie beinhaltet zugleich die Prognose, daß die formelle Liberalisierung der Markteintritts nicht gleichbedeutend ist mit der Gewährleistung eines zugleich auch materiell freien Markteintritts. Nur wird die staatliche Eintrittsregulierung sich mehr und mehr indirekt wirkender Instrumente bedienen. Das Gebot politischer Effizienz fordert gerade angesichts deutlich wahrnehmbarer Defizite „klassischer" Regulierung die Wahl von Verteilungsinstrumenten, die subtiler wirken und für Wähler folglich schwerer erkennbar sind. Der Ersatz von Einfuhrzöllen oder Kontingenten durch Exportselbstbeschränkungsabkommen kann hier als Beispiel dienen. Die in Abschnitt D.II erwähnte Entsenderichtlinie für die Bauwirtschaft kann als Versuch interpretiert werden, den Wegfall von Handels- und Mobilitätshemmnissen im Rahmen des Europäischen Binnenmarktprogramms auszugleichen durch die Verpflichtung, ausländischen Arbeitnehmern auf deutschen Baustellen die hier geltenden Mindesttariflöhne zu zahlen.

Das Beispiel der Entsenderichtlinie zeigt zugleich, daß die politischen Kosten der Markteintrittsregulierung steigen, wenn deren negative Folgen ebenfalls organisierte Interessen treffen. So wird die Einführung des deutschen Mindesttariflohns für ausländische Arbeitskräfte im Baugewerbe von Gewerkschaften und vom Zentralverband des deutschen Baugewerbes unterstützt. Andere Branchenverbände sowie die Bundesvereinigung der Deutschen Arbeitgeberverbände lehnen den Gesetzentwurf jedoch ab. Ein wesentlicher Grund dürfte die erwartete Steigerung der Baupreise sein, die Investitionen unmittelbar verteuert[129]. Die Analyse dieser Kontroverse ist allerdings allein mit dem pro-

---

[129] Von der Bauwirtschaft selber wird die nach Verabschiedung des Entsendegesetzes erwartete Preissteigerung für Bauleistungen mit 2 v.H. angegeben, o.V., 1995, S. 141.

babilistic voting model aufgrund seiner starken Betonung von Wahlkampfsituationen nicht zu leisten.

3. Der Wettbewerb der Interessen im Prozeß des laufenden „decision making“

Ursprung faßt Modelle, die die Einflußnahme von Interessengruppen via Wahlkampfhilfen modellieren, als Erweiterung des rent seeking-Ansatzes auf[130]. Dem ist zuzustimmen, da in diesen nicht nur der Wettbewerb zwischen Interessengruppen, sondern auch Wahlen und damit die Parteienkonkurrenz ins Blickfeld gerückt werden. Die „Produktion“ politischen Einflusses findet nicht in einer „black box“ statt, sondern wird durch Rückgriff auf die Nutzenmaximierungskalküle der Parteien und Interessengruppen präzisiert und mikroökonomisch fundiert. Die Idee, daß Interessengruppen die von ihnen bevorzugten Parteien finanziell unterstützen, ermöglicht zudem die Reduktion des Tauschhandels zwischen Politik und gesellschaftlichen Gruppen auf die einfache Formel „Geld gegen Redistribution“. So läßt sich zwischen der Intensität der Lobbyaktivität, die sich in transferierten Geldeinheiten messen läßt, und der Zuweisung politisch bereitgestellter Renten ein Zusammenhang herstellen, der ohne ad-hoc Hypothesen auskommt[131].

Der Möglichkeit, den Gleichgewichtsvektor des politischen Marktes im Rahmen der Programmformulierung der Parteien und der Zahlungsbereitschaften der pressure groups zu bestimmen, wird andererseits die Betrachtung des politischen Tagesgeschäfts geopfert. Ohne Zweifel erweitern die Arbeiten von Magee u.a. oder Ursprung in sinnvoller Weise jene Modelle der politischen Ökonomie, die ausschließlich Wähler und Politiker betrachten. Sie bedürfen allerdings nach wie vor der Ergänzung durch diejenigen Konzepte des Interessengruppenwettbewerbs, die die Interaktionen zwischen gewählter Regierung und miteinander konkurrierenden pressure groups in den Mittelpunkt stellen.

---

[130] Ursprung, H., 1991, S. 7.

[131] Ursprung bemängelt, daß es der rent seeking-Theorie an einer schlüssigen Begründung für die von den Politikern letzlich gewählte Zuweisung von Privilegien mangele: „the rent-seeking approach portrays the policy maker´s behavior in the terms of an ad hoc contest-success function.“, Ursprung, H., 1991, S.7.

a) Das Modell des Interessengruppenwettbewerbs bei Becker

Becker versucht in zwei Arbeiten, die „public interest"-Theorie so zu reformulieren, daß der Gegensatz zwischen dem Interessengruppenansatz der positiven Regulierungstheorie und dem normativen Marktversagenskonzept staatlicher Interventionen aufgelöst wird[132].

In Beckers Modell hängt das politische Gleichgewicht, also hier vor allem die Struktur staatlicher Eingriffe in Märkte und die damit verbundenen Begünstigungen und Belastungen für verschiedene ökonomische Gruppen, von dem Einfluß ab, den organisierte Interessen auf den Entscheidungsprozeß gewinnen. Dieser Ansatz abstrahiert weitgehend von Wahlentscheidungen und Parteienwettbewerb und konzentriert sich auf den Einfluß konkurrierender presssure groups auf den Prozeß des „decision making"[133].

Die Erhebung von Steuern, die Gewährung von Subventionen, aber auch Eingriffe in die Funktionsweise und Offenheit von Märkten haben das unmittelbare Ziel, einflußreichen Gruppen zusätzliches Einkommen auf Kosten weniger einflußreicher Kontrahenten zu verschaffen. Insofern unterstellt also auch Becker durchgängige Eigennutzorientierung aller Akteure und eine Redistributionsorientierung des politischen Entscheidungsprozesses.

Das gesamte zu Umverteilungzwecken verfügbare Transfervolumen kann die Verluste der benachteiligten Gruppen nicht übersteigen. Verursacht staatliches Handeln Effizienzeinbußen, sogenannte „deadweight losses", so vermindert dies das Transfervolumen, das bei gleichbleibender Belastung der Redistributionsverlierer ausgeschüttet werden kann: Ein Einkommenszuwachs der Begünstigten um eine Einheit macht eine Belastung der Verlierer um mehr als eine Einheit erforderlich. Analog wirken die direkten Kosten staatlichen Handelns, also etwa die Kosten der Regulierungsbürokratie.

Die Gruppen, deren Interesse an Einkommenserzielung sich mit der Korrektur von Marktunvollkommenheiten deckt, haben stets mehr zu gewinnen, als ihre Gegenüber, die vom status quo des Marktversagens profitieren, verlieren können. Dieses „Mehr" ist Folge der sozialen Kosten einer ineffizienten Allo-

---

[132] Becker, G.S., 1983, 1985.

[133] „Politicians, political parties, and voters will receive little attention because they are assumed mainly to transmit the pressure of active groups." Becker, G.S., 1983, S. 372.

kation. Der politische Druck der Gruppen, die an effizienter Regulierung interessiert sind, wird folglich c.p. den Druck der Opponenten übersteigen. Umgekehrt wird der politische Druck einer Interessengruppe, die durch ineffiziente Regulierung benachteiligt würde, aufgrund der entstehenden „deadweight losses" größer sein als der der potentiell begünstigten Gruppe[134]. Reine Transfers von Einkommen, die keinerlei Allokationswirkungen entfalten, weisen dagegen eine Symmetrie der Verluste und Gewinne auf. Berücksichtigt man allerdings die Kosten des Transfers an sich, etwa Kosten des Verteilungsapparates, so übersteigen die Verluste die Gewinne um eben diese Maß. Reine Transfers ohne (positive) Allokationswirkung werden von den potentiellen Verlierern effektiv blockiert.

Die Konsequenzen dieser Überlegungen für die positive Fundierung der Marktversagenskonzeption staatlichen Handelns sind wie folgt zu formulieren: Wenn Politiker über Marktunvollkommenheiten nicht oder nur unvollständig informiert sind, können sich Betroffene organisieren, Interventionen auf politischen Märkten nachfragen und zugleich die benötigten Informationen für deren Implementation bereitstellen. Auf diese Weise kann das Informationsproblem der Regierung gelöst werden.

Die Notwendigkeit der Formulierung einer sozialen Wohlfahrtsfunktion stellt sich nicht. Ebensowenig muß generelle Gemeinwohlorientierung der entscheidenden Politiker oder gar der Nachfrager nach Interventionen unterstellt werden. Der Wettbewerb der Interessengruppen stellt mithin sicher, daß die Ökonomie unter bestimmten Voraussetzungen zu einem Wohlfahrtsoptimum tendiert, staatliche Eingriffe trotz redistributiver Motivation zu Allokationseffizienz führen. Die grundsätzlich positive Einschätzung der ökonomischen Effizienz der Politik hält allerdings nur unter der einschränkenden Annahme, daß sich individuelle Gewinne und Verluste unterschiedslos in Zahlungsbereitschaften manifestieren und der politische Einfluß einer Gruppe den aggregierten Zahlungsbereitschaften ihrer Mitglieder entspricht.

Tatsächlich dürften beträchtliche Unterschiede in Organisationsfähigkeit und Effizienz der politischen Einflußnahme bestehen (siehe auch Abschnitt E.III). Becker formuliert folglich auch ceteris paribus: Bei gleicher Effektivität, also

---

[134] „...groups harmed by activities that reduce efficiency have the intrinsic advantage in the competiton for influence, groups benefitting from activities that raise efficiency have the intrinsic advantage relative to groups harmed by these activities.", Becker, G.S., 1983, S. 373.

etwa bei gleicher Fähigkeit zur Überwindung von free-rider-Problemen und bei gleicher Fähigkeit, politischen Einfluß zu entwickeln, setzt sich die Gruppe durch, die die effiziente Politik befürwortet. Unter diesen Voraussetzungen ist staatliche Regulierung stets wohlfahrtssteigernd. Institutionelle Markteintrittsschranken werden nur dort errichtet, wo unbeschränkter Markteintritt zu suboptimalen Allokationen führen würde, wo sich das Interesse an einer Beschränkung des Marktzugangs sich mit dem „öffentlichen Interesse" deckt.

Dort wo unterschiedliche Effektivität der Interessengruppen zu Abweichungen vom Pareto-Optimum führt, sind „second best" Überlegungen plausibel: Die effektivere Gruppe wird Umverteilungsinstrumente bevorzugen, die nur geringe deadweight costs verursachen, da ansonsten ihr Vorsprung im politischen Wettbewerb wieder aufgezehrt wird.

Auch Transaktionskosten staatlichen Handelns können in den Modellrahmen integriert werden[135]. Einerseits trägt der Wettbewerb von Interessengruppen dazu bei, transaktionskostenminimale politische Lösungen durchzusetzen. Andererseits kann die bloße Androhung staatlicher Intervention zu privaten Lösungen führen, wenn diese das gleiche Ergebnis kostengünstiger ermöglichen. In diesem Fall können von den potentiellen Verlierern staatlicher Maßnahmen Verträge angeboten werden, die aufgrund geringerer Kosten beide Tauschpartner verglichen mit der Regulierungslösung besser stellen.

Das Verteilungsergebnis einer politischen Korrektur von Marktversagen kann von dem der hypothetischen privaten Vertragslösung abweichen: Durch Gesetze kann Marktversagen korrigiert werden, ohne daß diejenigen, die im status quo ante der ineffizienten Allokation profitiert haben, von den dort noch Benachteiligten kompensiert werden müssen. Das hier angesprochene „Kompensationsprinzip" spielt in der Wohlfahrtsökonomik eine prominente, gleichwohl nicht unumstrittene Rolle. Es ist postuliert worden, daß die Anwendung des Kompensationsprinzips es erlaube, staatliches Handeln auf seine Wohlfahrtswirkungen hin zu analysieren, ohne dabei Werturteile über die Verteilung des „gesellschaftlichen Reichtums" auf verschiedene Personen treffen zu müssen. Dabei sei unerheblich, ob Kompensationszahlungen auch tatsächlich geleistet würden. Dagegen ist wiederum eingewendet worden, daß die Zustimmung zu Politiken, die manche Individuen besser und andere schlechter stellen,

[135] Anzumerken ist, daß in einer Welt ohne Transaktionskosten das Coase-Theorem gilt, demzufolge Marktversagen durch private Vereinbarungen geheilt werden kann.

stets auf Werturteilen basieren müsse, wenn nicht restriktive Annahmen etwa über die Uniformität personeller Präferenzen getroffen werden[136].

Das skizzierte Modell von Becker kann dazu beitragen, dieses Problem zu lösen, da das Offenbaren von Zahlungsbereitschaften für politischen Einfluß gleichzeitig als Hinweis auf die individuellen Präferenzen für staatliche Eingriffe gewertet weden kann. Auf dieser Basis scheint das Vernachlässigen der tatsächlichen Entschädigungsleistung vertretbar[137].

Politische Entscheidungen sind im beschriebenen Modell eine Reaktion auf den Druck konkurrierender Interessengruppen. „Politisches Unternehmertum" kann jedoch ohne größere Probleme integriert werden. Politiker, die auf Nutzenmaximierung bedacht sind, können Interventionen „anbieten" und an die meistbietende Gruppe „verkaufen". Auch hier hält die Schlußfolgerung, daß effizienzsteigernde und effektive Politiken letzlich den Vorzug gegenüber effizienzsenkenden und weniger effektiven erhalten, weil sie die größere Zahlungsbereitschaft mobilisieren. Anzumerken ist, daß Politiker auf diese Weise Konsumenten- oder Produzentenrenten abschöpfen können, sei es auch, indem sie ineffiziente Interventionen androhen und von den Betroffenen für die Unterlassung Prämien erhalten.

Datenänderungen, die dazu führen, daß Interessengruppen die zu einem bestimmten Zeitpunkt bestehende Eingriffstruktur neu bewerten, führen c.p. zu geänderten Druckverhältnissen. Die Aufhebung ineffizient gewordener Regulierung ist daher mit der Modellogik vereinbar. Die Fortschreibung ineffizienter Politik ist allerdings dann nicht auszuschließen, wenn die Kosten der Bewegung von einem politischen Gleichgewicht zum nächsten berücksichtigt werden, die in der komparativ-statischen Modellformulierung zunächst keine Bedeutung haben. Deregulierung und Regulierung können daneben Folge geänderter Effektivität der Interessengruppen sein: Gelingt es einer an Deregulierung interessierten Gruppe ihren politischen Einfluß zu steigern, sei es durch eine höhere Mitgliederzahl oder durch leistungsfähigere Lobbytechniken, wird sie die von ihr getragene Last reduzieren und Liberalisierungsschritte erreichen können. Zugleich ist die Modellogik mit der Beobachtung gradueller Deregulierungsprojekte konsistent, wenn angenommen wird, daß sich die politischen Kräfte-

---

[136] Vgl. Chipman, J.S.; Moore, J.C., 1978, S. 578.

[137] Becker, G.S., 1985.

verhältnisse nicht revolutionär sondern evolutionär, in kleinen Schritten, verändern.

Es läßt sich folgendes Fazit ziehen: Der reformulierte „public interest" Ansatz traut staatlichem Handeln auch in einer Welt unvollkommener Information, kostenbelasteter Transaktionen und eigennütziger Politiker die Bekämpfung von Marktversagen grundsätzlich zu. Dafür sorgt letztlich ein transparenter Prozeß der politischen Willensbildung und Entscheidung, der die Artikulation unterschiedlicher Interessen ermöglicht. Die mangelnde Effizienz des (Güter-) Marktes wird gegebenenfalls ersetzt durch den Wettbewerb von Interessengruppen, die auf dem politischen Markt um Einfluß pro und contra Regulierung ringen. Gleichwohl ist nochmals darauf hinzuweisen, daß Wettbewerb zwischen politischen Parteien hier nicht berücksichtigt wird, sondern *ein* Entscheidungsträger für ein Gleichgewicht konkurrierender Gruppeninteressen sorgt.

Ein funktionierender Wettbewerb auf politischen Märkten im Sinne Beckers setzt voraus, daß sich gesellschaftliche Gruppen annähernd gleich gut organisieren können und der von ihnen entwickelte politische Druck mit ihren Verteilungsinteressen korrespondiert. Es muß mithin ausgeschlossen sein, daß eine Gruppe Vorteile beim Geltendmachen und Durchsetzen ihrer Interessen genießt, die von der Höhe der von ihr repräsentierten potentiellen Nutzenzuwächse ihrer Mitglieder unabhängig sind. Die Theorie des Gruppenhandelns in der Formulierung von Olson legt hier beträchtliche Zweifel nahe[138]. Einer Reihe von wohlorganisierten Interessengruppen dürfte auf dem politischen Markt bzw. im politischen „bargaining" keine direkte Gegenmacht gegenüberstehen. Nicht auszuschließen ist gleichwohl, daß sich politische Gegenmacht erst im Laufe der Zeit formiert.

b) Das Auktionsmodell von Grossman/Helpman

Das in Abschnitt E.V.2 beschriebene probabilistic voting model erlaubt es, in Erweiterung des Medianwählermodells, den Einfluß von Interessengruppen auf die Programmformulierung von Parteien zu berücksichtigen. Das Motiv, welches Interessengruppen zur Finanzierung politischer Parteien bewegt, ist die Einflußnahme auf deren Wahlchancen. Dieses Motiv verliert an Plausibilität,

---

[138] Olson, M., 1965; Skeptisch aus Sicht der rent seeking-theory äußern sich Crew/ Rowley, die zudem kritisieren, daß Becker die sozialen Kosten des Interessengruppenwettbewerbs vernachlässigt. Crew, M.A.; Rowley, C.K., 1988.

wenn die Zahl der potentiell aktiven pressure groups sehr groß wird. Der Einfluß der campaign contributions einer einzelnen Interessengruppe hat dann nur sehr geringe Auswirkungen auf den erwarteten Wahlausgang. Interessengruppen, deren finanzielle Möglichkeiten begrenzt sind, bleiben dem politischen Markt u.U. vollständig fern.

Grossman/Helpman formulieren ein alternatives Modell, in dem eine im Amt befindliche Regierung sich einer Vielzahl redistributiv orientierter Interessengruppen gegenübersieht[139]. Ziel der pressure groups ist nicht die Einflußnahme auf Wahlergebnisse, sondern die direkte Beeinflussung der gegenwärtig betriebenen Politik. Annahmegemäß wird lediglich die Struktur der Handelspolitik betrachtet.

Während es Ziel der politischen Nachfrager ist, die Wohlfahrt der von ihnen repräsentierten Gruppe zu erhöhen, wird das Anbieterkalkül als Maximierung einer „political support function“ beschrieben. Die Argumente dieser Funktion sind die Zahlungen, oder allgemeiner, die Unterstützung der begünstigten Gruppe in Form von Transfers und Wählerstimmen[140], und, gewissermaßen als Gegengewicht, die Wohlfahrt der Gesamtbevölkerung. Der Transfer von Renten verschafft den amtierenden Politikern Rückhalt bei den Begünstigten und führt zu Widerstand bei den Gruppen, die von den eingesetzten Instrumenten negativ betroffen sind[141]. Auch im Modell von Grossman/Helpman wird allerdings der von der Regierung mit Hilfe der Interessengruppen erreichbare Nutzen auf die Summe der insgesamt eingeworbenen Wahlkampfhilfen begrenzt. Als Kostenkategorie fungiert wiederum die allgemeine Wohlfahrtssenkung. Andere Formen politischer Unterstützung, wie die Einflußnahme auf das Abstimmungsverhalten der Gruppenmitglieder, werden zwar als relevant ausgewiesen, doch anschließend sogleich wieder ausgeklammert.

[139] Grossman, G.M.; Helpman, E., 1994.

[140] Hillman, A.L., 1982; Vgl. auch die Formulierung des Regulierungsmodells bei Peltzman, S., 1976.

[141] „The authorities (...) maximize political support (...) balancing at the margin support from industry-specific interests who favor price rises against political disfavor due to consumer opposition.“, Hillman, A.L., 1982, S. 1181.

Im Modell wird Faktorimmobilität unterstellt. Folglich sind Interessen sektoral definiert, jedoch nicht zwangsläufig organisiert[142]. Die Interessengruppen signalisieren gegenüber der Regierung Zahlungsbereitschaften für alternative politische Handlungsschemata. Die Gebote korrespondieren mit der Wohlfahrt der Gruppenmitglieder bei unterschiedlichen Handelspolitiken. Die betriebene Handelspolitik beeinflußt die Konsummöglichkeiten der Gruppenmitglieder auf der Ausgabenseite über den Preisvektor der Konsumgüter und auf der Einnahmenseite über die Entlohnung, die die Eigentümer sektorspezifischer Produktionsfaktoren in Abhängigkeit vom inländischen Preis des entsprechenden Gutes erzielen. Eine interessante Eigenschaft der Zahlungsgebote („contribution schedules“) liegt darin, daß sie die tatsächlichen Präferenzen der Gruppen offenlegen. Es läßt sich nachweisen, daß es, unabhängig vom Verhalten konkurrierender pressure groups, für jede Gruppe rational ist, ihre wahre Zahlungsbereitschaft zu äußern. Es gibt keinen Anreiz, aus strategischen Erwägungen die tatsächlichen Präferenzen zu verschweigen.

Auf Basis der von den pressure groups unterbreiteten contribution schedules wählt die Regierung diejenige Handlungsalternative, die ihr im Hinblick auf die nächste Wahl maximale Unterstützung, definiert als gewichtete Summe von Zahlungen und nationaler Wohlfahrt, sichert[143]. Während finanzielle Zuwendungen zu Wahlkampfzwecken genutzt werden können, steigt mit der nationalen Wohlfahrt die Zufriedenheit der Bürger und damit die Wiederwahlwahrscheinlichkeit.

Grossman/Helpman entwickeln eine Reihe von Schlußfolgerungen hinsichtlich der Protektionsstruktur, die im politischen Prozeß erreicht wird: Ein hohes Protektionsniveau einer Industrie ist c.P. umso weniger wahrscheinlich, je höher die sozialen Kosten der Protektion sind. Sektoren mit hohen Preiselastizitäten der Nachfrage und hohem Importvolumen genießen geringeren Schutz, da der Widerstand konkurrierender Gruppen in diesen Fällen besonders intensiv ist. Sektoren mit höherem Organisationsgrad sind besser geschützt als Sektoren, in

---

[142] Der Organisationsgrad, der in den verschiedenen Sektoren erreicht wird, gilt im Modellrahmen als exogen. Verwiesen wird auf die Theorie kollektiven Handels von Olson, vgl. auch Abschnitt E.III.1.

[143] Die theoretischen Grundlagen werden im Rahmen der Analyse von „menu auctions“ dargestellt von Bernheim/Whinston. Als menu auction wird eine Situation beschrieben, in der verschiedene Bieter (die pressure groups) einem Auktionator (der Regierung) eine Liste von Geboten für jeweils verschiedene Handlungen unterbreiten. Bernheim, B. D.; Whinston, M. D., 1986.

denen die Eigentümer der spezifischen Inputs unorganisiert bleiben. Gleicher Organisationsgrad in allen Sektoren erhöht die Wahrscheinlichkeit für Freihandel, da erwartet werden kann, daß sich die pressure groups mit ihren Verteilungsforderungen gegenseitig neutralisieren. Schließlich steigt das Protektionsniveau global, je höher die Regierung finanzielle Zuwendungen verglichen mit der nationalen Wohlfahrt gewichtet.

Auch Grossman/Helpman sehen den Anwendungsbereich ihres Modells nicht auf die Protektionsstruktur einer Volkswirtschaft beschränkt. Vielmehr regen die Autoren an, auch die staatliche Ausgabenpolitik oder den Einsatz umweltpolitischer Instrumente in analoger Weise zu endogenisieren. Die Möglichkeit der gegenseitigen Neutralisierung der Interessengruppen führt zu einer Effizienzprognose, die, verglichen mit dem Modell von Magee u.a., wesentlich offener ausfällt: Freihandel oder eine Politik, die nur begrenzt in Märkte interveniert, kommen als politisches Gleichgewicht eher in Betracht als im probabilistic voting model. Dort sind alle politischen Parteien von Verteilungsinteressen instrumentalisiert, die im Falle eines Wahlsieges der unterstützten Partei tatsächlich zum Zuge kommen.

In der vorgestellten Form des Modells ist der Widerstand gegen Eingriffe in den Freihandel stets der Widerstand organisierter Interessen gegen ihre Benachteiligung als *Konsumenten* durch höhere Preise der im Inland gehandelten Güter. Die Autoren weisen jedoch darauf hin, daß wesentlich stärkerer Druck gegen Handelshemmnisse von den Mitgliedern anderer Gruppen in ihrer Eigenschaft als *Produzenten* erwartet werden kann, wenn die Produkte der geschützten Sektoren als Input in nachgelagerten Industrien benötigt werden[144]. Dieser Hinweis wird in der vorliegenden Arbeit bei der Analyse von Deregulierungsprojekten aufgegriffen. Deregulierung ist nach Ansicht des Verfassers Folge des Drucks organisierter Produzenteninteressen und weniger Folge der Aktivität von Konsumentenverbänden. Die pessimistische Lesart, nach der wohlorganisierte Produzentenverbände unorganisierte Endnachfrager durch Aktivitäten auf dem politischen Markt „ausbeuten" ist erheblich zu relativieren.

VI. Principal-Agent Probleme in der Politik

A priori ist nicht klar, ob die Analyse des Parteienwettbewerbs oder die des Wettbewerbs der Interessengruppen bei monopolistischem Angebot der frucht-

[144] Grossman, G.M.; Helpman, E., 1994, S. 849.

barere Weg zur Endogenisierung politischer Entscheidungen ist. Beide Ansätze haben ihre Berechtigung und können prinzipiell miteinander kombiniert werden. Ausgehend von einem Modell des Parteienwettbewerbs ist die Erweiterung um Modelle des Gruppenwettbewerbs zu begründen mit der Existenz von Principal-Agent-Problemen. Die Reduktion des politischen Marktes auf die Phase der Programmdefinition vor Parlamentswahlen zwingt nämlich zu der wenig plausiblen Schlußfolgerung, daß die politischen Entscheidungen der gesamten Legislaturperiode bereits am Wahlabend durch die dann feststehenden Mehrheitsverhältnisse determiniert sind.

Diese Sichtweise ist ohne Zweifel verkürzt. Zwischen Wahlterminen dürften sich der Regierungsparteien bzw. Koalition Handlungsspielräume eröffnen, die es ihnen erlauben, von ihren ursprünglich formulierten Positionen, also auch von den Interessen der sie im Wahlkampf unterstützenden Bevölkerungs- und Interessengruppen zumindest in begrenztem Umfange abzurücken. Vertragstheoretisch interpretiert, resultieren diese Spielräume aus unvollständig spezifizierten Verträgen.

Freiheiten für die jeweils regierende Partei ergeben sich auch dann, wenn Beschränkungen des politischen Wettbewerbs vorliegen, wenn es den politischen Konkurrenten an Wettbewerbsfähigkeit mangelt und wenn man berücksichtigt, daß der Einfluß von politischen Entscheidungen auf das Abstimmungsverhalten im Laufe der Zeit schnell schwindet, so daß Ereignisse in unmittelbarer Nähe des Wahltermins einen überproportionalen Einfluß auf den Wahlausgang haben[145]. In all diesen Fällen kann die Regierung vom politisch effizienten policy mix abweichen, ohne Gefahr zu laufen, ihre Mehrheit bei der nächsten Wahl einzubüßen[146]. Dies soll im folgenden erläutert werden:

Die Beziehung zwischen Wählern und Politikern in einer repräsentativen Demokratie läßt sich als Principal-Agent-Relation kennzeichnen[147]: Die Stimmabgabe entspricht einem Handlungsauftrag an den gewählten Politiker, entsprechend dem von ihm formulierten Programm zu verfahren. Agency-Probleme entstehen, da der mit der Stimmabgabe zustande gekommene Vertrag zum einen nur unvollständig spezifiziert sein kann und seine Einhaltung zum anderen auf-

---

[145] Diese können in Markteintrittsbarrieren (allgemeiner in Mobilitätsbarrieren) für neue Parteien oder Kandidaten bestehen. Derlei Wettbewerbsbeschränkungen werden im Modell von Magee, S.P. u.a. weitgehend vernachlässigt.

[146] Weck-Hannemann, H., 1991.

[147] Ursprung, H., 1991. Zur Agency-Theorie vgl. Fama, E., 1980.

grund hoher Informationskosten und asymmetrischer Informationsverteilung nur schwer zu kontrollieren ist. Ursprung weist darauf hin, daß eine Principal-Agent-Relation nicht nur zwischen Wählern und Gewählten besteht, sondern auch zwischen Interessengruppen und den Politikern, die von ihnen unterstützt werden[148]. Für das Handeln von Interessengruppen ergeben sich daraus zwei Konsequenzen: Auch jenseits von Wahlterminen bieten sich Möglichkeiten zur Einflußnahme auf den politischen Prozeß. Selbst eine Wahlniederlage der bevorzugten Partei reduziert den Einfluß der pressure groups nicht auf Null. Interessengruppen, die die Wahlverlierer unterstützt haben, können wiederum versuchen, den drohenden Schaden zu begrenzen und eine Verwässerung der gegen sie gerichteten Programmpunkte zu erreichen. Umgekehrt ergibt sich für diejenigen Gruppen, deren favorisierte Partei den Wahlsieg davongetragen hat, die Notwendigkeit, die Einhaltung der via campaign contributions zustandegekommenen „Verträge" zu überwachen. An Relevanz für das Handeln von pressure groups gewinnt auch der unmittelbar vor Wahlen bedeutungslose „access-Effekt", also der Versuch, die programmatische Ausrichtung der Parteien zu beeinflussen.

Zunächst soll die Agency-Beziehung konkretisiert werden. Sie basiert auf der Existenz von Unsicherheit und Komplexität. Diese zunächst sehr allgemeinen Kategorien lassen sich für den Bereich der Politik präzisieren etwa durch den Verweis auf Gewaltenteilung oder auf die Teilnahme an der internationalen Arbeitsteilung[149].

1. Unvollständige Verträge

„Vertragsgegenstand" für Wähler und Interessengruppen ist das Wahlprogramm der Partei. Die Restriktionen, die die Handlungsspielräume der Regierung zukünftig begrenzen, sind zum Zeitpunkt der Übereinkunft, also zwischen Programmformulierung und Wahltermin, jedoch noch nicht bekannt. Politische Willenserklärungen können somit nur für unmittelbar nach der Wahl anstehende Entscheidungen konkret formuliert sein, da man vom Fortbestand des status-quo oder von vergleichsweise gesicherten Prognosen ausgehen kann. Oppositionsparteien haben Probleme, selbst für die Zeit unmittelbar nach der eventuell gewonnen Wahl verbindliche Ankündigungen zu machen, da sie über die

---

148 Ursprung, H., 1991.

149 Ausgeblendet bleibt hier zunächst die Rolle der Bürokratie, bei der Agency-Überlegungen ebenfalls eine bedeutende Rolle spielen. Vgl. Abschnitt E.VII.

Handlungsspielräume, etwa über die Finanzierungsmöglichkeiten, schlechter informiert sind als die amtierende Regierung[150].

Ein theoretischer Ausweg aus dem Dilemma eines Vertragsabschlusses unter Unsicherheit ist die Formulierung eines Kontingenzkontraktes, der möglichen Umweltzuständen bestimmte Pflichten der Vertragsparteien zuordnet. So könnte sich eine Partei in ihrem Wahlprogramm verpflichten, den Einkommensteuersatz zu senken, falls die gesamten Steuereinnahmen um einen gewissen Prozentsatz steigen.

Es ist allerdings unmöglich, sämtliche Umweltzustände für eine volle Legislaturperiode von vier oder fünf Jahren zu benennen und gleichzeitig jedem einzelnen Zustand Handlungsalternativen zuzuweisen. Die hohe Komplexität der gesellschaftlichen und ökonomischen Abläufe, der nur eine begrenzte Rationalität auf Seiten derer gegenübersteht, die politische Verträge aushandeln, verbietet die Formulierung derart kontingenter Programme[151].

Unsicherheit und Komplexität lassen sich für den hier diskutierten Bereich an zahlreichen Beispielen verdeutlichen. Knappe Illustrationen mögen an dieser Stelle reichen:

Die meisten modernen Demokratien praktizieren ein System der Gewaltenteilung. So können mehrere Parlamentskammern mit wechselseitigen Kontrollbefugnissen existieren. In Präsidialdemokratien wie in Frankreich oder den USA ist eine parlamentarische Mehrheit für die Partei(-en) denkbar (und auch nicht unüblich), die nicht die Regierung stellt, da Parlaments- und Präsidentenwahlen (auch zeitlich) getrennt sind. In föderalen Systemen wie der Bundesrepublik existieren unterhalb der bundesstaatlichen Ebene weitere gesetzgebende Körperschaften, deren Befugnisse die Reichweite von Entscheidungen der zentralen Legislative begrenzen können. Dies gilt in verstärktem Maße, wenn die politischen Mehrheitsverhältnisse voneinander abweichen[152].

Wichtige wirtschaftspolitische Instrumente können in der Hand von Institutionen sein, die dem Einfluß der Regierung mehr oder weniger weit entzogen sind: So etwa im Fall einer autonomen Zentralbank oder einer Wettbewerbsbe-

---

[150] Dies schließt nicht aus, daß sie es dennoch tun.

[151] Vgl. hierzu Williamson O.E.; u.a., 1975.

[152] So in der Bundesrepublik in der ersten Hälfte der 90er Jahre.

hörde mit diskretionärem Spielraum. In den Staaten Europas gehen zudem mehr und mehr Kompetenzen auf die Organe der Europäischen Union über, was die Handlungsspielräume der nationalen Administrationen zunehmend einengt.

Eine unabhängige Justiz kann die Möglichkeiten zu politischen Kurswechseln begrenzen, etwa indem sie Gesetzen die Verfassungskonformität abspricht oder in einem System ausgeprägten Richterrechts die Neuinterpration von legalen Normen strikt verweigert[153].

Über Möglichkeiten, die Durchsetzung von Entscheidungen der Legislative zu behindern oder zu verzögern, verfügt schließlich auch die Bürokratie. Sie wird im folgenden Abschnitt als eigenständiger Anbieter von Renten analysiert.

Ein weiterer Unsicherheitsfaktor ist die außenwirtschaftliche Entwicklung. Volkswirtschaften, die intensiv in die internationale Arbeitsteilung eingebunden sind, befinden sich untereinander in einer spürbaren Reaktionsverbundenheit. Über die internationalen Handels- und Kapitalströme sind offene Volkswirtschaften in ihrer wirtschaftlichen Entwicklung miteinander verknüpft. Die konjunkturelle Entwicklung ist interdependent. Der Erfolg vieler Maßnahmen hängt nicht zuletzt von den Reaktionen der anderen „Spieler" ab. Dies gilt für die Handelspolitik, aber auch für Vorhaben der Technologie- oder Industriepolitik. Die strategische Spielsituation ist komplex, so daß die Reaktionen der anderen Staaten nicht mit Sicherheit vorhersehbar ist. Die zugesicherte Erhebung eines Einfuhrzolls kann etwa an der Unvereinbarkeit mit den Statuten des GATT bzw. der WTO scheitern oder Reaktionen von Handelspartnern provozieren, die eine Revision der ursprünglichen Pläne erzwingen.

Diese knappen Ausführungen machen deutlich, daß die Formulierung von Parteiprogrammen, die für alle möglichen Umweltzustände konkrete Handlungen festschreiben, kaum möglich sein dürfte. Der zustandekommende implizite Vertrag zwischen Interessengruppen und Wählern einerseits und Politikern und Parteien andererseits ist zwangsläufig unvollständig. Ziele sind nicht exakt quantifizierbar, die zu ihrer Erreichung einzusetzenden Instrumente nicht detailliert zu benennen. Die Konkretisierung des Vertrages erfolgt im Verlauf der Legislaturperiode.

---

[153] Gerichte mögen etwa im Sinne der Administration entscheiden, die sie eingesetzt hat. In diesem Sinne wird die Justiz zu einer Instanz, die politische zugewiesene Renten gegen Regierungswechsel immunisiert und sie so für ihre Nachfrager wertvoller macht. Vgl. Landes, W.M.; Posner, R., 1975.

Die mangelnde Konkretisierung und Operationalisierung erlaubt dem Prinzipal keine exakte Erfolgskontrolle. Ist die bloße Feststellung von Vertragsverletzungen schon äußerst schwierig, so gilt dies erst recht für die Frage, ob politische Erfolge oder Mißerfolge dem Verantwortungsbereich der jeweiligen Regierung zuzuordnen sind, oder ob sie zu Lasten (oder zu Gunsten) von Umständen gehen, die diese nicht zu vertreten hatten. Politische Erfolgskontrolle erfordert von Wähler und Interessengruppen in jedem Falle ein hohes Maß an Informiertheit. Tatsächlich dürfte aber eine beträchtliche Informationsasymmetrie zugunsten der Politiker bzw. der Regierung bestehen, die genutzt werden kann, um Informationen nur selektiv zugänglich zu machen. Auch das Interesse der Opposition an der Bereitstellung von Informationen, die offiziellen Verlautbarungen der Regierung entgegenstehen, schafft hier nur einen begrenzten Ausgleich.

Umfassende und dazu unabhängige Informationen lassen sich nur beschaffen, wenn von den Prinzipalen die Kosten in Form von Zeit und Geld getragen werden. Der Kollektivgutcharakter von Informationen läßt allerdings vermuten, daß der Informationsstand der Prinzipale nicht nur unvollständig, sondern zudem suboptimal ist. Dies eröffnet der Regierungspartei unkontrollierte Handlungspielräume gegenüber ihren Vertragspartnern, die es ihr erlauben von einmal gemachten Zusagen wieder abzurücken. Dies ist einerseits zweckmäßig, da die Vertragsgrundlage weggefallen oder verändert sein kann, ohne daß dies die Vertragspartner zu vertreten haben. Die durchgängig angewandte Eigennutzhypothese läßt aber auch eine fahrlässige oder vorsätzliche Vertragsverletzung des Agenten, also der Politiker möglich erscheinen. Relevant ist hier auch die Möglichkeit von „moral hazard", hier verstanden als unzureichende Vorsorge gegen den Eintritt von Ereignissen, die dem Vertragspartner Schaden zufügen.

Der Spielraum des Agenten zu eigennützigem Handeln ist, wie angedeutet begrenzt durch die Kontroll- und Sanktionsmöglichkeiten des Prinzipals. Auch hier ist eine Trennung zwischen Interessengruppen einerseits und Wählern als Einzelne andererseits sinnvoll. Es können nämlich systematische Unterschiede vermutet werden, die abermals darauf hindeuten, daß Gruppeninteressen im politischen Prozeß bessere Durchsetzungschancen als Gemeinwohlinteressen haben.

2. Kontroll- und Sanktionsmöglichkeiten - Wähler vs. Interessengruppen

Die Möglichkeiten und Anreize einzelner Wähler, den laufenden politischen Prozeß zu kontrollieren und zu ihren Gunsten zu beeinflussen bzw. die von ihnen gewählten Politiker zu überwachen und die Einhaltung von Wahlaussagen einzufordern, sind begrenzt.

Daß Wähler ihre Kontrollfunktion nur sehr eingeschränkt wahrnehmen, folgt erneut aus der Annahme rationaler Unwissenheit. Die Einholung und Verarbeitung der notwendigen Informationen verursacht auszahlungsrelevante Kosten, etwa für Abonnements mehrerer Tageszeitungen oder Nachrichtenmagazine, ist in jedem Falle zeitaufwendig, geht mithin zu Lasten konkurrierender Verwendungen wie Freizeit oder Erwerbstätigkeit. Ein hoher Informationsstand mag bereits an sich Nutzen stiften, ist jedoch dadurch in seiner Attraktivität begrenzt, daß die Möglichkeiten zur Einflußnahme auf den politischen Prozeß gering sind.

Die Optionen, die Bürger jenseits von Wahlterminen zur Beeinflussung des politischen Willensbildungsprozesses wahrnehmen können, sind Protest und Abwanderung[154]. Abwanderung ist hier gleichbedeutend mit der Verlagerung (ökonomischer) Aktivitäten ins Ausland, etwa der Wechsel des Wohnsitzes, des Arbeitsplatzes o.ä.. Die Kosten der Abwanderung sind in der Regel beträchtlich, so daß die „Abstimmung mit den Füßen" nur bei erheblichen Nutzendifferentialen relevant sein dürfte. Andererseits - und dies spricht für die diszplinierende Wirkung von privaten Standortentscheidungen - sind die Erträge der Abwanderungsentscheidung zu großen Teilen privatisierbar. Kollektives Handeln ist daher für dies Form der politischen Willensbekundung nicht notwendig.

Widerspruch bzw. Protest verspricht nur dann Erfolg, wenn er nicht auf einzelne beschränkt bleibt. Er ist ein effektives Instrument der Einflußnahme auf den politischen Prozeß, wenn große Bevölkerungsgruppen aktiv teilnehmen oder sich zumindest mit den Protestierenden solidarisieren. Politiker werden Protest dann berücksichtigen, wenn sie ihn als Signal für drohenden Stimmenverlust interpretieren oder wenn sie befürchten müssen, daß Protestaktionen weitgehende negative Auswirkungen auf die Ökonomie haben, die letztlich ihnen selbst angelastet würden. Das wäre etwa dann der Fall, wenn es in Wirtschaftssektoren zu Streiks kommt, die für die Versorgungslage der Bevölkerung

---

[154] Hirschman, A.O., 1970.

kritische Bedeutung haben, oder wenn die Produkte der bestreikten Industrie wichtige Vorleistungen für andere Sektoren darstellen, wie etwa Energie[155]. Protestaktionen haben die Funktion, bestimmte Probleme auf der politischen Agenda auf eine der vorderen Stellen zu bringen, indem sie ihre Bedeutung für Wahlentscheide erhöhen. Dies kann etwa durch eine starke Medienpräsenz erreicht werden.

Protest ist für die Beteiligten mit privaten Kosten verbunden, sein Ergebnis hat Kollektivgutcharakter. Folglich gilt es das Trittbrettfahrerproblem zu überwinden. Die Logik des kollektiven Handelns prognostiziert, daß kleine Gruppen, relativ zu ihrer Größe, mehr von dem Gut „Protest" bereitstellen können als große Gruppen. Politische Entscheidungen, die eine große Zahl von Wählern schlechterstellen, bergen somit ein relativ geringeres Widerspruchspotential als Politiken, die kleine Gruppen benachteiligen.

Widerspruch lohnt sich c.p. um so mehr, je größer die Auswirkungen politischer Entscheidungen auf die individuelle Situation sind. Regelmäßig wird dies (in entwickelten Volkswirtschaften) nur dann der Fall sein, wenn die Seite der Einkommenserzielung betroffen ist. Bürger werden daher zumeist in ihrer Arbeitnehmereigenschaft und nicht etwa in ihrer Konsumenteneigenschaft an Protestaktionen teilnehmen. Zugleich gilt, daß sie als Arbeitnehmer und nicht als Nachfrager in eine Organisation, nämlich eine Gewerkschaft, eingebunden sind, die drohendes Freifahrerverhalten unterbinden kann. Denn nur wenn das Protestpotential eine kritische Größe erreicht, sind Auswirkungen auf den politischen Prozeß zu erwarten. Der Protest Einzelner bleibt dagegen unwirksam.

Die Konsequenzen für die Spielräume von Politikern sind evident: Unmittelbarer Kontrolle und Sanktionen durch Proteste sind sie nur dann unterworfen, wenn sie gegen die wohldefinierten Interessen gut organisierter Bevölkerungsgruppen verstoßen, also etwa dann, wenn sie Maßnahmen ergreifen, die zu unmittelbaren Einkommenseinbußen für die Beschäftigten einer Branche führen. Vergleichsweise geringer Protest ist dagegen zu erwarten, wenn die Kosten breit gestreut sind, auf der Nachfrageseite auftreten und wenig auszahlungwirksam sind, selbst wenn sie per Saldo die Wohlfahrt schmälern.

Daneben gibt es noch weitere Argumente dafür, daß der Druck des politischen Wettbewerbs auf amtierende Politiker zwischen Wahlterminen geringer

---

[155] Vgl. etwa den Einfluß des Protestpotentials der Ruhrbergleute auf die deutsche Energiepolitik in den 60er und 70er Jahren.

ist: Die „Halbwertzeit“ politischer Ereignisse in der Wahrnehmung durch die Wähler ist sehr klein. Ist der Abstand zum nächsten Wahltermin noch hinreichend groß, müssen Politiker kaum befürchten, durch Mißerfolge oder unpopuläre Entscheidungen ihre Wahlchancen zu schmälern, da sie auf rasches Vergessen hoffen können und zudem noch genügend Zeit haben, das Meinungsklima bei näherrückendem Wahltermin wieder zu ihren Gunsten zu beeinflussen.

Kosten-Nutzen Kalküle lassen abermals erwarten, daß eine Ausrichtung politischen Handelns am Ziel der Wohlfahrtsmaximierung selbst dann nicht zwingend ist, wenn die Ankündigung einer so angelegten Politik für das Gewinnen von Wahlen notwendig sein sollte. Denn Wähler verfügen jenseits von Wahlterminen über nur begrenzte Kontroll- und Sanktionsmöglichkeiten gegenüber den politisch Entscheidenden. Es wird im folgenden gezeigt, daß - wie bereits angedeutet - organisierte Gruppen auch hier im Vorteil sind[156].

Im Rahmen des probabilistic voting model schließen Interessengruppen mit Politikern implizite Verträge, indem sie als Gegenleistung für die Promotion ihrer Verteilungsinteressen finanzielle Mittel bereitstellen. Es ist wenig wahrscheinlich, daß es für sie rational ist, die Beobachtung des Verhaltens der Politiker im laufenden Entscheidungsprozeß zu vernachlässigen und diese gegebenenfalls negativ zu sanktionieren. Aber auch konkurrierende Interessengruppen können versuchen, Politiker zum Abrücken von ihren zunächst eingenommen Positionen zu veranlassen. Hier liegt folglich wiederum ein Anwendungsfeld von Modellen des Interessengruppenwettbewerbs.

Interessengruppen verfügen über die notwendigen Informationen, um Kontrollfunktionen wahrzunehmen bzw. haben starke Anreize, sich Informationen über die Bereiche der Politik zu verschaffen, die die Belange ihrer Klientel berühren. Die Bereitstellung dieser Informationen für ihre Mitglieder ist einer ihrer wesentlichen Organisationszwecke. Ein hoher Kenntnisstand ist für die Gruppenmanager unabdingbar, um ihren Führungsanspruch gegenüber den Mitgliedern legitimieren zu können. Er ist notwendig. um die Ziele der Gruppe so weit wie möglich zu erreichen. Die Hypothese rationaler Ignoranz, die für die Wähler als Einzelne unterstellt wurde, gilt für Interessengruppen nicht.

---

[156] Anzumerken ist, daß die Ausübung von Widerspruch auch Bevölkerungsgruppen offensteht, die über keine oder nur geringe finanzielle Möglichkeiten verfügen, dafür aber über Zeit. Diesen Gruppen würde etwa im Rahmen des probabilistic voting-Modells keinerlei Einfluß zugewiesen.

Auch die Sanktionsmöglichkeiten sind für organisierte Gruppen wesentlich besser als für einzelne Wähler. Sofern den Politikern und Parteien, wie es in den referierten Modellen politischen Wettbewerbs unterstellt wird, finanzielle Unterstützung gewährt wird, ist der (angedrohte) Entzug derselben, etwa vor der nächsten Wahl, opportunes Druckmittel. Die Drohung ist zudem glaubwürdig, da die Annäherung einer Partei an das Programm der politischen Wettbewerber das Nutzendifferential, das sich aus verschiedenen Wahlausgängen ergibt, schrumpfen läßt und so die optimale Höhe der Zuwendungen sinkt.Als Fazit bleibt: Die Einhaltung impliziter Verträge ist von organisierten Interessengruppen besser zu kontrollieren und gegebenenfalls zu sanktionieren als von unorganisierten Wählern. Insofern erfährt die deterministische Sicht des probabilistic voting model einer ex-ante Festlegung der betriebenen Politik eine gewisse Bestätigung. Sie ist allerdings zu relativieren, wenn berücksichtigt wird, daß konkurrierende pressure groups versuchen, die Amtsinhaber zum Bruch ihrer geschlossenen „Verträge“ zu bewegen und mit diesem Bemühen auch erfolgreich sein können.

VII. Bürokratische Institutionen als Anbieter auf politischen Märkten

Die bisher behandelten Modelle betrachteten auf Seiten der politischen Anbieter ausschließlich Politiker bzw. politischen Parteien. Dies ist der Bereich der „special interest legislation“, womit die Durchführung rentenschaffender Markteingriffe oder auch direkter Transfers im Rahmen der Gesetzgebung umschrieben ist. Vernachlässigt wurde dagegen die Rolle ausführender Organe, namentlich die Rolle der Bürokratie.

Die Berücksichtigung der Bürokratie als eigenständiger Anbieter regulierender oder deregulierender und damit rentenschaffender Eingriffe in Märkte ist dann sinnvoll, wenn sowohl Nutzenmaximierungsverhalten der Bürokraten als auch die Existenz eines diskretionären Entscheidungsspielraums vermutet wird. Modelle positiver Regulierungstheorie, wie sie von Stigler und Peltzman entwickelt worden sind, versuchen ebenfalls, die Struktur regulierender Eingriffe zu erklären, begreifen Regulierung jedoch als Instrument von Politikern, die, so bei Peltzman, Stimmenmaximierung betreiben[157]. Aus diesem Grund sind sie eher der Klasse von Modellen zuzuordnen, die Politiker auf der Anbieterseite

[157] Stigler, G.J., 1971; Peltzman, S,. 1976.

betrachten. Dennoch können einige der dort entwickelten Überlegungen auch auf bürokratisch vermittelte Regulierung angewandt werden.

Behörden, genauer die in Behörden eingebundenen Akteure, müssen die Möglichkeit haben, zwischen Alternativen zu wählen. Besitzen bürokratische Organisationen lediglich sehr enge Ermessensspielräume bei der Auslegung und Anwendung gesetzlicher Regeln[158], kommen sie als autonomer Teilnehmer auf dem politischen Markt nicht in Betracht. Die Sichtweise, die Bürokratien als durchweg ausführende Organisationen ohne eigenen Handlungsspielraum begreift, stimmt nach wohl einhelliger Auffassung mit der Wirklichkeit nicht überein.

Zwar sind Behörden de jure entweder direkt weisungsgebunden oder in ihrer Tätigkeit durch Gesetze und Verordnungen eng reglementiert. Dennoch ist ihnen de facto zumeist ein nicht unerheblicher Handlungsspielraum zuzubilligen. Auch ist auf die Existenz unvollständiger Verträge und hoher Transaktionskosten, hier der Kosten der Kontrolle des Behördenhandelns durch politische Gremien, wie etwa Parlamentsausschüsse, zu verweisen. Bürokratischen Institutionen obliegt die Durchführung bzw. Anwendung von in Gesetzesform oder in Form von Direktiven für das Verwaltungshandeln vorliegenden politischen Vorgaben. Sie agieren in diesem Sinne als Agent für die gesetzgebenden Körperschaften. Die Principal-Agent-Relation basiert, wie bereits ausgeführt, in einer unsicheren und komplexen Umwelt auf einem unvollständigen Vertrag. Unsicherheit besteht, da legale Regeln in Unkenntnis der Umstände ihrer konkreten Anwendung definiert werden müssen. Komplexität verhindert die Formulierung kontingenter Regeln, die alle möglichen Umweltzustände berücksichtigen. Für gesetzgebende Körperschaften bleibt somit nur die Alternative, entweder „per-se“ Regeln zu erlassen, die keinerlei Auslegungsspielraum bieten und dabei Gefahr zu laufen, daß die Regel im Einzelfall ineffizient ist, oder den ausführenden Organen Spielräume zu gewähren[159].

---

158 Messerlin konstatiert für die Handelspolitik der USA: „ ...U.S. politicians determine the degree of protectionism (they have the „high policy track“) while U.S. bureaucrats just apply narrowly defined legal rules (the „low policy track“). Messerlin. P.A., 1981, S. 469.

159 Dies entspricht der „rule of reason“. Die optimale Regelformulierung wird auch in der Wettbewerbspolitik kontrovers diskutiert. Das Bundeskartellamt verfügt etwa über Entscheidungskompetenz hinsichtlich der Tolerierung von Kartellen gemäß §§ 2-8 GWB.

Der ökonomische Ansatz der Bürokratietheorie geht davon aus, daß die Akteure in bürokratischen Organisationen bei der Wahl zwischen Handlungsalternativen diejenige präferieren, die ihren Nutzen maximiert. Somit unterscheidet sich ihr Verhalten nicht prinzipiell von dem aller anderen ökonomischen Akteure[160]. Durch die strikte Verwendung dieser Annahme unterscheidet sich die Konzeption der ökonomischen Bürokratietheorie von soziologischen Ansätzen oder von Konzepten der Politikwissenschaft. Zentrale Fragestellungen sind die nach dem Verhalten von ökonomischen Akteuren innerhalb der Bürokratie[161] oder allgemein nach dem Nachfrager- und Anbieterverhalten einer Behörde auf Faktor-, Produkt- und vor allem auf politischen Märkten[162]. Diese Analyse gleicht der, die von Ökonomen üblicherweise auch auf private Unternehmen angewendet wird. Von Interesse ist somit, welche Ressourcen eine Behörde beansprucht und wie ihr damit erstelltes Angebot qualitativ und quantitativ beschaffen ist.

Die ökonomische Bürokratietheorie schließt Konflikte zwischen den Zielen einer Behörde und den Zielen der ihr übergeordneten gesetzgebenden Körperschaft nicht aus. Darüberhinaus vermutet sie, daß Behörden in Konfliktfällen ihren Zielen soweit wie möglich Priorität einräumen. Für Regierung und Parlament ergibt sich somit die Notwendigkeit, Kontrolle auszuüben, um behördliches Handeln gemäß ihren Intentionen zu sichern.

Die Kontrollmöglichkeiten der Politiker werden nun aber zuallererst beschränkt durch die (begrenzte) Verfügbarkeit detaillierter und vor allem unabhängiger Informationen über das konkrete Verhalten der Behörde. Politische Kontrolleure sind entweder auf Informationen angewiesen, die von der zu überwachenden Institution selbst bereitgestellt werden und deren unbedingte Objektivität folglich in Zweifel zu ziehen ist, oder sie müssen eigene Erhebungen durchführen. Letzteres ist, wenn die Kooperation der Bürokratie nicht oder nur in begrenztem Umfang erforderlich sein soll, schwierig und wenigstens sehr kostenträchtig. Hier müssen folglich erhebliche Transaktionskosten der Kontrolle vermutet werden.

---

160 Die ökonomische Theorie der Bürokratie wurde fundiert durch die Arbeiten von Niskanen. Vgl. vor allem Niskanen,W.A., 1971.

161 Vgl. Tullock, G., 1965; Downs, A., 1967.

162 „What budget and output behavior should be expected of bureaus under different conditions?“, Niskanen, W.A., 1971, S.9.

1. Budgetmaximierung als Ziel der Bürokratie

Wie bereits angedeutet, wird angenommen, daß Bürokraten sich als Eigennutzmaximierer verhalten[163]. Zunächst ist somit näher zu bestimmen, welche Ziele sie dabei verfolgen. Bürokraten[164] werden wie alle anderen Arbeitnehmer an einer Maximierung ihres monetären Einkommens interessiert sein. Daneben dürften aber auch Prestige, Einfluß und die Position in der internen Hierarchie in die Nutzenfunktion eingehen.

Die Handlungsalternativen von Behörden unterscheiden sich systematisch von denen der Politiker. Bürokraten verfügen über einen Handlungsspielraum, der durch ihren jeweiligen Tätigkeitsbereich determiniert ist, während Politiker zumindest theoretisch Entscheidungen zu allen Bereichen der Ökonomie oder allgemeiner der Gesellschaft treffen können[165]. Die Möglichkeiten der Bürokratie, Renten direkt abzuschöpfen, sind ungleich geringer als die von Politikern, die in Form von Parteispenden, politischer Unterstützung und - in Grenzen - eigenem Einkommen direkte Gegenleistungen für „special interest legislation" realisieren können. Diese Optionen scheiden, abgesehen von Bestechungsgeldern, für Angehörige der Bürokratie aus. Sie sind folglich darauf angewiesen, ihren Nutzen auf andere Art und Weise zu mehren. Es ist folglich nicht möglich, den Einfluß von Interessengruppen auf die Bürokratie im Modellrahmen durch finanzielle Zuwendungen abzubilden[166].

Zunächst gilt, daß das zu erzielende Gehalt mit dem Umfang der Behörde wächst, da große Behörden bessere Aufstiegsmöglichkeiten bieten und höhere Besoldungskategorien beinhalten. Zugleich wächst auch das Prestige der Behörde und ihr öffentliches Ansehen mit ihrer Größe. Die Nutzenmaximierungs-

---

[163] Oder negativ definiert: „... bureaucrats are people who are, at least, not entirely motivated by the general welfare or the interests of the state." Niskanen, W.A., 1971, S. 36.

[164] Die Begriffe Bürokrat, Bürokratie oder Behörde werden hier synonym verwendet. Organisationsinterne Konflikte und auch Probleme kollektiven Handelns werden so - in starker Vereinfachung - ausgeschlossen.

[165] Vgl. Messerlin, P.A., 1981, S. 471.

[166] Allerdings können Bürokraten Beschäftigungsmöglichkeiten im privaten Sektor der Ökonomie offeriert werden.

annahme läßt sich folglich für Bürokraten konkretisieren als Streben nach Vergrößerung der Behörde oder knapper als Budgetmaximierung[167].

Die ökonomische Bürokratietheorie, die auf der Budgetmaximimierungsannahme aufbaut, kann die erstmalige politische Entscheidung für die Regulierung bestimmter Sektoren nicht erklären[168]. Ihr Beitrag zur Endogenisierung institutioneller Markteintrittsschranken besteht darin, mit ihrer Hilfe näher zu bestimmen, wie Behörden ihren Spielraum beim Ausführen der politischen Vorgaben nutzen, wie hoch administrative Eintrittshemmnisse letztlich ausfallen und welche Formen der Eintrittsregulierung von Behörden präferiert werden.

Ist die Regulierungsentscheidung auf politischer Ebene getroffen und werden der durchführenden Behörde Entscheidungsbefugnisse zugewiesen, so prognostiziert die Bürokratietheorie, daß diese ihren Handlungsspielraum verwendet, um den Nutzen der Institution und ihrer Mitglieder zu maximieren. Zu diesem Zweck wird eine Behörde bemüht sein, ihre Existenz dauerhaft zu sichern. Sie wird demnach alles vermeiden, was zu einem Wegfall des ursprünglichen Regulierungsgrundes führen könnte. Deregulierungstendenzen wird sie sich nach Möglichkeit widersetzen bzw. ein Verfahren befürworten, daß den Kompetenzverlust in Grenzen hält oder im Gegenzug neue Befugnisse definiert. Behörden profitieren dabei von ihrem Informationsvorsprung gegenüber der Legislative. Eine Neuverhandlung der Regulierungsentscheidung findet auf der Basis von Informationen statt, die von der Bürokratie selbst bereitgestellt werden. Es ist zu erwarten, daß die Aufbereitung und Präsentation der relevanten Daten stets einen bias zugunsten des (regulierten) status quo enthält.

Behörden, die mit einem Regulierungsauftrag betraut sind, werden diesen extensiv auslegen, um so ihren Etat, die Anzahl der zugewiesenen Planstellen u.ä. zu erhöhen. Ein wichtiges Instrument ist die Wahl eines möglichst aufwendigen Regulierungsverfahrens. Die dabei entstehenden Mehrkosten werden von der Ökonomie insgesamt getragen. Der höhere Faktoreinsatz der Behörde stellt für diese nicht etwa Kosten dar, sondern im Gegenteil einen Ertrag, da er sich etwa in zusätzlichen Planstellen ausdrückt. Umgekehrt besteht kein Anreiz zu mehr Effizienz bzw. höherer Produktivität, da die Behörde keine Möglichkeit hat, sich Einsparungen anzueignen, sondern im Gegenteil Gefahr läuft, mit

---

[167] Niskanen, W.A., 1971, S. 38.

[168] Da Regulierung fast immer Eintrittsregulierung, also institutionelle Markteintrittsschranken umfasst, ist der Regulierungsbeschluß gleichbedeutend mit der administrativen Begrenzung des Marktzugangs.

Budgetkürzungen konfrontiert zu werden. Folglich kann ihr an freiem Markteintritt, der mittels der disziplinierenden Wirkung potentieller Konkurrenz die Unternehmen zu Kostendisziplin zwingt und die Behörde von Kontrollaufgaben entlastet, nicht gelegen sein. Potentieller Wettbewerb kann Regulierungsbürokratien überflüssig machen und wird deshalb von diesen nach Möglichkeit beschränkt.

Die Gestaltung des Markteintrittsverfahrens ist für die Aufsichtsbehörde umso attraktiver, je aufwendiger es ist und je größer der ihr zuwachsende diskretionäre Handlungsspielraum ausfällt. Die von Ökonomen regelmäßig vorgeschlagenen Auktionsverfahren, die Markteintritt etwa in natürlichen Monopolen an die die Höhe des Gebotes koppeln, dürften nicht zuletzt aus diesen Gründen selten realisiert werden. Wesentlich attraktiver für die Behörde sind dagegen Verfahren, die den Markteintritt an die Erfüllung detaillierter Zulassungskriterien knüpfen. Hier entscheidet, gegebenenfalls nach aufwendigen Prüfungsverfahren, die Bürokratie und nicht der Markt, wer den Markteintritt vollziehen darf.

Für eine restriktiv gehandhabte Eintrittsregulierung spricht die Überlegung, daß das „Schicksal" der Regulierungsbehörde, ihre Existenz und ihr Prestige, mit der Situation der von ihr beaufsichtigten Branche eng verknüpft ist. Es existiert eine zumindest partielle Identität der Interessen von Regulierungsbehörde und regulierten Unternehmen bzw. Branchen. Beide haben das gemeinsame Interesse, Wachstumsprozesse zu fördern und umgekehrt Schrumpfungsprozesse zu stoppen oder doch zeitlich zu strecken. Operationale Ziele im letzten Fall sind die Aufrechterhaltung des Beschäftigungsstandes oder die Sicherung der Einkommensposition der Faktoranbieter. Dieses „konservative" Verhalten impliziert Widerstand etwa gegen Marktanteilsgewinne ausländischer Konkurrenten.

Auch der Markteintritt inländischer Anbieter kann den Interessen der Regulierungsbehörde entgegenlaufen: Dies gilt zum einen deswegen, weil zwischen etablierten Unternehmen und Behörde im Laufe der Zeit ein informelles Übereinkommen hinsichtlich der Zusammenarbeit entstehen kann, dessen Fortbestehen nur gesichert werden kann, wenn beide Seiten die Interessen des anderen respektieren. Etablierte Unternehmen können Reputation in dem Sinne genießen, daß sie sich für die Behörde etwa dadurch als verläßlicher Partner erwiesen haben; daß sie Handlungsspielräume nicht zulasten der Nachfrager genutzt und die Aufsichtsorgane nicht in Mißkredit gebracht haben. Newcomer genießen diese Reputation nicht. Zudem stört der Markteintritt neuer Anbieter das bestehende Gleichgewicht der Interessen und zwingt zu neuen Arrangements, die von einer auf Sicherheit bedachten Bürokratie gescheut werden dürften.

Behörden werden folglich eine restriktive Praxis der Eintrittsregulierung verfolgen und etablierte Anbieter, wenn der Regulierungsauftrag dies gestattet, vor Markteintritten schützen. Andererseits kann der Regulierungsbehörde nicht daran gelegen sein, Markteintritte unwiderruflich auszuschließen, da sie so ein wichtiges Instrument zur Disziplinierung der zu beaufsichtigenden Unternehmen aus der Hand geben würde. Es ist mithin keineswegs ausgeschlossen, daß auch in einem Szenario bürokratisch gehandhabter Markteintrittsschranken von potentiellen Konkurrenten Druck auf die etablierten Anbieter ausgeübt wird.

Anders als in einem Marktszenario führt dieser Druck allerdings nicht per se zu höherer Effizienz, sondern zwingt die etablierten Unternehmen zunächst nur zur Kooperation mit der eintrittsregulierenden Behörde. Die Auswirkungen auf das Marktergebnis hängen folglich von deren Präferenzen ab: Ist das Ziel eine möglichst gute Konsumentenversorgung, so kann die Behörde entsprechendes Verhalten der Unternehmen mit der Drohung, anderenfalls den Markteintitt zu liberalisieren, nachdrücklich einfordern. Abweichende Zielsetzungen der Regulierungsinstanz, und diese sind nicht auszuschließen, führen allerdings ggf. auch zu gesamtwirtschaftlich weniger befriedigenden Ergebnissen.

2. Das Protektionsangebot im Bürokratiemodell von Messerlin

Arbeiten, die sich explizit mit der Rolle der Bürokratie bei der Festlegung des Protektionsniveaus einzelner Branchen, zumeist verstanden als Schutz gegen ausländische Anbieter, befassen, sind weniger zahlreich als solche, die sich mit dem Angebotsverhalten politischer Parteien auseinandersetzen. Messerlin kritisiert die Vernachlässigung der Rolle der Bürokratie bei der Festlegung der Handelspolitik, die für Modelle der endogenen Zolltheorie nicht untypisch ist, gerade im Hinblick auf die Entscheidungsprozesse in der Europäischen Union[169]. Tatsächlich dürfte der einer Branche gewährte Schutz gegen Importkonkurrenz in Europa nicht durch die autonome Politik der nationalen Regierungen, sondern durch die Entscheidungsprozeduren der Europäischen Kommission und ihr Zusammenwirken mit dem Rat bestimmt werden.

---

[169] Messerlin, P.A., 1981.

Das von Messerlin konstruierte Modell basiert nicht auf der Annahme strikt eigennutzmaximierender Bürokraten, gelangt aber letztlich zu vergleichbaren Resultaten. Maxime des Behördenhandelns ist die Maximierung einer sogenannten konservativen Wohlfahrtsfunktion. Dies impliziert, daß für die Maximierungsinstanz Politiken unakzeptabel sind, die für einzelne Bereiche der Ökonomie per Saldo Einkommenseinbußen zur Folge haben. Kompensation der Verlierer muß folglich nicht nur prinzipiell möglich sein, sondern tatsächlich durchgeführt werden.

Im Gegensatz zum Konstrukt des mit umfassenden Kompetenzen ausgestatteten „wohlwollenden Diktators", kontrollieren Behörden zumeist nur einen kleinen Teilbereich der Ökonomie - die von ihnen regulierte oder beaufsichtigte Branche. Folglich fehlt ihnen die Möglichkeit, Verlierer von insgesamt wohlfahrtssteigernden Maßnahmen aus dem Einkommenszuwachs der Gewinner zu kompensieren. So veranlaßt weltwirtschaftlicher Strukturwandel, der in einer Branche zu einem Einkommensrückgang führt, die zugeordnete Behörde, Abwehrmaßnahmen in Form von Handelshemmnissen zu implementieren, um diesem entgegenzuwirken. Selbst wenn Freihandel die Ökonomie insgesamt nach wie vor besserstellt, kommt es zu Handelsbeschränkungen, wenn, was die Regel sein dürfte, keine „Tauschgeschäfte" zwischen verschiedenen Behörden möglich sind.

Existieren solche Tauschmöglichkeiten, so können Behörden, die an Freihandel interessiert sind, weil dies der Exportwirtschaft nutzt, die von freiem Handel negativ betroffenen Behörden bzw. Sektoren für deren Zustimmung zu liberaleren Einfuhrbestimmungen kompensieren, etwa aus den Freihandelsgewinnen des Exportsektors.

Messerlin prognostiziert, daß bürokratische Institutionen mit abgegrenztem Tätigkeitsbereich c.p. mehr Protektion „produzieren" als Politiker. Grund hierfür ist die beschriebene Tatsache, daß Behörden Einfluß nur auf einen engen Bereich der Volkswirtschaft ausüben können, während Politiker die Möglichkeit haben, diejenigen Erträge wirtschaftspolitischen Handelns, die in anderen Sektoren anfallen, zu internalisieren. Der Wegfall von Arbeitsplätzen in Industrien, die Marktanteile an ausländische Newcomer verlieren, kann in seiner Wirkung auf die politische Unterstützung, die eine Regierung genießt, ausgeglichen werden durch die Prosperität anderer Branchen, die von einem liberalen Handel profitieren. Auch kann die Regierung im Wachstumssektor Steuereinnahmen realisieren, mit denen die Einkommensverluste in den schrumpfenden Branchen ausgeglichen werden können.

Ergänzt werden kann, daß auch Dritte, also etwa Konsumenten oder Unternehmen anderer Sektoren, nur über sehr begrenzte Möglichkeiten verfügen, das Verwaltungshandeln zu beeinflussen. Ihr vermutlich geringer Einfluß rührt daher, daß sie kaum einen Beitrag zur Zielerreichung der Behörde, sei dies Budgetmaximierung oder Einkommenssicherung der regulierten Branche, leisten können. Dem Protektionsbegehren einer Branche steht folglich im „bürokratischen Segment" des politischen Marktes, im Gegensatz zum Segment der „special interest legislation", keine direkte Gegenmacht gegenüber.

Die größere Freihandelspräferenz der Politiker leitet Messerlin unter der Annahme eines nur begrenzten Wettbewerbs politischer Anbieter ab. Dies entspricht der Intuition der hier referierten Modelle politischer Märkte, in denen günstige Prognosen hinsichtlich ökonomischer Effizienz Folge der starken Betonung des Nachfragerwettbewerbs sind, während intensiver Anbieterwettbewerb, zumindest im probabilistic voting model, als Quelle ökonomischer Ineffizienzen betrachtet wird.

3. Bürokratische Eintrittsregulierung - Die „Überproduktionsthese" und einschränkende Bemerkungen

Die ökonomische Theorie der Bürokratie begreift Behörden als eigenständige, auf Nutzenmaximierung bedachte ökonomische Akteure. Ihr Handlungsspielraum beruht auf notwendigerweise unvollständigen politischen Vorgaben sowie begrenzten Kontrollmöglichkeiten der Legislative.

Ökonomische Bürokratietheorie sowie spezielle Bürokratiemodelle beschreiben das Anbieterverhalten von Behörden auf politischen Märkten wie folgt: Bürokratische Institutionen favorisieren ein hohes Maß an Marktintervention. Ziel ihrer Tätigkeit ist mittelbar die Sicherung der Einkommensposition der regulierten Branche. Dies schließt die Errichtung von Markteintrittsschranken gegenüber inländischen Newcomern, in jedem Falle aber gegenüber Anbietern aus dem Ausland, ein, da durch deren Vordringen Einkommen und Beschäftigung der inländischen Faktoranbieter direkt geschmälert werden[170].

Grundsätzlich gilt: Wettbewerb macht koordinierende Eingriffe unter bestimmten Voraussetzungen auch dort überflüssig, wo bisher staatliches Enga-

[170] Im Hintergrund steht auch hier die Annahme der unvollkommenen Faktormobilität, die ein Abwandern in andere Sektoren verhindert.

gement als unabdingbar für befriedigende Marktergebnisse angesehen wurde. Auf Budgetmaximierung bedachte Behörden werden daher eher Wettbewerbsbeschränkungen tolerieren oder gar fördern und zugleich für laufende Verhaltenskontrollen bzw. für Korrekturen der Marktergebnisse plädieren, statt Wege zur Intensivierung des aktuellen und potentiellen Wettbewerbs zu beschreiten. Deregulierungsbestrebungen von Seiten Dritter wird Widerstand entgegengesetzt, so durch eine Informationspolitik, die die Vorteile des status quo überzeichnet und mögliche Liberalisierungsgewinne untertreibt.

Die zentrale Schlußfolgerung der Bürokratietheorie lautet, daß bürokratische Institutionen Regulierung „überproduzieren" und folglich dazu neigen die Eintrittsbedingungen in die von ihnen kontrollierten Märkte zu restriktiv zu handhaben. Eine strikte Festlegung der Bürokratie auf die Rolle einer liberalisierungsfeindlichen Kraft ist jedoch ohne Zweifel zu undifferenziert. Dies soll durch einige abschließende Anmerkungen verdeutlicht werden:

Wie auch im politischen Bereich ist eine zu enge Auslegung des Eigennutzaxioms zweifellos nicht angemessen. Bürokraten können sich somit durchaus von Gemeinwohlinteressen leiten lassen, können also ihren Handlungsspielraum auch zugunsten marktwirtschaftlicher Problemlösungen ausnutzen. Ein sehr eng abgegrenzter Aufgabenbereich, der für Behörden typisch ist, die sektorspezifische Regulierungsaufgaben wahrnehmen, führt jedoch unter Umständen dazu, daß die Erträge einer liberalisierungsfreundlichen Politik nicht bei der Behörde bzw. in „ihrem" Sektor selbst anfallen, also nicht internalisierbar sind, während negative Wirkungen - Beschäftigungsrückgang - in der Verantwortung der Behörde bleiben. Dies führt zu Konflikten zwischen bürokratischem Eigeninteresse und Gemeinwohlorientierung und läßt erwarten, daß der Interventionsgrad über das gesamtwirtschaftliche effiziente Maß hinaus ansteigt.

Es ist allerdings durchaus plausibel, daß auch Bürokraten einer Reihe von Sanktionsmechanismen unterliegen, die ihre Neigung, effizienzmindernde Regulierungsverfahren zu implementieren und fortzuschreiben, begrenzen. Dafür spricht, daß auch Behörden untereinander in einem Wettbewerbsverhältnis stehen. Wettbewerb ist etwa denkbar um knappe Haushaltsmittel oder um attraktive Betätigungsfelder. Die Wettbewerbsposition einer Behörde wird nicht unwesentlich von der performance der ihr zugeordneten Sektoren einer Ökonomie bestimmt. Verliert etwa eine Branche im internationalen Vergleich an Wettbewerbsfähigkeit, so dürfte auch das Ansehen der assoziierten Behörde Schaden nehmen. Es drohen Kompetenzverluste und finanzielle Restriktionen[171]. Ein hohes Maß an Protektion und Marktintervention mag somit kurzfristig den Nutzen der Regulierungsinstanz erhöhen, stellt aber langfristig ihre Prosperität in Frage. Wettbewerbsdruck kann auch ausgehen von Regulierungsverfahren, die in anderen Wirtschaftsräumen praktiziert werden. Betreibt eine Behörde eine restriktive Eintrittsregulierung, so wandern Newcomer zu anderen Standorten mit liberaleren Eintrittsregeln ab. Regulierung wird somit zu einem Faktor des internationalen Standortwettbewerbs.

In diesem Falle bewegt sich die Regulierungsbehörde auf einem schmalen Grat zwischen der Promotion von Marktwirtschaft und Wettbewerb, die die Behörde langfristig ihrer Existenzgrundlage berauben könnten, und einem hohen Maß an Intervention, das, wenn Ineffizienzen der Regulierung offenbar werden, ihren Bestand und ihre Autonomie ebenfalls gefährdet. So mag sie politisch in Frage gestellt werden, wenn die von ihr betriebene Politik dafür verantwortlich gemacht wird, daß ein Standort international an Wettbewerbsfähigkeit verliert. Eine langfristige und auf Fortbestand der Institution bedachte Behörde muß danach trachten, beide Extreme - „Laissez faire" ebenso wie umfassende Regulierung - nach Möglichkeit zu vermeiden.

Belege für die These, daß eine kurzfristig angelegte Strategie der Budgetmaximierung der Behörde langfristig Nachteile einbringt, finden sich in der Geschichte der Europäischen Kommission. Deren Kompetenzen waren nach Gründung der Europäischen Wirtschaftsgemeinschaft im Jahre 1957 begrenzt. Umfassende Befugnisse erhielt die Kommission allerdings im Bereich der Agrarpolitik. Wie von der Bürokratietheorie prognostiziert, nutzte die Kommission ihren Handlungsspielraum, um die Ziele Versorgungssicherheit und Einkommenssicherung der Landwirte im Rahmen einer europäischen Marktordnung zu verfolgen. Die Alternativen, die der EG-V in Art. 40 nennt, nämlich gemeinsame Wettbewerbsregeln oder die Koordinierung der einzelstaatlichen Marktordnungen, wurden von der Kommission verworfen. Die neugeschaffene europäische Marktordnung gestaltete die Kommission als ein schwer durchschaubares System umfassender Regulierungen und Interventionen. Es gelang ihr, beachtliche und von Jahr zu Jahr steigende Finanzmittel zu attrahieren und einen umfangreichen Verwaltungsapparat aufzubauen.

Der im Laufe der Zeit immer offenkundiger werdende Mangel an ökonomischer Rationalität, der die Gemeinsame Agrarpolitik auszeichnete, diskreditierte

[171] Darüber hinaus können die Möglichkeiten der Mitarbeiter schwinden, auf lukrative Positionen außerhalb der Bürokratie zu wechseln.

die Kommission und letztlich auch die Idee der Europäischen Integration jedoch zunehmend. Zudem band das praktizierte System garantierter Erzeugerpreise den größten Teil der der Kommission zugewiesenen Finanzmittel und schränkte so ihren Handlungsspielraum nicht unerheblich ein.

Auf den drohenden Verlust an Bedeutung und Legitimation reagierte die Kommission in zweifacher Weise: Bereits in den 80er Jahren begann sie mit allerdings eher zaghaften Reformbemühungen. Diese erschöpften sich - durchaus theoriekonform - zunächst in dem Bemühen, die Überschußproduktion einiger Agrarerzeugnisse durch Quotenregelungen zu begrenzen.

Dies entspricht dem Gebot politischer Rationalität, da ein Quotenregime mit großem bürokratischen Aufwand verwaltet werden muß. Daneben versuchte die Kommission allerdings, neue und auch attraktivere Betätigungsfelder, wie die Technologiepolitik oder die Industriepolitik, zu erschließen. Mit diesem Ansinnen hatte sie Erfolg: Die Einheitliche Europäische Akte und vor allem die Verträge von Maastricht bringen ihr in diesen Bereichen einen beachtlichen Kompetenzzuwachs. Die Erweiterung ihres Aufgabenbereiches erlaubt der Kommission, entsprechend den Überlegungen Messerlins, den internen Ausgleich der Schrumpfungsprozesse einzelner Sektoren, hier der Landwirtschaft. Hinweis auf eine solche Kompensation ist der Bedeutungsgewinn von direkten Einkommensubventionen gegenüber der bisher betriebenen Mindestpreispolitik. Zudem kann erwartet werden, daß in den kommissionsinternen Entscheidungsprozeduren die Kräfte, die gegen einen überregulierten Agrarmarkt opponieren, an Gewicht gewinnen. Die vorsichtige Prognose einer weiteren Liberalisierung der Agrarpolitik kann folglich durchaus mit Argumenten der ökonomischen Bürokratietheorie fundiert werden.

In welchem Sinne die Kommission ihre neuen Kompetenzen nutzen wird, ist allerdings schwierig vorauszusagen. In vielen Bereichen, etwa in der Telekommunikation, bei der Energieversorgung oder - mit Abstrichen - in der Frage nationaler Beihilfen, gehen von ihr deutliche Deregulierungsimpulse aus, deren Erfolg jedoch auch vom Widerstand der Nationalstaaten abhängig ist. Liberalisierungsforderungen der Kommission sind jedoch nicht zwangsläufig Beleg für gewachsene Wettbewerbsgesinnung, sondern harmonieren durchaus mit Eigennutzkalkülen, da in den genannten Bereichen neue Befugnisse nur in dem Umfang hinzugewonnen werden können, wie nationale Regulierungen beseitigt werden. Nicht selten wird der Kommission der Vorwurf gemacht, daß sie ihre wettbewerbspolitischen Kompetenzen im Sinne der Hinnahme von Konzentrationstendenzen nutzt, um industriepolitische Zielsetzungen zu verfolgen. Auch die Ausgestaltung der Handelspolitik trägt nach wie vor protektionistische Züge.

Diese Ambivalenz deutet darauf hin, daß auch diejenigen politischen Märkte, auf denen Bürokraten als Anbieter präsent sind, eine eindeutige Aussage hinsichtlich ihrer ökonomischen Effizienz nicht zulassen. Auch hier gilt, daß das Verhältnis der politischen Kosten zu politischem Nutzen von Regulierung und Interventionen die Höhe des Angebots bestimmt. Diese Relation ist im Zeitablauf nicht konstant. Ihre Veränderung kann die Bürokratie folglich immer wieder zu Kurswechseln veranlassen.

VIII. Möglichkeiten und Grenzen der positiven Fundierung staatlicher Eintrittsregulierung mit Hilfe der Politischen Ökonomie

Die in den vorangegangenen Abschnitten referierten Modelle stellen den Versuch dar, die Komplexität des politischen Entscheidungsprozesses zu reduzieren und seine Ergebnisse zu endogenisieren als Resultat der Interaktion nutzenmaximierender Akteure auf dem politischen Markt. Zugleich könnten auch politische Marktstrukturmerkmale wie institutionelle Markteintrittsbarrieren ihren exogenen Charakter verlieren. In diesem Sinne wäre die „Endogenisierung der Rahmenbedingungen" in der Industrieökonomik einen weiteren Schritt vorangekommen. Ziel des folgenden Abschnitts ist es, die Leistungsfähigkeit dieser Modelle kritisch zu hinterfragen, mögliche Erweiterungen aufzuzeigen und schließlich die Möglichkeit ihrer Übertragbarkeit auf politische Systeme jenseits der USA zu problematisieren.

Die dargestellten Modelle, die - mit Ausnahme des Modells von Becker - der endogenen Zolltheorie zuzurechnen sind, sind positive Modelle des politischen Prozesses. Sie können folglich genutzt werden, um die Lücke zwischen der normativ angelegten Wohlfahrtstheorie und der politischen Praxis zu schließen. In Abschnitt D.III ist die Notwendigkeit der Regulierung, spezieller der Markteintrittsregulierung, für verschiedene Fälle von Markt- bzw. Wettbewerbsversagen diskutiert worden. Ergebnis ist eine sehr zurückhaltende Bewertung der effizienzsteigernden Wirkung staatlicher Eintrittsregulierung.

Die Fiktion wohlwollender, mithin an ökonomischer Effizienz orientierter Regierungen ist mit diesem Befund nur dann vereinbar, wenn angenommen wird, daß es den Handelnden an der nötigen Einsicht in ökonomische Zusammenhänge mangelt. Letzteres geschieht in dieser Arbeit nicht. Statt dessen wird postuliert, daß sich Parteien und Regierungen am ausschließlich am Kriterium politischer Rationalität orientieren.

Unter dieser Voraussetzung liefert die Neue Politische Ökonomie, hier speziell die endogene Zolltheorie, plausible Begründungen für die Dominanz partikularer über allgemeine Interessen, zunächst im Bereich der Außenhandelspolitik, indem sie nachweist, daß es für politische Anbieter unter bestimmten Voraussetzungen rational ist, dem Verlangen einzelner Wirtschaftssektoren nach Zollschutz, Exportsubvention oder nach dem Einsatz äquivalenter Instrumente nachzugeben. Der Einsatz dieser Instrumente ist politisch rational, wenn sie Politikern oder Bürokraten helfen, ihren Nutzen zu maximieren. Dies ist dann der Fall, wenn die politische Unterstützung der Begünstigten schwerer wiegt als die Opposition der Belasteten. Der Organisationsgrad der jeweiligen Gruppen hat in diesem Zusammenhang große Bedeutung.

Der Anwendungsbereich der zolltheoretischen Modelle ist allerdings nicht auf den Bereich der Außenhandelspolitik beschränkt. Sie sind verallgemeinerbar auf binnenwirtschaftlich wirkende Umverteilungsinstrumente wie die Haushalts- oder Sozialpolitik. Diejenigen Modelle, die unvollkommene Faktormobilität unterstellen, sind zudem anwendbar auf sektorspezifische Staatseingriffe. Gerade institutionelle Markteintrittsschranken können hinsichtlich ihrer Wirkungen nicht eindeutig binnen- oder außenwirtschaftlichen Instrumenten zugeordnet werden. Aus Sicht der Unternehmen sind institutionelle Markteintrittsschranken ein Substitut zu privater entry deterrence, das dann nachgefragt wird, wenn private Strategien bei gleicher Wirkung höhere Kosten verursachen.

Die Idee, daß Verbände oder auch einzelne Unternehmen auf politische Entscheidungen Einfluß nehmen können, ist nicht neu. Die „Innovation" der endogenen Zolltheorie, aber auch der Theorie des rent seeking liegt darin, daß das kompetitive Element des Strebens nach „special privileges" stärker in den Mittelpunkt gerückt wird.

Gemeinsames Merkmal aller Modelle ist These, daß rent seeking für die an Umverteilung interessierten Parteien Kosten verursacht, unter Umständen bis hin zur vollständigen dissipation der erzielbaren Renten. Staatlicher Schutz vor Markteintritten ist für die etablierten Unternehmen folglich kein „free lunch", so daß die tatsächlich realisierten Renten stets unter denen liegen, die etwa bei strukturell versperrtem Marktzugang erzielt werden können. Diese Differenz ist an die Marktgegenseite - die politischen Anbieter - zu transferieren. Bei intensivem Anbieterwettbewerb werden Transfers von diesen genutzt, um die eigenen Wahlchancen zu erhöhen. Ist die politische Wettbewerbsintensität auf Seiten der Anbieter gering, können die Transferempfänger autonome Ziele verfolgen. Dies kann im Modellkontext gegebenenfalls zu höherer ökonomischer Effizienz führen.

Während partialanalytische Modelle der Regulierung Interessenkonflikte auf Seiten der politischen Nachfrager in erster Linie zwischen Produzenten und Konsumenten vermuten und mit der zusätzlichen Annahme besser organisierter Produzenteninteressen ein Regulierungsmuster prognostizieren, das etablierten Anbietern nützt und Nachfragern schadet, weisen allgemeine Gleichgewichtsmodelle auf weitere Konflikte hin: Im Rahmen des Auktionsmodells von Grossman/Helpman bieten alle organisierten Interessengruppen gegen die Protektionswünsche einzelner Sektoren, und zwar umso mehr, je größer die deadweight losses des staatlichen Eingriffs sind. Der Widerstand gegen Maßnahmen wächst, wenn, wie auch im Falle der Eintrittsregulierung, der Preis des im begünstigten Sektors hergestellten Gutes steigt, und wenn dieses nicht nur konsumiert, sondern auch als Input in nachgelagerten Sektoren verwendet wird. Die Konflikte verschieben sich folglich auf die Ebene konkurrierender Produzenteninteressen. Eine positive Theorie institutioneller Markteintrittsschranken, die auf der endogenen Zolltheorie bzw. auf der rent seeking-Theorie basiert, ist folglich keine Theorie fortschreitender Verfestigung bestehender Marktstrukturen durch eine immer umfassender und restriktiver betriebene Eintrittsregulierung.

Dem Wunsch einzelner Branchen nach Beschränkung des Marktzugangs wird vielmehr nur dort stattgegeben, wo rent seeker die politischen Entscheider für drohende Verluste an politischer Unterstützung kompensieren und wo sie sich zudem gegen opponierende Gruppen durchsetzen können.

Einmal gewährte Privilegien verschaffen ihren Inhabern zudem keinen Einkommensstrom, der ohne weiteres Zutun fließt, sondern sind grundsätzlich angreifbar und müssen von den Inhabern verteidigt werden. Wettbewerb als dominierende Beziehung zwischen Akteuren auf Gütermärkten ist übertragbar auf die Relation zwischen politischen Marktteilnehmern: Auch ein durch institutionelle Markteintrittsbarrieren geschütztes Monopol kann im übertragenen Sinne „contestable" sein. Allerdings findet der diesbezügliche Wettbewerb auf dem politischen und nicht auf dem ökonomischen Markt statt. Weist der politische Markt keine Eintrittsbarrieren auf, können Newcomer dort um Eintritts- oder Monopolrechte konkurrieren. Existieren dagegen barriers to entry, so stellt sich die Frage nach der Fähigkeit potentieller Konkurrenten, diese zu überwinden.

Dementsprechend ist die Frage nach der Eintrittsfähigkeit von Wettbewerbern in den ökonomischen Markt zu erweitern um eine politische Dimension: Das Vorhandensein auch politisch eintrittsfähiger Wettbewerber senkt wie auf Gütermärkten die Wahrscheinlichkeit dafür, daß etablierte Unternehmen ohne Rücksicht auf Markteintritte Gewinnmaximierung betreiben können. Überlegungen zur politischen Dimension der Markteintrittsfähigkeit sind Gegenstand des Abschnitts F.

Eine grundsätzliche Dichotomie zwischen Monopolrenten in den alternativen Deutungen als Pionierrenten und als staatlich abgesicherte Transfers besteht hinsichtlich ihres Zustandekommens nicht. Beide sind Resultat erfolgreicher Wettbewerbsvorstöße in unterschiedlichem institutionellen Rahmen. Sie können sich dagegen hinsichtlich ihrer wohlfahrtstheoretischen Bewertung unterscheiden, die für institutionelle Monopole vielfach negativ ausfallen wird. Selbst diese Wertung gilt dann nicht, wenn das Monopol, allgemeiner der regulierende Eingriff, ökonomisch begründbar ist. In diesen Fällen wäre nicht einmal die Ressourcen, die im politischen Prozeß eingesetzt werden, als rent seeking-Verlust zu abzusehen. Der politische Markt funktioniert im Sinne Beckers als Institution zur Generierung von Staatseingriffen, die ökonomisches Marktversagen heilen. Er stellt ein Bindeglied dar zwischen der Sphäre des Gütermarktes und der politischer Entscheidungen.

Gleiches gilt, wenn restriktive politische Elemente der Marktstruktur, die als ökonomisch ineffizient zu bewerten sind, generell in Frage gestellt werden. Lobbyaktivität für Deregulierung wird immer dann wahrscheinlich, wenn die Kosten der Regulierung für einzelne Unternehmen oder gut organisierte Branchen fühlbar werden. Allgemeiner formuliert bedeutet dies, daß Interessengruppen auch als liberalisierende Kraft eine bedeutende Rolle spielen, daß also die Kategorie des institutionellen profit seeking nicht bloß theoretisches Konstrukt ist. Gerade in der Fähigkeit, auch Deregulierung und Liberalisierung zu erklären, liegt nach Ansicht des Verfassers die Stärke derjenigen Modelle, die den politischen Markt als Ort kompetitiver Beziehungen zwischen Interessengruppen interpretieren. Die Intensität des Wettbewerbs auf politischen Märkten, auf Seiten der Nachfrager wie Anbieter, wird bei der ökonomischen Beurteilung der Allokation, die der politische Markt generiert, somit zu einem entscheidenden Faktor. Die Idee effizienzsteigernden politischen Wettbewerbs findet sich bei den hier behandelten Ansätzen am deutlichsten im Modell von Becker.

Gleichwohl ist in der Literatur nicht selten erhebliche Skepsis gegenüber den ökonomischen Effizienzeigenschaften politischer Märkte anzutreffen. Magee u.a. reduzieren ihre Befürchtungen auf die griffige Formel eines „ökonomischen schwarzen Lochs“[172] in dem letztendlich der nationale Wohlstand „verschwindet“. Olson prognostiziert die fortschreitende Verkrustung ökonomischer Strukturen, die zunehmende Allokation von Ressourcen in den Verteilungssektor einer Ökonomie und folglich den Verlust der Wachstumsdynamik der gesamten Volkswirtschaft. Theoretiker der rent seeking-society stehen den Möglichkeiten einer grundlegenden Reform oftmals eher skeptisch gegenüber.

Der Pessimismus hinsichtlich der ökonomischen Effizienz der Politik kann zwar eine gewisse Plausibilität für sich beanspruchen, sollte als Warnung ohne Zweifel auch ernst genommen werden, ist aber in seinen rigorosen Varianten nicht gerechtfertigt. Für diese Einschätzung spricht neben theoretischen Erwägungen, die bereits erwähnt worden sind, auch der empirische Befund, demzufolge in den entwickelten Industrieländern seit den achtziger Jahren mehrfach Deregulierungsprojekte durchgeführt worden sind oder noch durchgeführt werden. Beispiele sind die Deregulierung des US-Luftverkehrsmarktes, die Abschaffung des Monopols öffentlich-rechtlicher Rundfunkanstalten in der Bundesrepublik sowie die Liberalisierung der Telekommunikationsmärkte in der Europäischen Union. Deregulierung und Öffnung nationaler Märkte ist in der EU zudem im Bereich der Versicherungsdienstleistungen zu konstatieren. Die Europäische Kommission drängt mittlerweile, wie auch das Bundeskartellamt, auf eine wenigstens teilweise Liberalisierung der Energiemärkte. Vom Abschluß der Uruguay-Runde des GATT und der damit einhergehenden Gründung einer Welthandelsorganisation werden Liberalisierungsimpulse für den Welthandel erhofft.

Diese Beobachtungen sind mit einer polit-ökonomischen Betrachtung des politischen Prozesses durchaus vereinbar. Sie deuten darauf hin, daß sich das Verhältnis der politischen Kosten zu politischem Nutzen und damit das Kräfteverhältnis auf dem politischen Markt zu Ungunsten der Regulierungsbefürworter geändert hat. Auch ein politisch versperrter Marktzugang ist reversibel, wenn sich die Kräfteverhältnisse der konkurrierenden Nachfrager oder die Kostenfunktionen der politischen Anbieter verschieben.

---

[172] Magee, S.P.; u.a., 1989, S. 223.

Deregulierung ist jedoch nicht gleichbedeutend mit Entpolitisierung, so daß die Einflußnahme auf politische Entscheidungen für Unternehmen, entweder über Verbände oder im Alleingang, auch nach einer Liberalisierung des Marktzugangs wichtiges Element der eigenen Strategie bleibt. Dies gilt gleichermaßen für die etablierten Unternehmen, die ihren ursprünglichen Schutz verlieren, wie für Newcomer, die in aller Regel bemüht sein werden, die Incumbents in der Eintrittsphase an der Ausnutzung ihrer strukturellen Wettbewerbsvorteile durch nunmehr private entry deterrence zu hindern (vgl. Abschnitt F.IV). Desweiteren gilt, daß Ausmaß und vor allem auch Geschwindigkeit des Liberalisierungsprozesses weiterhin auf politischen Märkten festgelegt werden. Je stärker dort die Kräfte sind, die für einen Fortbestand des status quo plädieren, desto länger fällt c.p. die Übergangsphase zwischen versperrtem und freiem Markteintritt aus, umso länger bleiben auch Privilegien für etablierte Unternehmen bestehen. Dies kann dazu führen, daß die „alten“ Monopolisten ihre Marktstellung auch nach Wegfall des staatlichen Schutzes behaupten und die Wachstumsmöglichkeiten der Newcomer begrenzen können.

Die Ausdehnung der Analyse auf die Rolle bürokratischer Institutionen als Anbieter auf politischen Märkten zeigt, daß auch hier eindeutige Effizienzprognosen nicht möglich sind. Die Ökonomische Theorie der Bürokratie liefert zwar zahlreiche Argumente für die Vermutung, daß Behörden ein hohes Maß an Marktintervention und auch eine restriktiv gehandhabte Eintrittsregulierung bevorzugen. Auch Behörden und die von ihnen beaufsichtigten Branchen stehen aber allein oder als Teil ihrer Volkswirtschaft im Wettbewerb, hier verstanden etwa als Wettbewerb der Standorte. Bürden die regulierten Sektoren der Ökonomie große Lasten auf, so wächst, vermittelt über den politischen Markt, der Druck auf Behörden und Regierung. Das Gebot politischer Rationalität zwingt dann auch bürokratische Institutionen zu einer Senkung der Interventionsdichte, weil anderenfalls der Fortbestand der Behörde an sich in Frage gestellt werden kann.

So drängt die Europäische Kommission, vormals Synonym für bürokratischen Interventionismus, in vielen Bereichen auf den Wegfall nationaler Marktregulierungen und die Öffnung der nationalen Märkte für Wettbewerber aus anderen Staaten der Union. Nicht auszuschließen ist jedoch, daß nationale Regulierung lediglich ersetzt wird durch europäische Normen, so daß der tatsächlich erreichte Liberalisierungsfortschritt stets im Einzelfall zu prüfen ist.

Allgemeine Gleichgewichtsmodelle politischer Märkte müssen die gleichen Einschränkungen gegen sich gelten lassen, wie vergleichbare Gütermarktmodelle. Sie sind komparativ-statisch formuliert: Sie beschreiben Existenz, Stabilität und Eigenschaften von Gleichgewichten unter gegebenen Annahmen. Ungleichgewichte wie auch der Übergang zwischen Gleichgewichten werden nicht oder nicht in gleichem Umfang berücksichtigt. Auch der Wettbewerb auf politischen Märkten kann jedoch - wie der auf Gütermärkten - möglicherweise zutreffender als Aufeinanderfolge von Ungleichgewichten charakterisiert werden. Politisch zugewiesene Renten kommen Unternehmen oder Interessengruppen zu, die über herausragende Wettbewerbsfähigkeit verfügen, und die folglich in der Lage sind, sich gegen politische Wettbewerber durchzusetzen. Modelle, in denen politischer Einfluß auf die Gewährung von Wahlkampfhilfen reduziert wird und in denen der Organisationsgrad der Interessen als exogen vorgegeben gilt, sind naturgemäß weniger geeignet, um unterschiedliche Wettbewerbsfähigkeit der politischen Marktteilnehmer zu integrieren. Hier sind weitere Differenzierungen ohne Zweifel angebracht.

Ein bedeutendes Merkmal politischer Märkte ist die Zukunftsbezogenheit der getroffenen Vereinbarungen. Gehandelt werden dort Zusagen auf künftiges Verhalten der Marktteilnehmer. Wie ausgeführt, kommt es zu einer bilateralen Agency-Problematik, der in den behandelten Modellen politischer Märkte vergleichsweise geringe Beachtung zukommt, da deren zeitliche Dimension ausgeblendet wird. Die Idee des Marktgleichgewichts hat in einem intertemporalen Kontext bei Existenz von Unsicherheit nur dann Bestand, wenn unterstellt wird, daß ausschließlich Kontingenzkontrakte gehandelt werden. Deren Einhaltung muß zudem kostenlos zu kontrollieren sein. Diese Möglichkeit wurde als wenig realistisch verworfen, so daß etwa zu diskutieren wäre, welche Möglichkeiten die Vertragspartner haben, das Risiko opportunistischen Verhaltens der Gegenseite zu reduzieren. Opportunismus kann sich als Abrücken von zuvor gemachten Wahlversprechen manifestieren. Bei wiederkehrenden Tauschsituationen kann hier der Aufbau von Vertrauen bzw. Reputation Bedeutung gewinnen. Dies ist zugleich eine denkbare Quelle von Eintrittshemmnissen für Newcomer auf dem politischen Markt.

Ein weiteres Problem liegt darin, daß speziell politische Anbieter, hier Regierungen, Privilegien nur solange garantieren können, wie sie selbst im Amt bleiben. Je höher die Wahrscheinlichkeit von Regierungswechseln eingeschätzt wird, umso geringer ist der Gegenwartswert der z.B. aus einem Monopolrecht zu erzielenden Renten. Für die Anbieter ergibt sich das Problem, daß sie ihre Einkünfte nur steigern können, wenn sie die Laufzeit gewährter Privilegien über ihre prospektive Amtszeit hinaus verlängern. Solche Möglichkeiten liegen in der Verankerung von Rechten auf einer gesetzlichen Ebene, die Änderungen mit einfachen Mehrheiten verhindern. Landes und Posner weisen auf die Rolle der Judikative hin, die ebenfalls die Aufgabe erfüllen kann, Renten gegen politische Machtwechsel zu immunisieren, da sie Gesetze im Sinne ihrer Urheber interpretiert[173]. Dieses Argument ist in besonderem Maße für Staaten schlüssig, in denen die Justiz Spielräume bei der Auslegung legaler Normen besitzt. Auch in der Bundesrepublik, die kein ausgeprägtes „Richterrecht" besitzt, verfügen Unternehmen oder Verbände jedoch über Möglichkeiten, gesetzliche Eingriffe in ihre Eigentumsrechte juristisch anzufechten[174].

Die starke Konzentration vieler Autoren auf die finanzielle Unterstützung in Form von Wahlkampfhilfen, mit der Lobbys auf Regierung und Parteien Einfluß nehmen, läßt sich ohne Zweifel erklären mit der hohen Integrationsfähigkeit von Transfer-basierten Einflußfunktionen in formale Modelle. Sie ist plausibel aufgrund der essentiellen Bedeutung, die ausreichende Geldmittel von Kandidaten und Parteien im US-amerikanischen politischen System haben. Bewerber um politische Ämter können dort nur dann als aussichtsreich gelten, wenn es ihnen zuvor gelungen ist, hinreichende Unterstützung für anstehende Wahlkampagnen gerade auch in materieller Form zu mobilisieren.

In der Bundesrepublik Deutschland haben Wahlkampfspenden eine weniger herausragende Bedeutung. Die großen Parteien finanzieren sich überwiegend aus Mitgliederbeiträgen und aus der in Abhängigkeit von der errungenen Stimmenzahl gewährten Wahlkampfkostenpauschale. Die programmatische Offenheit der Parteien ist geringer als in den USA. Änderungen der politischen Position werden schrittweise und auf einen längeren Zeitraum verteilt vorgenommen. Die Modellfiktion einer Auktion, in der Politiker und Interessengruppen politische Entscheidungen per Gebot und Zuschlag festlegen, ist als Gedankenspiel für deutsche Verhältnisse folglich auch weniger reizvoll als für die USA.

Der politische Einfluß von Organisationen auf Parteien ist in der Bundesrepublik vielfach institutionalisiert, etwa durch innerparteiliche Arbeitsgemeinschaften oder die Doppelmitgliedschaft von Mandatsträgern[175]. Zudem werden

---

[173] „...they (die Gerichte, F.S.) enforce the „deals" made by effective interest groups with earlier legislatures.", Landes, W.M.; Posner, R.A., 1975, S. 894.

[174] Vgl. etwa die Kontroverse um die Abbaurechte im Braunkohletagebau „Garzweiler II", die nach der Regierungsbeteiligung der „Grünen" in Nordrhein-Westfalen politisch in Frage gestellt sind. Hier hat die RWE mehrfach angekündigt, gegen die Rücknahme von Genehmigungen juristisch vorzugehen.

[175] Vgl. den Einfluß der Gewerkschaften auf die SPD durch Doppelmitgliedschaften; auf die CDU über die CDU-Sozialausschüsse.

Verbände im Rahmen von Anhörungsverfahren direkt in den parlamentarischen Entscheidungsprozeß eingebunden. Auch auf der Ebene der Europäischen Union existieren institutionalisierte Einflußkanäle für unterschiedliche Interessengruppen. Diese Mechanismen der Einflußnahme sind in formale Modelle ohne Verlust an Allgemeinheit nicht zu integrieren.

Im Modellrahmen ist die Reduktion politischen Einflusses auf direkte Zahlungen ohne Zweifel sinnvoll, da eine auf ihnen basierende „support funktion" ein mathematisches Maximierungskalkül zuläßt. Tatsächlich dürften Interessengruppen jedoch noch über andere, weniger formalisierbare Möglichkeiten verfügen, rent seeking zu betreiben. Angedeutet worden ist bereits die Bereitstellung von Wählerstimmen bzw. die Organisation von Protest, die zumindest für zahlenmäßig große Gruppen bedeutend ist[176]. Weitere Argumente werden in Abschnitt F.II genannt. Dort wird versucht, diejenigen Faktoren näher zu bestimmen, die die politische Kompetenz von Unternehmen und Organisationen definieren. Von Belang ist unter anderem die Fähigkeit, der Regierung Kooperation bei der Durchführung politischer Programme, namentlich im Bereich der Industriepolitik oder im Rahmen der Beschäftigungssicherung bzw. der Standortsicherung, anzubieten. Zu denken ist auch an die Möglichkeit personeller Verflechtungen zwischen politischen Anbietern und Nachfragern.

Die dort vorgenommene Differenzierung erlaubt es, wenn nicht die formale Modellogik, so doch die Intuition der referierten Modelle übertragbar zu machen auf die politische Realität in der Bundesrepublik Deutschland.

[176] In diesem Zusammenhang werden häufig die Landwirte und deren Interessenverbände genannt, denen sowohl Einfluß auf Wahlausgänge eingeräumt als auch die Fähigkeit zu effektivem Protest zugebilligt wird.

F. Die Politische Ökonomie des Marktzugangs

Marktzugangsbedingungen werden von den Unternehmen - von den etablierten wie von den potentiellen Wettbewerbern - in erheblichem Umfang mitgestaltet. Die Endogenisierung der strukturellen Markteintrittsschranken ist im Rahmen der Theorie der strategic entry deterrence weitgehend gelungen. Die Annahme, daß die Höhe institutioneller Markteintrittsschranken auf dem politischen Markt bestimmt wird, eröffnet die Möglichkeit, auch staatliche Eintrittsregulierung aus dem Verhalten von Unternehmen als Nachfrager auf dem politischen Markt heraus zu erklären. Hinzukommen muß allerdings noch eine Theorie des Anbieterverhaltens auf politischen Märkten, die Ziele und Restriktionen von politischen Parteien bzw. amtierender Regierung offenlegt. Theoretische Ansätze, mit denen versucht wird, die Interaktion zwischen Unternehmen, Interessengruppen und Politik zu analysieren, waren Gegenstand des Abschnittes E. Sie lassen sich nicht ohne weiteres zu einem geschlossenen Bild zusammenfügen. Die Unterschiede und Gemeinsamkeiten der verschiedenen Konzeptionen sollen nochmals knapp erläutert werden.

Werden staatlich gewährte Privilegien als Kollektivgüter interpretiert, so sind die Möglichkeiten der Marktteilnehmer zu kollektivem Handeln zu klären. Mit der Fähigkeit zur Bildung einer Interessengruppe steht und fällt der Einfluß einer Gruppe von Akteuren auf den politischen Prozeß. Eine industrieorientierte Interessendefinition liefert die Grundlage dafür, den rent seeking-Prozeß zunächst als nicht-kompetitiv zu interpretieren: Organisierbare Produzenteninteressen stehen unorganisierten Nachfragerinteressen gegenüber. In diesem Szenario ist das Bemühen um eine institutionelle Beschränkung des Marktzugangs immer dann plausibel, wenn private Beschränkungen des Wettbewerbs nicht oder nur zu prohibitiv hohen Kosten zu organisieren sind. Institutionelle Markteintrittsschranken stehen somit in einer Substitutionsbeziehung zu strikt privater entry deterrence. Komplementarität ist ebenfalls denkbar, wenn private und institutionelle entry deterrence einander hinsichtlich ihrer marktschließenden Wirkung ergänzen.

Die wettbewerblichen Elemente der rent seeking-Theorie beziehen sich auf den Bereich des statischen rent seeking im Sinne der Definition des Abschnittes E.I.2, also etwa um den Wettbewerb zwischen Unternehmen um ein gegebenes

Monopolprivileg, also um ein reines Privatgut. In diesem Kontext wird diskutiert, wie hoch der Grad der rent dissipation, also der Aufzehrung der gewinnbaren Renten durch den Wettbewerb der rent seeker, ausfällt[1]. Der formale Aufbau solcher rent seeking-contests trägt dann wenig zum Verständnis der Relation zwischen etablierten Unternehmen und potentiellen Konkurrenten auf institutionell eintrittsgeschützten Märkten bei, wenn Homogenität der Spieler unterstellt wird. Dies war in den ersten formalen Arbeiten zur rent-seeking Theorie überwiegend der Fall. Mittlerweile existieren eine Reihe von Arbeiten in denen die mögliche Heterogenität der Spieler explizit berücksichtigt wird[2]. Qualitative Ansätze zur Erfassung dieser Verschiedenheit, interpretiert als unterschiedliche Wettbewerbsfähigkeit der Akteure auf dem politischen Markt enthält der Abschnitt F.II.

Wettbewerb zwischen Interessengruppen ist dort relevant, wo potentielle Nutznießer und potentiell Geschädigte staatlicher Maßnahmen gleichermaßen über organisierte Interessenvertretungen verfügen. Wettbewerb erschwert die Durchsetzung redistributiver Forderungen bzw. stellt in der Vergangenheit erzielte Privilegien erfolgreicher rent seeker wieder in Frage. Der Trend zu immer mehr Protektion und Redistribution kann durch die Gegenmacht konkurrierender Interessengruppen gebrochen werden und ist folglich nicht als systemimmanent anzusehen. Zugleich mag jedoch der Umfang der Ressourcen steigen, die in derartige Verteilungskontroversen eingebracht werden. Auch letzteres ist gleichwohl nicht zwingend, wenn etwa die Möglichkeit der Kollusion zwischen Interessengruppen in Betracht gezogen wird.

Auf Seiten der Anbieter von special privileges ist es sinnvoll, zwischen Legislative, Exekutive und Judikative zu differenzieren. Die Rolle der Gerichtsbarkeit wurde in dieser Arbeit weitgehend ausgeklammert. Ansätze zur Modellierung des Verhaltens von Politikern lassen sich danach unterscheiden, ob direkte Referenden bzw. die Parteienkonkurrenz vor allgemeinen Wahlen im Mittelpunkt stehen oder ob eine im Amt befindliche Regierung betrachtet wird, die ihre politische Unterstützung - unter Beachtung der Wiederwahlrestriktion - maximiert. Die Aktivität von Interessengruppen läßt sich in Modelle der Partei-

---

[1] Dies bedeutet nicht, daß der Wettbewerb stets als statisch im Sinne gleichzeitiger Handlungen der Akteure zu interpretieren ist. Alternativ können rent seeking-contests als sequentielle Abfolge von Wettbewerbshandlungen modelliert werden, was unter anderem dazu führen kann, daß implizite Kollusion zwischen den Akteuren möglich wird. Vgl. Leininger, W.; Yang, C.-L., 1994.

[2] Vgl. etwa Hillman, A.L.; Riley, J.G., 1989, Leininger, W., 1991.

enkonkurrenz integrieren, wenn unterstellt wird, daß Parteien ihre Erfolgschance bei Wahlen über erzielbare Wahlkampfhilfen maximieren und folglich ihre Programme an den Interessen zahlungskräftiger Verbände orientieren. Unter diesen Voraussetzungen wird zumindest eine Partei für Abweichungen von der Situation freien Handels bzw freien Markteintritts votieren. Ihre Grenze finden die beschriebenen Modelle dort, wo der Einfluß der Zahlungen einer einzelnen Interessengruppe auf den Wahlausgang im Falle einer großen Zahl aktiver Gruppen schwindet. Die „reduzierte" Tauschbeziehung Geld gegen Renten vernachlässigt zudem die vielfältigen anderen Möglichkeiten von Interessengruppen, auf den politischen Prozeß einzuwirken.

Differenzierte Modelle berücksichtigen neben monetären Transfers auch die Unterstützung, die eine amtierende Regierung durch den Einfluß von Interessengruppen auf die politische Haltung ihrer Mitglieder erringen kann, wenn sie deren Forderungen nachkommt. Die in dieser Arbeit vorgenommene Synthese betont die Relevanz des Parteienwettbewerbs vor allgemeinen Wahlen, während danach die Regierung als Agent der Wähler, aber auch der pressure groups begrenzte Freiheit genießt. Wie sie diese Freiheit nutzt, hängt wiederum davon ab, wie erfolgreich verschiedene Gruppen die Einhaltung ihrer Verträge überwachen können oder aber in der Lage sind, die Regierung zum Abrücken von ihren programmatischen Aussagen zu bewegen.

Im folgenden Abschnitt steht zunächst das Verhalten der einzelnen Unternehmung auf politisierten Märkten im Mittelpunkt. Ziel ist es, eine erweiterte Definition der Markteintrittsfähigkeit von Unternehmen zu entwickeln, die über die üblichen technischen und ökonomischen Kriterien hinausgeht. Die Schlüsselressource, die Unternehmen erfolgreiches Agieren auf dem politischen Markt ermöglicht, wird als politische Kompetenz bezeichnet.

Den einzelwirtschaftlichen folgen gesamtwirtschaftliche Überlegungen. Diskutiert wird, ob der Wettbewerb von Interessengruppen in der Lage ist, analog zum Marktmechanismus auf Gütermärkten wohlfahrtsoptimale Lösungen hervorzubringen, wie es die Arbeiten von Becker zumindest nahelegen. Ein Element dieser grundsätzlich optimistischen Sichtweise wäre es, auch den Abbau bestehender institutioneller Markteintrittsschranken durch Druck von Interessengruppen, ein „lobbying for deregulation" oder, allgemeiner ausgedrückt, dynamisches institutionelles profit seeking, für möglich zu halten.

Zu beobachtende Deregulierungsprojekte scheinen diese Sichtweise zu unterstützen. Der Degulierungsprozeß selbst ist jedoch geprägt vom Bemühen konkurrierender Interessen - konkret von denen der Newcomer und denen der etablierten Unternehmen - die neu festzulegenden Regeln des Marktes in ihrem Sinne zu fixieren. Vom Ausgang dieses Konflikts hängt es ab, wie schnell und in welchem Umfang die Marktliberalisierung zu einer Zunahme der Wettbewerbsintensität führt. Zugleich formuliert der Verfasser die These, daß Deregulierung nicht mit Entpolitisierung gleichzusetzen ist. Es widerspricht dem Nutzenmaximierungskalkül von Politikern, Möglichkeiten der Einflußnahme auf die Ökonomie aus der Hand zu geben. Lediglich die Instrumente, derer man sich bedient, wandeln sich. Umfassende Regulierung, so die Vermutung, wird abgelöst durch subtiler zu handhabende Instrumente. Die Marktzugangsbedingungen werden attraktives Ziel staatlichen (und unternehmerischen) Handelns bleiben, wobei sich der Schwerpunkt von der formalen Eintrittsregulierung zu den schwieriger zu entdeckenden materiellen Eintrittsbeschränkungen verschiebt.

I. „Lobbying for entry" - Markteintrittsentscheidungen bei Existenz institutioneller Markteintrittsschranken

Die Existenz institutioneller Markteintrittsschranken bedeutet nicht, daß der Marktzugang für alle potentiellen Newcomer versperrt („blockaded" im Sinne Bains) ist. Dies gilt selbst dann, wenn der Markt durch formelle Zugangsbeschränkungen, im äußersten Falle durch ein gesetzlich sanktioniertes Eintrittsverbot, abgeschottet ist. Ohne Zweifel sind Markteintritte in diesen Fällen nicht direkt in den geschützten Markt möglich, sondern erfordern den Umweg über den zunächst zu vollziehenden (erfolgreichen) Eintritt in den relevanten politischen Markt. Dort gilt es den politischen (oder bürokratischen) Entscheidungsprozeß dahingehend zu beeinflussen, daß die Eintrittsbeschränkung entweder vollständig beseitigt wird, eine Strategie, die sich als „lobbying for deregulation" kennzeichnen läßt, oder aber einzelnen Unternehmen der Markteintritt gestattet wird. Letzteres soll als „lobbying for entry" bezeichnet werden und zielt auf ein reines Privatgut ab. Die Notwendigkeit kollektiven Handelns stellt sich so nicht. An anderer Stelle wurde bereits darauf hingewiesen, daß u.U. zunächst das Verfahren der Eintrittsregulierung an sich modifiziert werden muß - offensichtlich ein Kollektivgut.

Nach Ansicht des Verfassers besteht kein Grund für eine prinzipiell unterschiedliche Betrachtung von Eintrittsentscheidungen in institutionell monopolisierte bzw. eintrittsregulierte Märkte im Vergleich zu Märkten ohne jeden staatlichen Einfluß. Dies gilt eben auch für den Disziplinierungsdruck potentieller Konkurrenz. Dieser wird selbst durch Eintrittsverbote nicht gänzlich beseitigt, wenn auch aller Wahrscheinlichkeit nach zumindest vorübergehend vermindert und auf die Ebene des politischen Marktes verlagert.

Für die Aufhebung der Trennung zwischen einer Industrieökonomik regulierter Märkte und einer solchen „freier" Märkte spricht auch, daß die Definition des „regulierten Marktes" letztlich willkürlich ist (vgl. Abschnitt D). Märkte unterscheiden sich im Grad der Einflußnahme des Staates, hinsichtlich der Rolle, die staatliche Eingriffe und Vorgaben für die Handlungmöglichkeiten der Unternehmen spielen, und nicht danach, ob der Staat interveniert oder ob dieser Abstinenz übt. Da eine Ausdehnung des Regulierungsbegriffs auf alle Märkte mit staatlicher Aktivität jedoch zu einer Verwirrung der Begriffe führen dürfte, bietet es sich an, allgemeiner von „politisierten" Märkten zu reden, wobei unterschiedliche Eingriffsintensitäten zu unterscheiden sind. Bei einem Maximum an Intervention deckt sich der Begriff des politisierten Marktes mit dem des regulierten Marktes im engeren Sinne.

Auch auf politisierten Märkten gilt, daß die Höhe von Markteintrittsschranken in Beziehung gesetzt werden muß zu der Fähigkeit zu ihrer Überwindung, die den potentiellen Konkurrenten eigen ist. Der Markteintritt selbst ist als zweistufiger Prozeß zu begreifen, der zunächst auf den politischen Markt, dann erst auf den ökonomischen Markt im engeren Sinne abzielt. Da gegebenenfalls auf beiden Märkten Eintrittsbarrieren zu überwinden sind, erwachsen für die Markteintrittsfähigkeit von Unternehmen zusätzliche Anforderungen, welche die Zahl der Unternehmen, denen Markteintrittsfähigkeit bescheinigt werden kann, schrumpfen lassen dürfte[3].

Die „special skills", die ein Eintritt hier erfordert, werden vermutlich nur von einer kleinen Zahl potentieller Konkurrenten beherrscht. Dies mindert zugleich die Gefahr, daß der simultane oder unmittelbar aufeinanderfolgende Markteintritt mehrerer Unternehmen die erzielbaren Gewinne rasch auf ein kompetitives Niveau drückt. Der bedeutende entry lag, der daher rührt, daß der politische Entscheidungsprozeß erhebliche Zeit in Anspruch nimmt, fordert von Newcomern zwar einen „langen Atem" und begründet erhebliche Finanzierungserfordernisse; er garantiert jedoch im Erfolgsfalle auch signifikante „first-mover-

[3] „Special knowledge, connections, prior positioning in relationships within bureaucratic structures, political advantage, or a general historically-based advantage of incumbent placement, may all restrict participation in a contest to only a small number of participants.", Hillman, A.L.; Samet, D., 1987, S. 64.

advantages", da nachstoßende Wettbewerber ebenfalls erst mit Verzögerung den Markteintritt imitieren können.

Somit mögen gerade Märkte mit hohen institutionellen Markteintrittsschranken für eintrittsfähige Newcomer besonders reizvoll sein, solange das Verhältnis von notwendigen Eintrittsinvestitionen zu erwarteten Erträgen hinreichend attraktiv ist. Etablierte Unternehmen, die Markteintrittsdrohungen derart qualifizierter Newcomer im Vertrauen auf die Dauerhaftigkeit staatlichen Schutzes vernachlässigen, laufen Gefahr, eine Erosion ihrer Position auf dem politischen Markt hinnehmen zu müssen. Langfristig droht der Verlust der Privilegien auch auf dem ökonomischen Markt.

II. Die Markteintrittsfähigkeit von Unternehmen in institutionell geschützte Märkte

In der rent seeking-Literatur wird der Wettbewerb von Unternehmen um die Partizipation an staatlich geschützten Sektoren der Ökonomie problematisiert[4]. In Modellen solcher rent seeking-contests wird der Wettbewerb um Renten abgebildet, die aus einem institutionell abgesicherten Monopol, etwa in Form einer staatlichen Exclusivlizenz oder einem Patent, erwachsen. Die formale Struktur dieser Modelle glich zunächst der von Lotterien, in denen die Einsätze der Spieler mit erwarteten Auszahlungen korrespondieren[5]. Der Fall heterogener Spieler fand dabei zumeist keine Berücksichtigung. Mittlerweile liegt jedoch auch eine Reihe von differenzierenden Modellen vor, in denen Unterschiede zwischen den rent seekern ausdrücklich berücksichtigt werden[6]. Die Erfolgswahrscheinlichkeit von rent seeking-Aktionen einzelner Unternehmen, in diesem Kontext gleichsam Voraussetzung für den Eintritt von Unternehmen in politisierte Märkte, wird wie auf Gütermärkten von den ihnen zur Verfügung stehenden Ressourcen wesentlich beeinflusst werden.

Die Frage, was einen „sophisticated entrant" auf politisierten Märkten definiert, welche Faktoren einem Unternehmen politische Eintrittsfähigkeit bzw.

---

4 „Instead of passive observation, potential entrants will engage actively in rent seeking" , Buchanan, J.M., 1980, S.8.

5 Tullock, G., 1980; Higgins, R.S. u.a., 1985; Michaels, R., 1988.

6 Diese Unterschiede können etwa auf Informationsasymmetrien, die Ressourcenausstattung der Akteure oder Lernprozesse zurückgeführt werden. Auch sunk costs des rent seeking können analog zu Gütermarkten einen „value of incumbency" begründen, vgl. Allard, R.J., 1988; Hillman, A. L., Riley, J.G., 1989; Leininger, W., 1991.

Eintrittsfähigkeit in politisierte Märkte verleihen, soll folglich analog der im engeren Sinne ökonomisch orientierten Fragestellung beantwortet werden. Die ökonomische Markteintrittsfähigkeit von Unternehmen wird zumeist mit Blick auf die Ressourcen bestimmt, die einem Newcomer zur Verfügung stehen. Die ressourcenorientierte Sicht der Unternehmung begreift diese als „Pool produktiver Ressourcen“[7]. Ressourcen sind Inputs, die ihrem Eigentümer die Erstellung bestimmter, aber zunächst nicht eindeutig definierter Leistungen ermöglichen. Sie sind daher nicht durch den mit ihrer Hilfe erstellten tatsächlichen Output definiert, sondern durch ihr Leistungspotential. Ressourcen werden gemäß den Unternehmenszielen im Produktionsprozeß miteinander kombiniert. Erst durch diese Kombination wandelt sich ihr Leistungspotential zu Output. Eine Unternehmung ist daher nicht allein durch die ihr zur Verfügung stehenden Ressourcen definiert, sondern auch durch die Art, in der sie miteinander kombiniert sind. Ein weiteres Bestimmungsmerkmal einer Ressource ist ihre Dauerhaftigkeit. Ihre Leistungsabgabe ist stets auf mehrere Perioden, ihre ökonomische Nutzungsdauer, verteilt[8].

Die Kombination von Ressourcen in einer Unternehmung ist nicht unveränderbar. Typischerweise sind alternative Kombinationen der vorhandenen Ressourcen denkbar oder es bestehen Möglichkeiten, die vorhandenen mit neu in den Produktionsprozeß aufgenommenen Ressourcen zu rekombinieren. Diese Flexibilität ermöglicht es Unternehmen, sich an wandelnde Umweltbedingungen, wie geänderte Konsumentenpräferenzen, in einem eher passiven Sinne anzupassen. In einem langfristigen, strategischen Sinne erlaubt die Rekombination von Ressourcen den Rückzug aus zunehmend unattraktiv gewordenen Tätigkeitsfeldern, aber auch das Erschließen neuer Märkte und Wachstumspotentiale und - in diesem Kontext von herausragender Bedeutung - die Einflußnahme auf das institutionelle Umfeld. Diese umfaßt nicht nur Politiker und Behörden, sondern auch das, was etwas unscharf als „öffentliche Meinung“ bezeichnet wird.

Der Ressourcenbegriff muß zur Bestimmung der Eintrittsfähigkeit von Unternehmen weiter differenziert werden. Denkbar ist die Unterscheidung von finanziellen Ressourcen, physischen Ressourcen (Sachkapital) und intangiblen Ressourcen, zu denen organisatorisches und technisches know-how sowie Humankapital gezählt werden kann. Die verschiedenen Typen von Ressourcen

---

[7] Penrose, E., 1959.

[8] Kolbe, C., 1991, S. 130.

können wiederum den funktionellen Bereichen einer Unternehmung, wie Fertigung, FuE oder Absatz zugeordnet werden.

Für Märkte lassen sich „Schlüsselressourcen" („core factors") benennen, über die Unternehmen, die in diesen erfolgreich operieren wollen, in ausreichender Menge und Qualität verfügen müssen. Markteintritte versprechen nur dann Erfolg, wenn der Newcomer über die Schlüsselressourcen des Zielmarktes verfügt oder auf diese Zugriff hat und darüber hinaus in der Lage ist, diese mit notwendigen komplementären Ressourcen zu kombinieren.

Der Zielmarkt ist mehrdimensional, üblicherweise räumlich und sachlich definiert. In unserem Fall tritt die politische Dimension des Zielmarktes hinzu. Erfolgreicher Markteintritt in den politischen Markt ist Eintrittsvoraussetzung für den Gütermarkt. Die „core factors", die für den Eintritt in den Gütermarkt erforderlich sind, stehen üblicherweise im Mittelpunkt von Studien zur Markteintrittsfähigkeit von Unternehmen[9]. Sie sind an dieser Stelle allerdings von nachrangigem Interesse. Im Mittelpunkt unserer Überlegungen stehen vielmehr die Ressourcen, die Unternehmen benötigen, um in den relevanten politischen Markt mit Erfolg einzutreten. Als erfolgreich kann ein Markteintritt etwa dann gelten, wenn es dem Unternehmen gelingt, die Marktzugangsberechtigung zu erwerben, also etwa die zum Markteintritt benötigten Lizenzen oder Konzessionen zu erlangen.

Als „rent seeking ressource" sollen im folgenden diejenigen Produktionsfaktoren bezeichnet werden, die grundsätzlich geeignet sind, den politischen Entscheidungsprozeß, verstanden in einem weiten Sinne, zu beeinflussen. Naturgemäß spielt das Sachkapital (die tangiblen Ressourcen) einer Unternehmung für den Erfolg im politischen Markt eine eher untergeordnete Rolle, während intangiblen Ressourcen entscheidende Bedeutung zukommt.

Als „core factors" in politischen Märkten kommen die Finanzkraft einer Unternehmung in Betracht, ferner die Fähigkeit einer Unternehmung, Gegenleistungen für politische Anbieter zu erbringen, die nicht direkt monetisierbar sind, schließlich die Fähigkeit des Unternehmens, mit seiner politischen und sozialen Umwelt zu kommunizieren.

Hinzukommen muß die Fähigkeit, diese Faktoren so zu kombinieren, daß das politische aber auch das gesellschaftliche Umfeld eines Unternehmens entspre-

---

[9] So etwa bei Kolbe, Kolbe, C., (1991).

chend den Unternehmenszielen gestaltet werden kann; gegebenenfalls jedoch auch die Unternehmensziele an das anzupassen, was gesellschaftlich möglich erscheint. Diese Fähigkeit soll als politische Kompetenz bezeichnet werden.

Für alle diese Faktoren gilt, daß sie einerseits Eintrittsfähigkeit in politisierte Märkte begründen, sie jedoch auch etablierten Unternehmen in politisierten Märkten ermöglichen, sich gegen Markteintritte zur Wehr zu setzen. Letztlich sind es Schlüsselfaktoren, die für die Gestaltung des politischen Umfeldes eines Marktes unabdingbar sind. Sie gelten auch für Interessengruppen und erweitern in diesem Sinne die Überlegungen des Kapitels E, in denen die Erfolgswahrscheinlichkeit einer (potentiellen) pressure group nicht von special skills der genannten Art, sondern in erster Linie von ihrer Organisationsfähigkeit und, davon abgeleitet, von ihrer Zahlungsfähigkeit abhängig gemacht wurde.

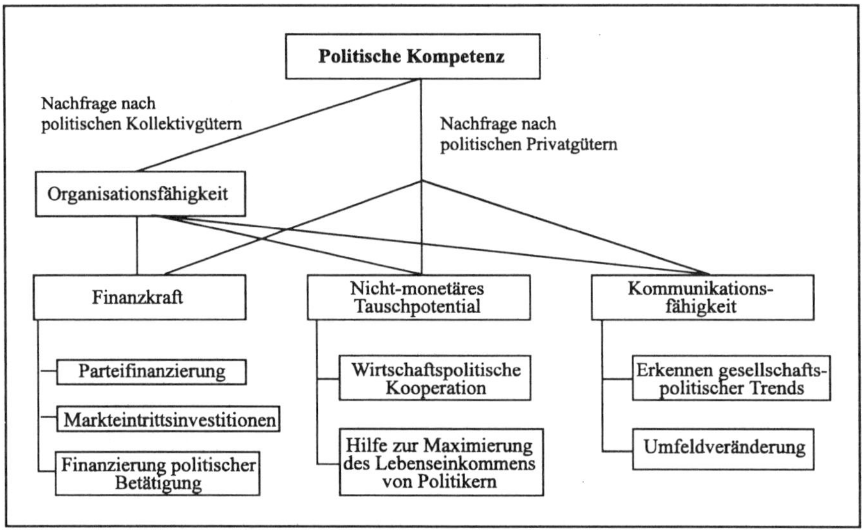

Abb. 6: Dimensionen politischer Kompetenz

Die Organisationsfähigkeit zählt jedoch für Kollektive, wenn sie analog zu Unternehmen behandelt werden, ebenfalls zu deren produktiven Ressourcen. Sie ist näher zu bezeichnen als Fähigkeit, Freifahrerverhalten zu begrenzen und Mitglieder dauerhaft zu binden bzw. neue hinzuzugewinnen. Während dort plausibel gemacht werden sollte, daß homogene Partikularinteressen bessere Durchsetzungschancen im politischen Prozeß haben als die Interessen zahlenmäßig großer, heterogener Kollektive, lassen die nun genannten Kriterien eine Differenzierung zwischen verschiedenen, ansonsten gleich gut organisierten Gruppen zu. Abbildung 6 faßt die Dimensionen politischer Kompetenz noch einmal zusammen.

Im Vordergrund des Interesses steht allerdings zunächst die einzelne Unternehmung und das Konkretisieren derjenigen Faktoren, die dessen politische Wettbewerbsfähigkeit bzw. Eintrittsfähigkeit begründen.

1. Finanzkraft

Daß Unternehmen finanzielle Mittel benötigen, um am politischen Entscheidungsprozeß zu partizipieren, scheint banal. Alle diskutierten Modelle, die die Aktivität von Interessengruppen zum Gegenstand haben, berücksichtigen in irgendeiner Form direkte Zahlungen von Unternehmen respektive Interessengruppen an die politischen Entscheider. Im Modell von Magee u.a. sind Wahlkampfhilfen das ausschließliche Instrument der Einflußnahme. Das gleiche gilt, wenn Einfluß via Bestechung geltend gemacht wird - ein Ansatz, der allerdings in dieser Arbeit keine Berücksichtigung gefunden hat.

Neben direkten Transfers erfordert der Eintritt in den politischen Markt die Durchführung von Maßnahmen investiven Charakters. Hierzu zählt der Beitrag eines Unternehmens zum Haushalt einer Interessengruppe, der Aufbau von Schnittstellen zum politischen Sektor einer Ökonomie, etwa durch die Errichtung von Firmenniederlassungen am Regierungssitz und das Rekrutieren qualifizierten Personals, das in der Lage ist, Kontakte zu Politikern bzw. zur Ministerialbürokratie zu pflegen. Die Zeitspanne, innerhalb der eine Amortisation dieser Investitionen erwartet werden kann, ist lang. Analog zu komplexen Produktionsverfahren wird die Output/Input Relation bei Aufnahme politischer Aktivität sehr klein sein, da der Aufbau funktionierender Transaktionskanäle zum politischen Sektor nur allmählich erfolgen kann. Lerneffekte mögen diese Relation im Laufe der Zeit ansteigen lassen.

Die Relevanz von Lernkurveneffekten weist bereits auf die Möglichkeit hin, daß auch politische Märkte ihrerseits von Markteintrittsschranken gekennzeichnet sein können. Auch sunk costs sind bei der Analyse politischer Märkte vermutlich von hoher Relevanz[10]. Die genannten eintrittsnotwendigen Investitionen sind in hohem Maße marktspezifisch und damit für das Unternehmen bei Marktaustritt (aus dem politischen Markt) unwiederbringlich verloren[11]. Sie können somit Asymmetrien zwischen etablierten Nachfragern und Newcomern begründen, da Incumbents eine Verpflichtung eingehen, den Markt selbst bei einem steigenden Grad an Rentendissipation nicht zu verlassen und auf diese Weise die erwartete Rendite von Markteintritten senken. Weist die politische Produktionsfunktion zunehmende Skalenerträge (eingeschlossen sei hier der Abbau von Fixkosten) auf, so ist die Aufnahme von rent seeking-Aktivitäten in nur bescheidener Größenordnung wenig attraktiv. Markteintritte können folglich mit beträchtlichen Finanzierungserfordernissen einhergehen.

Somit können hinsichtlich der politischen Wettbewerbsfähigkeit Größenvorteile vermutet werden. Die lange Amortisationszeitspanne und die durchaus unsicheren Erfolgsaussichten von Investitionen in den politischen Sektor einer Ökonomie erschweren zudem ohne Zweifel deren Fremdfinanzierung. Dennoch sollten die Finanzierungserfordernisse von Markteintritten nicht überzeichnet werden, da das gesamte Ressourcenvolumen, das in den rent seeking-Prozeß einzubringen ist, verglichen mit dem realisierten Umverteilungsvolumen eher gering sein dürfte und zudem die Substitution von sehr kostenintensiven Verfahren des lobbying durch Alternativen, die die finanziellen Ressourcen schonen, möglich erscheint[12]. Solche Optionen werden im folgenden diskutiert.

2. Nicht-monetäres Tauschpotential

Eine Begrenzung der Gegenleistungen für staatliche Privilegien auf monetäre Transfers ist zu restriktiv. Insbesondere in Staaten, in denen die Möglichkeiten zur privaten Parteienfinanzierung begrenzt und die Verfolgung persönlicher Korruption strikt ist, sind Unternehmen darauf angewiesen, Politikern und Bürokraten andersartige Offerten zu unterbreiten. Angeknüpft werden kann an die in Abschnitt E.IV.1 bzw. E.VI genannten Ziele der politischen Anbieter.

---

[10] Hillman/Riley konstatieren, daß „... a central feature of political contests is, that all entrants incur sunk costs.“, Hillman, A.L.; Riley, J.G., 1989, S. 19.

[11] Dies schließt nicht aus, daß die erworbenen Kapitalgüter für die Einflußnahme auf das politische Umfeld anderer *ökonomischer* Märkte genutzt werden kann.

[12] Tullock konstatiert: „ ... the total amount spent in lobbying, etc. in Washington, does not seem to be even close to the economic value of the favors dispensed by the government.“, Tullock, G., 1988.

Hilfe zur Maximierung des Lebenseinkommens können Unternehmen leisten, wenn sie ihren Tauschpartnern die Möglichkeit einräumen, nach dem Ende der politischen Laufbahn auf eine lukrative Position innerhalb des Unternehmens überzuwechseln. Es mag überzogen sein, den Wechsel von Politikern in lukrative Positionen des ökonomischen Sektors als „Belohnung" für zurückliegendes politisches Wohlverhalten zu interpretieren. Ohne Zweifel werden jedoch Amtsinhaber die Auswirkungen ihrer Entscheidungen auf mögliche künftige Arbeitnehmer nicht gänzlich ignorieren.

Politiker, die an die Wiederwahlrestriktion gebunden sind, können trotz der durchweg postulierten Manipulierbarkeit der Wählermeinung nicht darauf verzichten, politische Erfolge zu realisieren. Hierbei sind sie in vielen Fällen auf die Kooperation von Unternehmen angewiesen. Sollen auf den Feldern Strategischer Handels- und Industriepolitik Erfolge, etwa in Form von Exportüberschüssen oder steigenden Weltmarktanteilen, erzielt werden, so müssen für diese Politik Kooperationspartner gefunden werden, die die notwendigen Informationen liefern, die über das unabdingbare technologische know-how verfügen und die schließlich bereit sind, die gewünschten Vorstöße auf dem Weltmarkt tatsächlich vorzunehmen. Gerade die Theorie der Strategischen Handelspolitik legt die Möglichkeit derartiger Arrangements zum beiderseitigen Nutzen nahe, wobei offenbleiben kann, ob Unternehmen Protektion fordern und im Gegenzug Exporterfolge anbieten, oder ob die Initiative von Politikern ausgeht, die die internationale Wettbewerbsfähigkeit heimischer Industrien erhöhen wollen und zu diesem Zweck bereit sind, wenigstens vorübergehend Schutz vor in- und ausländischer Konkurrenz zu gewähren.

Die Zugehörigkeit zu sogenannten „technologischen Schlüsselindustrien" verbessert folglich die Bargaining-Möglichkeiten von Unternehmen gegenüber Politikern. Für Behörden lassen sich analoge Argumente geltend machen.

Unternehmen, die als Arbeitgeber große Bedeutung haben und die insbesondere auf regionalen oder lokalen Arbeitsmärkten über eine herausgehobene Stellung verfügen, können wirksam politischen Druck ausüben, indem sie Entlassungen oder Standortwechsel ankündigen oder in Aussicht stellen, auf bereits geplante Maßnahmen zu verzichten, wenn ihnen im Gegenzug Vergünstigungen gewährt werden. So läßt sich nicht zuletzt der Schutz von „declining industries" politisch rationalisieren. Drohende Schließung von Unternehmensstandorten ist jedoch nicht nur ein Problem „alter" Industrien. Rationalisierung und Umstrukturierung stellen Standorte auch in sogenannten high-technology-Branchen, wie der Luft- und Raumfahrtindustrie in Frage. Der Wunsch von Politikern, Erfolge in Form von Arbeitsplatzsicherung vorweisen zu können, verschafft auch einzelnen Unternehmen Zugang zum politischen Markt. Belege waren etwa die Spitzengespräche zwischen Konzernleitung des Luftfahrtunternehmens Dasa und Vertretern der Bundesregierung und verschiedener Landesregierungen, in denen versucht wurde, die Sanierungspläne des Unternehmens, die Stellenabbau und Werkschließungen vorsehen, mit politischen Zielen vereinbar zu machen.

3. Kommunikationsfähigkeit

Ein Unternehmen gewinnt nicht allein dadurch Einfluß auf sein politisches Umfeld, daß es Tauschgeschäfte mit Politikern oder Behörden in der zuvor beschriebenen Art und Weise betreibt. Das institutionelle Umfeld, in welches Unternehmen eingebettet sind, besteht nicht nur aus Regulierungsbehörden und Administrationen, sondern stellt sich auch als komplexes Beziehungsgeflecht zu Mitarbeitern, Abnehmern und Lieferanten, Anteilseignern sowie zu den unterschiedlichsten gesellschaftlichen Gruppen dar. Dieser Ansatz entspricht dem von Freeman entwickelten „stakeholder concept" der strategischen Unternehmensführung[13]. Die Interdependenz der Ziele der stakeholder mit denen des Unternehmens macht die Kommunikation mit den gesellschaftlichen Gruppen zu einer Schlüsselaufgabe des strategischen Managements. Aufgabe des lobbying, interpretiert in einem weiteren Sinne als es in dieser Arbeit bisher der Fall war, ist die Gestaltung dieser Beziehungen in einer Art und Weise, die den langfristigen Unternehmenszielen bestmöglich entsprechen.

Farnel konkretisiert die Managementaufgaben dahingehend, daß es gelte, die Erwartungen der unterschiedlichsten Gruppen zu identifizieren und mögliche Konflikte, aber auch Harmonien mit den Unternehmenszielen so früh wie möglich zu erkennen[14]. Die Rolle der Unternehmen ist jedoch nicht die eines weitgehend passiven Rezipienten der an sie herangetragenen Forderungen, sondern auch die eines „Umfeldveränderers"[15]. Dies gilt in zweierlei Hinsicht: Unternehmensentscheidungen beeinflussen das soziale Umfeld materiell, etwa durch neue Formen der Arbeitsorganisation oder Produktinnovationen. Daneben können sie die Erwartungen, die ihr gesellschaftliches Umfeld an sie stellt, aktiv

---

[13] Freeman definiert die stakeholder eines Unternehmens als „Any group or individual who can affect or is affected by the achievement of the firm's objectives.", Freeman, R.E., 1984, S. 25.

[14] Farnel, F., 1994, S. 32.

[15] Ebd., S. 33.

beeinflussen. Während lobbying in dieser Arbeit bis zu diesem Punkt eher als „government relations“ bzw. „government affairs“ begriffen wurde, also als die Kommunikation mit politischen Entscheidungsträgern, regt Farnel an, den Begriff des lobbying zu erweitern. Er umfaßt dann das gesamte Feld der „public affairs“ und „public relations“, worunter auch der Kontakt zu Medien oder die Auseinandersetzung mit gesellschaftlichen Gruppen, die großen Einfluß auf die öffentliche Meinung ausüben, zu subsumieren wäre[16].

Eine Begrenzung der Lobbyaktivität auf den Bereich der Politik im engeren Sinne, also auf Regierung, Parlamentarier oder die Ministerialbürokratie, kann u.U. das Erreichen der Unternehmensziele nachhaltig gefährden, wenn etwa die Wirkung bestimmter Handlungen auf die öffentliche Meinung oder die Verarbeitung von Informationen durch Medien vernachlässigt wird. Ein negatives Feedback in der Öffentlichkeit läßt zugleich die politischen Kosten steigen, die Politikern entstehen, wenn sie die Unternehmenspolitik unterstützen. Im ungünstigsten Falle gehen die Unternehmen der zuvor eingeworbenen Unterstützung wieder verlustig.

Besonders augenfällig wird dies im Bereich von Umweltschäden, die Folge von Unternehmenshandlungen sind. Ungeachtet vorliegender Genehmigungen und bereits signalisierter politischer Rückendeckung können Projekte aufgrund ihrer ökologischen Probleme in der Öffentlichkeit Widerstand hervorrufen, wenn es gesellschaftlichen Gruppen - mit Hilfe der Medien - gelingt, diese Probleme im Bewußtsein der Bevölkerung wenigstens vorübergehend zu verankern[17]. Für Politiker wird es schließlich attraktiv, sich dem Meinungsklima entsprechend zu positionieren und gegebenenfalls den zuvor eingenommenen Standpunkt zu verlassen. An das Unternehmen werden in der Folge Forderungen herangetragen, die den ursprünglich formulierten Zielen entgegenstehen.

Eine weniger eingeengte Kommunikationstrategie, so die Vermutung, kann drohende Zielkonflikte vermeiden oder doch wenigstens entschärfen, sei es, indem die Meinungsbildung im Sinne der Unternehmensziele beeinflußt wird,

---

[16] Ebd., S. 27.

[17] Als Beleg kann der Versuch von Shell gelten, die Bohrplattform „Brent Spar“ in der Nordsee zu versenken, der, trotz vorliegender Genehmigung, an massivem politischen Druck, am Boykott des Tankstellennetzes und schließlich am drohenden Imageverlust gescheitert ist. Unterschätzt wurde hier die Fähigkeit der Umweltschutzorganisation Greenpeace, die öffentliche Meinung zu beeinflussen, der Shell letztlich nichts entgegensetzen konnte.

sei es, indem Unternehmensziele den Erwartungen des sozialen Umfeldes, etwa hinsichtlich der wahrzunehmenden ökologischen Verantwortung, angepaßt werden.

Für die Eintrittsfähigkeit von Unternehmen in politisierte Märkte lassen sich folgende Schlußfolgerungen ziehen: Markteintrittslobbying kann sich nicht auf Regulierungsbürokratie und Politik konzentrieren. Die Forderung nach der Erlaubnis zum Markteintritt muß durch Schaffung eines günstigen Meinungsklimas in der Öffentlichkeit oder bei einflußreichen gesellschaftlichen Gruppen flankiert werden. Element einer solchen Strategie kann es sein, das Unternehmen durch gezielte Imagekampagnen als soliden und leistungsfähigen Anbieter darzustellen und zugleich auf mögliche Leistungschwächen etablierter Anbieter (im Rahmen des gesetzlich Erlaubten) hinzuweisen. Dieses Vorgehen erhöht im Erfolgsfalle die politischen Kosten der Eintrittsverweigerung und damit die Chance, die bestehenden institutionellen Markteintrittsbarrieren zu überwinden. Diese Argumentation gilt im spiegelbildlichen Sinne auch für Unternehmen die institutionelle entry deterrence betreiben. Für diese gilt es, sich als „guten" Monopolisten darzustellen, dem es stets gelungen ist, die Nachfrager mit guter Qualität zu akzeptablen Preisen zu versorgen und auf diese Weise die Notwendigkeit einer Eintrittsliberalisierung in Frage zu stellen.

4. Politische Kompetenz als Schlüsselressource auf politisierten Märkten

Mit dem Begriff der politischen Kompetenz soll die Fähigkeit bezeichnet werden, die Faktoren Finanzkraft, nicht-monetäres Tauschpotential und Kommunikationsfähigkeit so zu kombinieren, daß Einfluß auf den politischen Willensbildungsprozeß genommen werden kann. In einem erweiterten Sinne versetzt politische Kompetenz Unternehmen in die Lage, am gesellschaftlichen Diskurs teilzunehmen oder das Meinungsklima so zu beeinflussen, daß die Unternehmensziele zumindest bei der Mehrheit der Bevölkerung nicht auf Ablehnung stoßen, oder besser noch Anerkennung finden. Dies verweist auf den Bereich des Marketing, der als „corporate communications" bezeichnet wird, also auf die Gesamtheit der Kommunikationsstrategien mit dem Ziel, im politischen und gesellschaftlichen Sektor der Ökonomie ein für das Unternehmen, nicht nur für seine Produkte, positives Klima zu schaffen.

Für die Bestimmung der Markteintrittsfähigkeit von größerer Relevanz ist politische Kompetenz im engeren Sinne. Gemeint ist die Fähigkeit, Unternehmensziele oder - präziser - Forderungen des Unternehmens an gesetzgebende oder ausführende Organe auf die politische Agenda zu bringen, sie in Ausschüssen und Parlamenten mehrheitsfähig zu machen und eingeworbene Privilegien gegen konkurrierende Ansprüche zu immunisieren.

Politische Kompetenz ist eng verbunden mit dem Aufbau intangibler Kapitalgüter wie Goodwill, der dem Unternehmen von politischen Institutionen entgegengebracht wird. Denn der Austausch, der auf dem politischen Markt stattfindet, ist für beide Tauschpartner mit hoher Unsicherheit darüber verbunden, ob der jeweils andere seine Handlungsspielräume nicht in einer Art und Weise nutzt, die das Erreichen eigener Ziele gefährdet. Gewährt eine Regierung einem Unternehmen ein Monopolrecht, so geht sie das Risiko ein, daß der Monopolist seine marktbeherrschende Stellung durch das Setzen überhöhter Preise oder das Anbieten minderer Qualitäten mißbraucht. Dies bringt letztlich auch sie selbst in Mißkredit und läßt ihre politische Unterstützung durch die Bevölkerung schwinden.

Umgekehrt mag der Monopolist marktspezifische Investitionen tätigen, die einen raschen Marktaustritt erschweren und seine Verhandlungsposition gegenüber Regierung und Regulierungsbehörde schwächen, so daß diese versuchen können, einen Teil der Monopolrente abzuschöpfen.

Diese bilaterale Unsicherheit hinsichtlich der Bereitschaft der Gegenseite, getroffene Vereinbarungen einzuhalten und unvollständige Verträge nicht opportunistisch auszunutzen, läßt es wahrscheinlich erscheinen, daß auch auf politischen Märkten Reputation eine bedeutende Rolle spielt. Anbieter wie Nachfrager bevorzugen Tauschpartner, die sich in der Vergangenheit als verläßlich erwiesen haben. Aus diesem Grund können auch auf politischen Märkten für Anbieter ebenso wie für Nachfrager Markteintrittshemmnisse vermutet werden, die auf unvollständiger Information der Marktteilnehmer über die Eigenschaften von Newcomern beruhen.

Den Abschluß der Ausführungen zur Eintrittsfähigkeit von Unternehmen in den politischen Markt und somit auch in den politisierten ökonomischen Markt bilden einige Überlegungen zu den Eigenschaften, die die beschriebene Ressource „politische Kompetenz“ auszeichnen.

Politische Kompetenz bzw. der politische Goodwill, den eine Unternehmung genießt, gehört zu den immateriellen Vermögenswerten. Sie weist zudem in dem Sinne Kollektivguteigenschaften auf, daß sie auf unterschiedlichen ökonomischen Märkten, genauer den mit ihnen korrespondierenden politischen Märkten, zugleich genutzt werden kann, ohne daß Nutzungsrivalität entsteht.

Die Ressource politische Kompetenz kann ihr Leistungspotential in grundsätzlichen allen Tätigkeitsbereichen entfalten, in denen das Unternehmen aktiv ist. Ihre firmeninterne Mobilität ist eher hoch zu veranschlagen. Dies impliziert, daß Unternehmen, die in neue Betätigungsfelder diversifizieren, politische Kompetenz dort unmittelbar nutzen können, wenn der Zielmarkt vergleichbare politische Strukturmerkmale aufweist. Sie können ihre Kompetenz allerdings auch einsetzen, um den Markt in ihrem Sinne zu politisieren, also neue Interventionsmuster nachfragen.

Dies mag erklären, warum Unternehmen aus regulierten Sektoren ihr Betätigungsfeld häufig auf Bereiche ausdehnen, die ebenfalls durch eine hohe Interventionsdichte oder großen politischen Einfluß gekennzeichnet sind. Beispielhaft ist das Engagement der Energieversorgungsunternehmen im Entsorgungsbereich und in der Telekommunikation. Die Neigung ebenso wie die Fähigkeit der Energieversorger, in diese Märkte einzutreten, ist nach Ansicht des Verfassers in bedeutendem Maße darauf zurückzuführen, daß sie in erheblichem Umfang über politische Kompetenz verfügen, die in den genannten Zielmärkten als Schlüsselressource gelten muß.

Allgemeiner gilt, daß Unternehmen, die über einen längeren Zeitraum in regulierten bzw. politisierten Märkten agieren, politische Kompetenz durch den Umgang mit den politischen und bürokratischen Regulierungsinstitutionen erwerben bzw. erwerben müssen, um ihre Ziele zu erreichen, unabhängig davon, ob sie politische Interventionen selbst aktiv gefordert haben oder nicht. Dies verschafft ihnen einerseits Vorteile beim Verteidigen ihrer Privilegien gegenüber Newcomern. Politische Kompetenz bedeutet andererseits, Deregulierungstendenzen frühzeitig zu erkennen, neue Betätigungsfelder zu erschließen, falls diese unabwendbar erscheinen, und nicht zuletzt die Regeln, nach denen der Markt liberalisiert wird, mitzubestimmen, um auch nach dem Wegfall staatlichen Schutzes eine starke Marktposition zu konservieren.

Auch hier ist die Diversifizierungsstrategie der Versorgungsunternehmen beispielhaft: Die Liberalisierung der Energiemärkte steht in der Bundesrepublik zwar nicht unmittelbar bevor, wird aber durch die Initiativen der Europäischen Kommission und auch des Bundeskartellamtes wahrscheinlicher. Eine Fortschreibung der Gebietsmonopole in heutiger Form auf unbestimmte Zeit ist nicht zu erwarten. Die Versorger reagieren auf den drohenden Fortfall ihrer

Privilegien nicht ausschließlich mit dem Versuch, diese zu konservieren. Statt dessen nutzen sie ihre Finanzmittel, die überwiegend aus den monopolisierten Tätigkeitsbereichen stammen, zur Akquisition von Unternehmen in anderen Branchen.

Diversifizierungsstrategien versprechen Erfolg, wenn die Unternehmensressourcen in den neuen Tätigkeitsfeldern genutzt werden können. Für den Bereich der Telekommunikation gilt, daß die Energieversorgungsunternehmen bereits über eigene intern genutzte Kommunikationsnetze verfügen, die nach Wegfall des Netzmonopols für das Angebot von Dienstleistungen genutzt werden können. Sie verfügen zudem über die notwendige Finanzkraft um mögliche Versorgungsauflagen zu erfüllen. Gewinne aus dem Versorgungsgeschäft können darüber hinaus zum Verlustausgleich in (vorübergehend) defizitären Tätigkeitsfeldern verwendet werden.

Besonders relevant ist hier jedoch die politische Kompetenz, die den Unternehmen Vorteile im Wettbewerb um künftig zu erteilende Lizenzen verschafft. Politische Kompetenz ist Folge langjährigen Umgangs mit einer Regulierungsbürokratie und in nicht unerheblichem Umfang Folge der personellen und anteilsmäßigen Verflechtung, die zwischen Stromversorgern und Ländern und Kommunen besteht. Analoge Argumente lassen sich für andere Tätigkeitsbereiche, beispielhaft Entsorgung und Bauwirtschaft, geltend machen. Im Entsorgungsbereich besitzen Kommunen starken Einfluß auf die Entscheidung, wer in ihrem Gebiet als Lizenznehmer des DSD tätig wird. Dort, wo sie selbst entsorgungspflichtig sind, bestimmen sie direkt das Unternehmen, dem die Erfüllung kommunaler Aufgaben übertragen wird. Im Bausektor spielen öffentliche Aufträge gerade im Bereich von Großprojekten eine wichtige Rolle[18].

Als beispielhaft kann hier etwa die Diversifikationsstrategie der RWE AG gelten. Neben dem Kernengagement im Energiebereich, das 1994/95 noch ca. ein Drittel zum Umsatz und etwa die Hälfte zum Betriebsergebnis beitrug, ent-

[18] Der Erwerb der Philip Holzmann AG durch die zum RWE-Konzern gehörende Hochtief AG ist vom BKartA untersagt worden. Neben der Kapitalkraft des Erwerbers spielte bei dieser Entscheidung auch die Verflechtung der RWE mit den Gebietskörperschaften eine Rolle. Durch diese könnten Wettbewerbsvorteile für Bauunternehmen bei der Vergabe öffentlicher Aufträge begründen werden: „Auch wenn öffentliche Aufträge in der Regel im Wege der Ausschreibung vergeben werden, können die bestehenden Verflechtungen zu Wettbewerbsvorsprüngen für die beteiligten Unternehmen führen, indem sich ihre Chancen erhöhen, über entsprechende Vorhaben informiert und in den Kreis der Bieter einbezogen zu werden." BKartA, 1995, WuW/BKartA 2758.

wickelt die RWE umfangreiche Aktivitäten in den Bereichen Entsorgung, Bauwirtschaft und Telekommunikation.

Ob diese Engagements durchweg erfolgreich sein werden, ist schwerlich zu prognostizieren. Zwar verfügen die Versorgungsunternehmen über eine Reihe von Schlüsselressourcen, um z.B. im Markt für Telekommunikation erfolgreich tätig zu sein. Neben Kapitalkraft ist es vor allem politische Kompetenz, die dort auf absehbare Zeit essentiell sein wird. Zugleich gilt jedoch: Allein mit politischer Kompetenz kann ein Unternehmen im Kommunikationsmarkt nicht bestehen. Dem politischen Einfluß stehen nämlich starke Elemente privatwirtschaftlichen Wettbewerbs gegenüber. Hier mag es Unternehmen aus regulierten Bereichen an den nötigen „skills" mangeln. Auch kann sich der Einfluß der öffentlichen Hand auf die Unternehmenspolitik im Allgemeinen und die Personalpolitik im Besonderen bei der Erschließung neuer Geschäftsfelder als hinderlich erweisen. Diesen Problemen kann mit Bildung Strategischer Allianzen begegnet werden. So strebt etwa RWE eine Allianz mit AT&T an. Veba kooperiert mit Cable & Wireless. Eine mögliche Deutung dieser Allianzen besteht darin, daß der eine Partner politisches know-how und der andere die notwendige Wettbewerbserfahrung in die Verbindung einbringt.

Politische Kompetenz ist nicht selten in Personen verkörpert, ist insofern Bestandteil des Humankapitals. In diesem Sinne ist sie auch zwischen Unternehmen prinzipiell transferierbar. Ihr Erwerb kann Motiv nicht für die Bildung von Allianzen, sondern selbst für die Aquisition von Unternehmen sein. Ansonsten besteht der externe „Inputmarkt" für die „special skills" politischer Märkte aus ehemaligen Politikern und Behördenmitarbeitern. Sie bringen Kenntnisse der Funktionsweise ihrer Institutionen und nicht selten auch wertvolle persönliche Kontakte in das Unternehmen ein. Die Zusicherung lukrativer Positionen für Politiker „a.D.", die dem nicht-monetären Tauschpotential im politischen bargaining zugerechnet wurde, ist für Unternehmen möglicherweise in der Tat kein Netto-Kostenfaktor, sondern sichert zusätzliche Erträge.

III. Die Erosion institutioneller Markteintrittsschranken - Überlegungen zur Politischen Ökonomie der Deregulierung

Selbst wenn man der Vorstellung eines sich ständig im Gleichgewicht befindenden, ökonomische Effizienz generierenden politischen Marktes im Sinne Beckers skeptisch gegenübersteht, zwingt dies nicht zu der Annahme, politischer Wettbewerb sei prinzipiell nicht in der Lage, bestehende Ineffizienzen zu korrigieren und der Wirtschaftspolitk ein höheres Maß auch ökonomischer

Rationalität zu verschaffen. Die Politische Ökonomie der Deregulierung oder der Liberalisierung des Marktzugangs ist das Spiegelbild der Politischen Ökonomie der Protektion und Eintrittsbeschränkung: Liberalisierungsprozesse werden nicht dadurch begründet, daß sich bei Politikern oder Behörden Einsicht in die Ineffizienz des status quo durchgesetzt hat, sondern dadurch, daß sich das Verhältnis von politischen Kosten zu privatem Nutzen verändert hat. Auch kann sich die Kräfterelation konkurrierender Interessengruppen zu Ungunsten der Regulierungsbefürworter verschoben haben.

Die politischen Kosten der Regulierung steigen, wenn die ökonomischen Kosten für die Belasteten zunehmend fühlbar werden. Wenn die in der regulierten Branche produzierten Güter und Dienstleistungen Vorleistungscharakter haben, macht eine Erhöhung der Nachfrage nach den Produkten der nachgelagerten Industrien die Kosten eines qualitativ und quantitativ begrenzten Angebotes spürbar. Stehen die weiterverarbeitenden Industrien im internationalen Wettbewerb, so verlieren sie an Wettbewerbsfähigkeit, wenn ihre Konkurrenten Vorleistungen aus kompetitiven Industrien beziehen. Eine intensivere weltwirtschaftliche Verflechtung impliziert daher einen Wettbewerb der Regulierungssysteme. Diejenige Volkswirtschaft, die ein vergleichweise ineffizientes Interventionssystem aufweist, bürdet seinen im internationalen Wettbewerb stehenden Industrien zusätzliche Lasten auf.

Zu essentiellen Inputs, die in der Bundesrepublik nach wie vor in regulierten Branchen produziert werden, gehören Elektrizität und der überwiegende Teil der Kommunikationsdienstleistungen. Das Angebot an Kommunikationsdienstleistungen hat gerade angesichts einer zunehmenden Internationalisierung unternehmerischer Tätigkeit komplementären Charakter für die industrielle Produktion und den Dienstleistungssektor. Ein unzureichendes Angebot hätte hier beträchtliche Standortnachteile zur Folge.

Institutionelle Markteintrittsschranken zeichnen sich dadurch aus, daß ein großer Teil ihrer sozialen Kosten zeitverzögert in Form von nachlassender Anpassungs- und Innovationsfähigkeit des geschützen Sektors anfällt. Folglich steigen auch die politischen Kosten im Zeitablauf an. Die mangelnde Erfüllung der dynamischen Wettbewerbsfunktionen ist für Konsumenten nur schwer wahrnehmbar. Durch internationale Vergleiche, die bei zunehmender Mobilität immer mehr erleichtert werden, offenbaren sich Regulierungskosten jedoch schließlich auch den Endnachfragern.

Die ökonomischen Kosten der Regulierung hängen von der Preiselastizität der Nachfrage ab. Steigt diese, so steigen mit den Wohlfahrtseinbußen auch die Widerstände gegen die Begrenzung des Angebotes. Die Variation der Elastizitäten ist in der Argumentation Beckers das kausale Moment von Deregulierungsprozessen.

Die Betonung des Interessengruppenwettbewerbs bei Becker legt es nahe, auch die Wettbewerbsfähigkeit von pressure groups und deren Veränderung in Erweiterung der in Abschnitt E.V referierten Gleichgewichtsmodelle politischer Märkte als Erklärung für Regulierungs- und Deregulierungsprozesse heranzuziehen.

Unternehmen streben allein oder gemeinsam nach der Errichtung institutioneller Markteintrittsbarrieren, wenn die Verzinsung der im rent seeking-Prozeß eingesetzten Ressourcen der einer alternativen Verwendung mindestens gleichkommt: Eine Präferenz für institutionell orientiertes rent seeking ist dort zu vermuten, wo die Kosten einer privaten Beschränkung des Marktzugangs vergleichsweise hoch sind. Rent seeking-Entscheidungen basieren durchgängig auf Kosten-Nutzen Kalkülen (vgl. Abschnitt E.III).

Institutionelle Markteintrittsschranken erfordern Investitionen in den politischen Markt und sind für die Begünstigten kein „free lunch". Branchen, denen eine administrative Beschränkung des Marktzugangs glückt, können dennoch über einen bestimmten Zeitraum hinweg Gewinne erzielen, die über dem „competitive level" liegen.

Diese Gewinne lassen sich als Pionier- oder Vorsprungsgewinne deuten, die auf gelungenen Wettbewerbsvorstößen beruhen, wobei der relevante Wettbewerb der auf dem politischen Markt ist. Der Idee von Vorsprungsgewinnen im rent seeking-Prozeß liegt die Vorstellung zu Grunde, daß auch der politische Wettbewerb als dynamischer Prozeß von Innovation und Imitation interpretiert werden kann.

Wie gegenüber statischen Gleichgewichtsmodellen des Gütermarktes gilt auch gegenüber einer analogen Betrachtung des politischen Marktes der Einwand, daß sie die Realität des Marktprozesses nur eingeschränkt abzubilden vermögen. Auch auf dem politischen Markt kann die Tendenz zum Gleichgewicht immer wieder von Störungen überlagert werden. Diese können endogen erklärt werden durch die Aktivitäten von (potentiellen) Marktteilnehmern, die mit ihrer konkreten Position unzufrieden sind und die zugleich die Fähigkeit zu innovativen Wettbewerbsvorstößen besitzen. Die Errichtung von Markteintrittsbarrieren läßt sich in einer dynamischen rent seeking-society erklären mit dem Auftreten von Akteuren, die im Stile von innovativen Unternehmern neue und überlegene Techniken der politischen Einflußnahme verwenden oder denen es gelungen ist, gruppeninterne Freifahrerprobleme besser zu bewältigen als ihre Wettbewerber. Denkbar ist auch, daß sie vor anderen die Möglichkeit entdeckt haben, staatliche Institutionen aktiv für eigene Ziele zu instrumentalisieren.

Diese Gruppen erzielen „Pionierrenten" nur so lange, bis ihr Wettbewerbsvorsprung von den Konkurrenten wieder aufgeholt worden ist[19]. Denn die Existenz politisch sanktionierter Transfers setzt Anreize zur Imitation: Gruppen, die sich im politischen Wettbewerb durchgesetzt haben und in den Genuß von Renteneinkommen gelangt sind, müssen damit rechnen, daß neue Akteure in den politischen Markt eintreten oder etablierte Akteure ihr Strategie ändern, um an diesen Zusatzeinkommen teilzuhaben oder aber um die ihnen entstandene Belastung zu mindern.

Im Fall institutioneller Markteintrittsschranken wird der Liberalisierungsimpuls in erster Linie von Industrien nachgelagerter Produktionsstufen ausgehen. In außenhandelstheoretisch orientierten Modelle werden daneben häufig Konflikte zwischen Importsubstitutionssektoren und exportorientierten Sektoren problematisiert, etwa wenn ein hohes Protektionsniveau einzelner Branchen Retorsionsmaßnahmen des Auslands wahrscheinlich erscheinen läßt.

Daneben können auch potentielle Konkurrenten auf die allgemeine Liberalisierung des Marktzugangs drängen. Wahrscheinlich ist dies immer dann, wenn es sich bei ihnen um „already established firms" handelt, die durch die Existenz institutioneller Markteintrittsschranken an der räumlichen oder sachlichen Markterweiterung gehindert werden, und wenn die entgangenen Gewinne, die der versperrte Marktzugang verursacht, nicht aufgrund ihrer Abstraktheit zu gering geschätzt werden. Letzteres wird etwa dann der Fall sein, wenn, wie im Falle der Telekommunikation oder der Entsorgung, eine stark expandierende Nachfrage erwartet wird oder auf unregulierten räumlichen Vergleichsmärkten bereits zu beobachten ist.

---

[19] Der Begriff der „Pionierrente" soll nicht suggerieren, daß die ihr zugrundeliegende Leistung grundsätzlich positiv zu bewerten ist. Er bringt lediglich zum Ausdruck, daß es sich um leistungsbedingte, wenn auch nicht i.e.S. marktleistungsbedingte, Vorsprungsgewinne in einem wettbewerblichen Prozeß handelt.

Unternehmen haben die Wahl zwischem individuellen Eintrittslobbying oder kollektivem Deregulierungslobbying. Kollektives Handeln kann dabei in wenig formellem Rahmen in Form Strategischer Allianzen erfolgen, die im Erfolgsfalle erneut von Wettbewerb abgelöst werden. Auf ökonomischen Märkten wie auch auf politischen Märkten kann die Bildung einer Allianz dazu dienen, Ziele zu erreichen, die die Fähigkeiten von Einzelunternehmen übersteigen, also etwa Deregulierung gegen den Widerstand politisch kompetenter Opponenten durchzusetzen. Die Beziehungen zwischen potentiellen Konkurrenten können dabei drei idealtypische Stadien durchlaufen: In der ersten Phase bilden die Unternehmen eine Strategische Allianz mit dem Ziel, die restriktiven Marktzugangsbedingungen zu liberalisieren. Hat dieses Bemühen Erfolg, so wird die Marktöffnung zumeist schrittweise vollzogen. Bei fortbestehender Eintrittsregulierung wird der Markteintritt einzelner Anbieter zugelassen. Die Relation der Unternehmen wandelt sich zu einer Konkurrenzbeziehung auf dem politischen Markt, auf dem um erste, besonders attraktive Eintrittskonzessionen gestritten wird. Bei fortschreitender Liberalisierung verliert der Wettbewerb auf dem politischen Markt an Bedeutung und wird durch Wettbewerb auf dem eigentlichen ökonomischen Markt ersetzt.

Bleibt eine Erosion der politischen Renten aus, so kann dies analog zur industrieökonomischen Analyse ökonomischer Märkte zwei Ursachen haben: Die Persistenz der Renten kann Folge von nachfrageseitigen „barriers to entry" auf dem politischen Markt oder von überlegener Leistungsfähigkeit etablierter Anbieter sein. Indizien für die mögliche Existenz von Markteintrittsschranken sind die sunk cost-Charakteristika politischer Investitionen, die große Bedeutung von Lerneffekten (dynamischen Skalenerträgen) und Reputation sowie schließlich die strukturellen Unterschiede in der Organisationsfähigkeit von Interessengruppen. Ein Element strategischer Eintrittsverhinderung liegt darin, daß Interessengruppen, falls sie sich zunächst geringem politischen Widerstand gegenübersehen, versuchen können, die ihnen zugewiesenen Privilegien auf möglichst hoher gesetzlicher Ebene, bis hin zum Verfassungsrang, zu verankern, um sie auf diese Weise gegenüber Revisionsbestrebungen zu schützen.

Letztlich gilt auch jedoch auch hier, daß Aussagen über die Höhe von Markteintrittsschranken in Beziehung zu setzen sind zur Markteintrittsfähigkeit potentieller Konkurrenten. Die Überlegungen zur Eintrittsfähigkeit von Unternehmen, die in Abschnitt F.II angestellt wurden, können auf organisierte Interessen oder Strategische Allianzen sinngemäß Anwendung finden.

Institutionelle Markteintrittsbarrieren schließlich - nun ebenfalls bezogen auf den politischen Markt - können konstituiert werden durch gesetzliche Beschränkungen der Aktivität von Interessengruppen. Ob solche Eintrittsbeschränkungen wohlfahrtsmindernd oder -erhöhend wirken, wird im abschließenden Kapitel dieser Arbeit diskutiert.

IV. Politisierte Märkte in der Bundesrepublik Deutschland: Das Beispiel des Telekommunikationsmarktes

Die zuvor entwickelten Überlegungen lassen sich am Beispiel der Deregulierung des bundesdeutschen Marktes für Telekommunikation veranschaulichen.

Unter Telekommunikation versteht man „alle raumüberwindenden Möglichkeiten der Informationsübertragung zwischen zwei und mehr Beteiligten"[20]. Hierunter fällt die Textkommunikation durch Briefpost ebenso wie die Sprachkommunikation durch Telefon oder moderne Formen des Datentransfers.

Das Angebot an Telekommunikationsdienstleistungen ist in der Vergangenheit in den meisten Industrieländern per Gesetz monopolisiert gewesen. Zumeist fungierte als Alleinanbieter ein staatlich kontrolliertes Unternehmen. Regulierungsmotiv war zunächst die Vorstellung, die Telekommunikation erfülle die Voraussetzungen eines natürlichen Monopols. In der Tat dürften zumindest im Bereich der leitungsgebundenen Kommunikation signifikante Dichtevorteile vorliegen (Vgl. auch Kap. D.II.1). Zudem spielen hier wie auch in anderen Bereichen, etwa bei der Briefpost, Versorgungsargumente eine wichtige Rolle.

Eine leistungsfähige Telekommunikationsinfrastruktur ist für entwickelte Volkswirtschaften ein wichtiger Standortfaktor. Die internationale Wettbewerbsfähigkeit der Unternehmen wird durch Qualität und Preis der angebotenen Kommunikationsdienste signifikant beeinflußt.

Der Monopolist Deutsche Bundespost kann den damit an ihn gestellten Anforderungen in den 80er Jahren immer weniger gerecht werden[21]. Die Preise für die von ihr angebotenen Telefondienste sind höher als in anderen Industrieländern. Die im Telefondienst erwirtschafteten Überschüsse verwendet die Post intern zur Subvention der defizitären Briefpost und Postbank sowie zur Dek-

---

[20] Picot, A.; Röntgen, W. K., 1993, S. 2079.

[21] Zu den folgenden Passagen vgl. Jäger, B., 1994.

kung von Verlusten in anderen Bereichen der Kommunikation, so etwa bei der Breitbandverkabelung[22]. Die politische Reaktion auf die genannten Probleme bildet die „Postreform I“, die im Poststrukturgesetz von 1989 verankert ist.

Kern ist die Neustrukturierung der Post in die drei selbständig handelnden Gesellschaften DBP Telekom, DBP Postdienst und DBP Postbank. Im Rahmen dieser Reform verliert die DBP (dann DBP Telekom) gegen Ende der 80er Jahre zunächst ihr Endgerätemonopol. Im neu enstehenden Mobilfunkmarkt werden neben der Telekom auch private Wettbewerber zugelassen. Durch die Satellitenkommunikation büßt die Telekom zudem ihr Monopol bei der Übermittlung von Rundfunk- und Fernsehsignalen an private Haushalte ein. Sie behält aber ihr Netz- und Dienstmonopol im leitungsgebundenen Telefondienst.

1. Graduelle Liberalisierung, zunehmender Wettbewerb und Abwehrstrategie der Deutschen Telekom

In den folgenden Jahren zeigt sich zweierlei: Technischer Fortschritt, im besonderen im Bereich der drahtlosen Übertragungstechnik, läßt die traditionelle Gleichsetzung von Telekommunikation und natürlichem Monopol, also einem genuinen wettbewerblichen Ausnahmebereich, als immer weniger selbstverständlich erscheinen. Der Markteintritt neuer Wettbewerber wird etwa in den USA wiederholt beobachtet. Auch die Telekom gerät - zunächst in Randbereichen - unter verstärkten Wettbewerbsdruck durch ausländische Anbieter, etwa durch sogenannte „call back“ - Dienste, die internationale Verbindungen wesentlich günstiger anbieten als der deutsche Netzbetreiber selbst, und die in der Folge nicht unbedeutende Marktanteile erringen können.

Andererseits behält die Telekom ausreichend viele Monopolrechte und damit auch ergiebige Einnahmequellen, um Wettbewerber nachhaltig zu behindern. Jäger konstatiert dies für den Bereich der Datenkommunikation, in dem private Dienstleistungsanbieter auf die Inanspruchnahme der Netzinfrastruktur der Telekom angewiesen sind, die von dieser zu (im internationalen Vergleich) hohen Preisen angeboten wird, während eigene Angebote, wie der Datex-P-Dienst, durch Monopoleinnahmen aus den Telefondiensten subventioniert werden. Auch Mobilfunkanbieter bleiben in vielen Bereichen auf Netzdienstleistungen der Telekom angewiesen.

[22] Dies gilt auch nach der organisatorischen Trennung der Deutschen Bundespost in die Gesellschaften DBP Telekom, DBP Postdienst und DBP Postbank.

Dies nutzt die Telekom, um durch das Fordern hoher Preise und eine Politik der begrenzten Bereitstellung von Netzdiensten die flächendeckende Stabilität des privaten Mobilfunknetzes D-2 hinauszuzögern.

Hierdurch erhält das von der Telekom betriebene analoge C-Netz einen erheblichen Wettbewerbsvorteil und kann seine Teilnehmerzahl weiter steigern[23], obwohl die digitale Technologie der D-Netze bereits zu diesem Zeitpunkt als überlegen gilt. Die Telekom erzielt so beträchtliche Einnahmen, die ihr bei gänzlich freiem Marktzugang für private Anbieter mit hoher Wahrscheinlichkeit entgangen wären[24].

Es genügt also offensichtlich nicht, im Rahmen einer graduellen Reformstrategie institutionelle Markteintrittsschranken in Teilbereichen abzubauen, während sie in anderen Bereichen unangetatstet bleiben. Das Beispiel der Telekom zeigt, daß fortbestehende administrative Markteintrittsbarrieren genutzt werden können, um Markteintritte auch in solche Marktsegmente zu erschweren, in denen die Eintrittsbedingungen formal liberalisiert worden sind. Im einfachsten Falle geschieht dies durch Quersubventionierung derjenigen Sektoren, die durch Markteintritte besonders gefährdet sind. Deren Nachweis ist erfahrungsgemäß außerordentlich schwierig. Solange Newcomer zudem auf den Erwerb von Vorleistungen des „Alt-Monopolisten“ angewiesen sind, ergibt sich für diesen die Möglicheit, durch seine Preispolitik die Kosten der Wettbewerber zu erhöhen oder diese mit Gütern und Diensten minderer Qualität zu beliefern. Die Marktdurchdringung wird auf diese Weise erheblich verzögert und erschwert[25].

Für die Nutzung vorhandener Infrastruktur müssen offensichtlich eindeutige Regeln definiert werden, um eine Behinderung neu in den Markt eintretender Unternehmen zu verhindern. Eine ähnliche Problematik dürfte sich auch im Falle der Liberalisierung der leitungsgebundenen Energieversorgung ergeben.

---

[23] Die steigende Teilnehmerzahl schafft Netzwerkexternalitäten, da interne Verbindungen preisgünstiger angeboten werden als netzübergreifende. Auch dies schafft Markteintrittsschranken für private Wettbewerber.

[24] Diese Strategie lohnt sich für die Telekom, obwohl auch der Aufbau des eigenen D-1 Netzes behindert wird.

[25] Eine ähnliche Behinderungsstrategie verfolgte auch die British Telecom, die stets bemüht war, dem Konkurrenten Mercury die Anbindung an das eigene Netz zu erschweren, vgl. Nitsche, D., 1994.

Das Beispiel der Mobilfunknetze kann als Beleg für die These gelten, daß Deregulierungsprozesse nicht bruchlos verlaufen. Graduelle Liberalisierungsstrategien bergen die Gefahr, daß die etablierten Unternehmen die ihnen verbliebenen Schutzrechte nutzen, um Newcomer durch Quersubventionierung zu behindern oder benötigte Vorleistungen in unzureichender Menge und zu hohen Preisen bereitzustellen. In welchem Umfang die „alten" Monopolisten - hier die Telekom - über diese Möglichkeiten verfügen können, wird auf dem politischen Markt festgelegt. Dort wird über die Lizenzierung neuer Anbieter ebenso entschieden wie über die Reaktionsmöglichkeit des etablierten Unternehmens. Denn die Tarife, die die Telekom für Netzdienstleistungen verlangt, sind nach wie vor durch das Bundesministerium für Post und Telekommunikation (BMPT) genehmigungspflichtig. Prinzipiell hätte also eine Behinderung neuer Wettbewerber vermieden werden können. Dem steht allerdings das intransparente Kostenrechnungssystem der Telekom entgegen, das den Nachweis der Quersubventionierung oder der Forderung überhöhter Preise für Dienstleistungen mit Vorleistungscharakter nach wie vor erschwert.

2. Wettbewerb auf dem politischen Markt im Vorfeld umfassender Deregulierung

Nachdem die ersten beiden Postreformen das Monopol der Telekom bei der leitungsgebundenen Sprachübertragung nicht angetastet haben, wird die Liberalisierung auch dieses Bereiches im Rahmen der europaweiten Öffnung der Telekommunikationsmärkte auf den 1.1.1998 terminiert.

Im Vorfeld dieses Termins entbrennt eine intensive Diskussion um die institutionelle Ausgestaltung des danach deregulierten Marktes. Nach Ansicht des Verfassers läßt sich hier belegen, daß konkurrierende Gruppen und Unternehmen auf dem politischen Markt um möglichst günstige Ausgangspositionen auf dem Telekommunikationsmarkt im Wettbewerb stehen. Marktzugangsregelungen nehmen hierbei eine herausragende Stellung ein.

Die Telekom ist bemüht, ihre Monopolstellung bis zum Liberalisierungstermin in möglichst großem Umfang zu erhalten[26]. Dies schließt ein, die Zulassung sogenannter alternativer Netze auf einen möglichst späten Termin zu verschieben. Der Marktzugang neuer Netzanbieter soll an strenge qualitative Kriterien

---

[26] Vgl. die Ausführungen des Aufsichtsratsvorsitzenden der Telekom R.-D. Leister in: o.V., 1994.

gebunden sein. Daneben ist der Telekom daran gelegen, administrative Auflagen, die sie in ihrer Preis- oder Beteiligungspolitik selbst betreffen, zu vermeiden. Dies böte ihr die Möglichkeit, auf den neu entstehenden Wettbewerbsmärkten freier zu agieren. Zugleich kann sie jedoch auch die nach wie vor erzielten Gewinne aus den Monopolbereichen zur Behinderung neuer Wettbewerber nutzen.

Auch nach dem Verlust aller Monopolrechte behält die Telekom aller Voraussicht nach in vielen Bereichen eine starke, wenn nicht überragende, Marktstellung[27]. Aufgrund umfangreicher Irreversibilitäten gerade im Netzbereich kann ihr ein großes Potential zum Betreiben privater entry deterrence zugeschrieben werden[28]. Es liegt daher in ihrem Interesse, bei der Nutzung dieses Potentials keinen Restriktionen zu unterliegen. Folglich plädiert die Telekom für einen sehr zurückhaltenden Einsatz regulierender Instrumente, um zu vermeiden, daß die Regulierungsinstanz asymmetrisch agiert, also Newcomer bevorzugt und ihr selbst den Einsatz ihres Instrumentariums zur Eintrittsbehinderung verwehrt. Dieser Logik entspricht die Forderung, die Mißbrauchsaufsicht über marktbeherrschende Unternehmen nicht von einer speziellen Regulierungsbehörde vornehmen zu lassen, sondern sie dem Bundeskartellamt zu übertragen. Denn die Erfahrung zeigt, daß einem effektiven Einsatz der Mißbrauchsaufsicht nach § 22 GWB erhebliche Probleme entgegenstehen.

Dagegen drängen Nachfrager und potentielle Konkurrenten auf eine rasche Marktöffnung, zumindest aber auf die weitergehende Liberalisierung in Teilbereichen, wie bei der Lizenzierung alternativer Netze, den internen Unternehmensnetzen („corporate networks"), bei Mobilfunk und Satellitenkommunikation[29]. Geht diese Forderung von Nachfragern oder Unternehmensverbänden aus, so entspricht sie einem „lobbying for deregulation" im Sinne des Abschnittes F.III. Potentielle Konkurrenten können ebenfalls gezwungen sein, ihre

---

[27] Die British Telecom besitzt 10 Jahre nach dem Beginn der Liberalisierung des britischen Telekommunikationsmarktes bei den privaten Telefonanschlüssen immer noch einen Marktanteil von 90 v.H.

[28] Tetens/Voß vermuten Irreversibilitäten vor allem im Bereich der Ortsnetze. Bei Fernetzen verfügt die Telekom selbst schon heute über Mehrfachverbindungen, so daß bei wachsender Nachfrage keine Eintrittshemmnisse zu erwarten seien. Tetens, G.; Voß, A., 1995.

[29] Die SZ zitiert im März 1995 den AT&T Chairman Allen mit der Forderung, die großen europäischen Nachfrager nach Telekommunikationsdienstleistungen sollten ihre Marktmacht auch politisch zu nutzen, um die Liberalisierung voranzutreiben. o.V. 1995, S. 25.

Interessen gemeinsam zu vertreten, wenn es um die Ausgestaltung des Ordnungsrahmens für den deregulierten Telekommunikationsmarkt geht.

Bei Unsicherheit über die eigenen Chancen bei der Lizenzerteilung liegt es im gemeinsamen Interesse potentieller Wettbewerber, eine quantitative Lizenzierung zu vermeiden. Bei der qualitativen Lizenzierung sind dagegen Konflikte zwischen Newcomern denkbar: Ist an die Lizenzierung die Auflage gebunden, flächendeckende Universaldienste anzubieten, so wirkt dies für kleinere Unternehmen als Markteintrittsschranke. Finanzstarke Newcomer können prinzipiell derartige Auflagen aus diesem Grund befürworten, selbst wenn die eigenen Eintrittsinvestitionen dadurch steigen[30]. Es zeigt sich, daß das Verhältnis der potentiellen Konkurrenten untereinander sowohl kooperative als auch kompetitive Züge aufweist. Kooperation ist notwendig, um die Position des etablierten Monopolisten, der Telekom, zu schwächen. Wettbewerb besteht zugleich um möglichst günstige Ausgangspositionen im liberalisierten Markt.

Die potentiellen Konkurrenten sind zu diesem Zweck bemüht, zu einem möglichst frühen Zeitpunkt zumindest in Teilmärkten präsent zu sein. So beantragt die Vebacom GmbH bereits im Herbst 1994 eine Sonderlizenz zum Betreiben eines eigenen Telekommunikationsnetzes bereits vor dem endgültigen Fall des Netzmonopols. Begründet wurde dieser Antrag u.a. mit dem Hinweis darauf, daß nach dem 1.1.1998 nur der konkurrenzfähig agieren könne, der bereits über hinreichende Betriebserfahrung verfüge. Dieses „lobbying for entry" verschafft den Unternehmen im Erfolgsfall signifikante first-mover-advantages: Die ersten vergebenen Lizenzen sind besonders wertvoll, da die Wettbewerbsintensität noch vergleichsweise gering ist. Die Unternehmen erwerben „special skills" und können die Teilnehmerzahl des eigenen Netzes bis zum Markteintritt der Wettbewerber steigern. Alle diese Faktoren wirken somit für nachziehende Wettbewerber eintrittserschwerend, wenn auch zweifellos nicht eintrittsverhindernd.

Das Konfliktpotential, das aus gegenläufigen Interessen entsteht, erschwert die Kooperation der Telekommunikationsunternehmen in Form von Verbänden. Ein Verband müßte sowohl die Telekom als auch die heterogene Gruppe ihrer potentiellen und aktuellen Wettbewerber umfassen. Innerverbandliche Konflikte wären hier unausweichlich[31]. Viele der Unternehmen dürften allerdings auch

---

[30] Auf der Seite der politischen Anbieter befürwortet die SPD eine restriktive Lizenzierungspraxis in Form von Flächendeckungsauflagen. Vgl. Tetens, G.; Voß, A., 1995.

[31] Vgl. Kessler, M., 1995.

keine verbandliche Interessenvertretung benötigen, da sie oder ihre Muttergesellschaften durch Größe oder durch Regulierungserfahrung in der Lage sind, selbst politischen Einfluß auszuüben. Bei der gemeinsamen Interessenvertretung mag der traditionellen Verbandsbildung die Strategische Allianz vorgezogen werden, die zielorientiert und nicht auf Dauer angelegt ist.

Die Tatsache, daß zu den potentiellen Newcomern eine Reihe von Unternehmen zählt, die ihr ursprüngliches Tätigkeitsfeld in regulierten oder zumindest stark politisierten Sektoren haben, wie die RWE, VEBA, VIAG oder die Deutsche Bahn AG, belegt nach Ansicht des Verfassers den hohen Stellenwert der Ressource „Politische Kompetenz" für Eintritte in den Telekommunikationsmarkt. Die Erfahrung dieser Unternehmen mit Regulierungsbehörden, Genehmigungsverfahren und mit der öffentlichen Auftragsvergabe sowie personelle Verflechtungen mit dem politischen Sektor verschaffen ihnen nicht unerhebliche Wettbewerbsvorteile auf dem politisierten Kommunikationsmarkt.

Allerdings ist politische Kompetenz nur *eine* der Ressourcen, die Eintrittsversuche für die genannten Unternehmen erfolgversprechend erscheinen läßt. Von gleicher Bedeutung ist bei hohem erwarteten Eintrittsinvestitionsvolumen die Finanzkraft der Unternehmen. Wettbewerbsvorteile verschafft auch eine bereits vorhandene Netzinfrastruktur, über die die Energieversorger und auch die Deutsche Bahn AG bereits verfügen. Mannesmann (D-2), sowie Thyssen und Veba (E-Plus) verfügen dagegen über eigene Mobilfunknetze. Alle genannten Unternehmen sind zudem Strategische Allianzen untereinander oder mit ausländischen Gesellschaften eingegangen.

Diese Allianzen gefährden die Wettbewerbsposition der Telekom, der vergleichbare Beteiligungsstrategien in der Vergangenheit politisch verwehrt waren. Die laufende Privatisierung der Telekom erhöht ihren Spielraum erheblich. Sie reagierte, indem sie im Rahmen des Atlas-Projektes eine Verbindung zur France Telecom einging. Dieses Bündnis wurde von der Europäischen Kommission auf Betreiben der Bundesregierung genehmigt. Diese mußte sich im Gegenzug bereit erklären, die alternativen Netze gegebenenfalls bereits zum 1.6.1996 zu lizensieren. Die Telekom plant zudem zusammen mit der France Telecom und der US-Gesellschaft Sprint ein transatlantisches Bündnis.

3. Telekommunikation - Vom regulierten zum politisierten Markt

Die Betrachtung des Telekommunikationsmarktes liefert Belege für die in dieser Arbeit aufgestellten Thesen. Sie zeigt, daß institutionelle Monopole auf dem politischen Markt in Frage gestellt werden, wenn ihre Kosten steigen und fühlbar werden und zugleich ihr Nutzen für die politischen Anbieter schwindet. Diese Verschiebung der Kosten-/Nutzen-Relation ist im Falle der Telekommunikation auf mehrere Gründe zurückzuführen: Die Nachfrage nach Kommunikationsdienstleistungen steigt ständig. Das Angebot der ehemaligen Deutschen Bundespost wurde hier mehr und mehr als inferior empfunden. Ein Mangel an Kommunikationsdiensten gefährdet die Qualität des „Standortes Deutschland" im internationalen Wettbewerb, läßt also die politischen Kosten der Regulierung steigen. Zugleich gilt der Telekommunikationsmarkt als strategische Schlüsselindustrie mit hohem Wachstumspotential. Versperrter Marktzugang ist folglich auch für potentielle Konkurrenten nicht lediglich eine abstrakt bleibende entgangene Gewinnmöglichkeit, sondern eine fühlbare Restriktion unternehmerischen Handelns.

Auch mit industriepolitischen Ambitionen von Regierungen und Europäischer Kommision ist der Fortbestand der nationalen Fernmeldemonopole nicht zu vereinbaren. Technische Innovationen nehmen schließlich der traditionellen Regulierungsbegründung des Natürlichen Monopols mehr und mehr die Grundlage. In Gang kommt ein Liberalisierungsprozeß, der die gesamte EU umfaßt und als unumkehrbar angesehen werden muß.

Zugleich wird deutlich, daß die Bedingungen des Zugangs zum Markt für Telekommunikation nach wie vor politisch, d.h. auf dem politischen Markt, festgelegt werden. Es läßt sich beobachten, daß sowohl der „alte" Monopolist, die Deutsche Telekom, wie auch potentielle Konkurrenten und Nachfrager bemüht sind, den (irreversiblen) Deregulierungsprozeß in ihrem Sinne zu beeinflussen, also etwa zu verzögern oder zu beschleunigen. Beobachtet wird sowohl „lobbying for deregulation" wie auch „lobbying against deregulation".

Auch zeigt sich, daß nach erfolgter Deregulierung politischer Einfluß auf den Marktzugang erhalten bleibt. Dieser Einfluß ist Folge der Notwendigkeit, den designierten Marktbeherrscher Telekom einer Mißbrauchsaufsicht zu unterwerfen, von deren Effektivität und Entschlossenheit es abhängen wird, ob das marktbeherrschende Unternehmen Eintritt und Wachstum neuer Konkurrenten mit wettbewerbsfremden Praktiken behindern kann.

Die starke Politisierung des Kommunikationsmarktes, die durch die Aufhebung des bisherigen Postmonopols einstweilen nicht wesentlich abgeschwächt wird, macht politische Kompetenz dort weiterhin zu einer Schlüsselressource.

G. Zusammenschau und Ausblick: Politisierte Märkte, ökonomische Effizienz und politischer Wettbewerb

Die Vielzahl staatlicher Eingriffe in die Funktionsweise von Märkten macht eine präzise Unterscheidung zwischen regulierten und nicht-regulierten Sektoren der Volkswirtschaft schwierig, wenn nicht gar unmöglich. Die „klassische" Preis-/Mengenregulierung stellt lediglich einen polaren Fall staatlicher Eingriffsintensität dar. Liberalisierungstendenzen lassen die Bedeutung staatlicher Regulierung in vielen vormals eng reglementierten Sektoren, wie im Bereich der Telekommunikationsmärkte oder im Straßen- und Luftverkehr, vielleicht in absehbarer Zeit sogar bei der Energieversorgung, schwinden. Dennoch ist ein vollständiger Rückzug des Staates aus der Ökonomie kaum zu erwarten. Dies widerspricht, wie gezeigt, den Eigennutzkalkülen von Politkern und Bürokraten, die bestrebt sind, ihren Einfluß zu wahren. Es widerspricht allerdings auch dem Gebot ökonomischer Rationalität, weil in Märkten, in denen die Anbieterseite bisher als Monopol oder enges Oligopol strukturiert war, auch nach Eintrittsliberalisierung gravierende Asymmetrien zwischen etablierten Unternehmen und Newcomern fortbestehen. Märkte, in denen staatlicher Einfluß ein wichtiges Element darstellt, wurden als politisierte Märkte gekennzeichnet.

I. Ansätze zu einer Industrieökonomik politisierter Märkte

Eine Industrieökonomik politisierter Märkte muß berücksichtigen, daß Unternehmen dort über die Möglichkeit verfügen und sich der Notwendigkeit gegenübersehen, das Handeln staatlicher Institutionen in die eigenen Strategieplanungen einzubeziehen. Das gilt gerade auch für die Interaktion zwischen etablierten Unternehmen und potentiellen Konkurrenten.

Ausgangspunkt der Überlegungen war Bains Einsicht, daß die Wettbewerbsbedingungen eines Marktes und somit die Möglichkeiten zur Erzielung suprakompetitiver Profite wesentlich durch die Bedingungen des Marktzugangs, präziser durch die Höhe der einen Markt umgebenden „barriers to entry", bestimmt werden. Während Bain strukturelle Faktoren für die Existenz von Markteintrittsschranken verantwortlich machte, konzentrierte sich die Literatur der „strategic entry deterrence" der 70er und 80er Jahre auf die Möglichkeiten von Unternehmen, den Markteintritt von Newcomern gezielt zu erschweren. Auf diese Weise gelang es, die Markteintrittsbedingungen wenigstens teilweise zu endogenisieren.

Eintrittsverhinderung ist für die etablierten Unternehmen grundsätzlich mit Kosten verbunden. Ob sie stets Erfolg hat, ist zweifelhaft. Gegen Newcomer, die sich durch hohe Eintrittsfähigkeit auszeichnen, etwa Anbieter aus Drittländern, sind Strategien der privaten Eintrittsverhinderung vermutlich wirkungslos oder prohibitiv teuer. Die Abwehr wenig leistungsfähiger Newcomer ist zwar möglich, mag aber unattraktiv sein, wenn das oder die etablierten Unternehmen keine rasche Erosion ihrer Marktanteile befürchten. Statt dessen können sie eine Strategie der Eintrittsregulierung betreiben, die Newcomern den Eintritt erlaubt und lediglich versucht, Umfang und Geschwindigkeit der Marktdurchdringung zu kontrollieren.

Institutionelle Markteintrittsbarrieren sind in vielen Fällen effektiver als private entry deterrence. Sie schützen auch vor leistungsfähigen Newcomern und sind (auf den ersten Blick) wesentlich kostengünstiger. Es liegt nahe, daß an Eintrittsverhinderung interessierte Unternehmen diese Option bei der Wahl ihrer Strategie gegenüber potentiellen Konkurrenten berücksichtigen werden.

In der vorliegenden Arbeit wurde im Sinne der Neuen Politischen Ökonomie postuliert, daß institutionelle Markteintrittsschranken nicht auf der Basis strikter Wohlfahrtskalküle seitens der Politiker errichtet werden, sondern ihre Implementation und Höhe das Ergebnis von Koordinationsprozessen auf politischen Märkten sind. Motiv der Nachfrager ist staatlich sanktionierte Redistribution, während Anbieter - Politiker und Bürokraten - die operativen Ziele der Machtgewinnung und des Machterhalts verfolgen.

Auf der Basis von Kosten/Nutzen-Überlegungen wurde argumentiert, daß institutionelle Markteintrittsschranken bei der Wahl des Redistributionsinstrumentes andere - ökonomisch effizientere - Eingriffe gemessen am Kriterium politischer Rationalität dominieren.

Diese Dominanz beruht auf Seiten der Nachfrager auf der Exklusivität der durch sie geschaffenen Renten und auf Seiten der Anbieter auf ihrer subtilen Handhabbarkeit und der geringen Fühlbarkeit der durch sie verursachten sozialen Kosten. Zudem werden Politiker materielle Eintrittsregulierung formellen Zugangsbeschränkungen zumeist vorziehen.

Der Verfasser zieht den Schluß, daß das politisch rationale Maß staatlicher Eintrittsregulierung über dasjenige hinausgeht, welches wohlfahrtstheoretisch gerechtfertigt werden kann. Institutionelle Markteintrittsschranken sind endogen, insofern sie von Unternehmen auf politischen Märkten alternativ oder komplementär zu privaten barriers to entry nachgefragt werden. Dies ist bei der industrieökonomischen Analyse der disziplinierenden Wirkung potentieller Konkurrenz zu berücksichtigen. Eine Notwendigkeit für die getrennte Analyse staatlicher und privater Behinderungen des Marktzugang besteht nicht. Im Gegenteil sollten beide gleichermaßen als Element unternehmerischer Strategie betrachtet werden.

Der Zugang zu institutionell geschützten Märkten ist keineswegs grundsätzlich versperrt. Er erfordert allerdings den vorangehenden Eintritt in den politischen Markt. Die Analyse der Markteintrittsfähigkeit von Unternehmen muß folglich um eine politische Dimension erweitert werden. Als Schlüsselressource für den Eintritt in politisierte Märkte wurde politische Kompetenz identifiziert, verstanden als Fähigkeit, die Ressourcen Finanzkraft, nicht-monetäres Tauschpotential und Kommunikationsfähigkeit so zu kombinieren, daß der politische Entscheidungsprozeß und - allgemeiner - das gesellschaftliche Umfeld im Sinne der Unternehmensziele beeinflußt werden kann. Politische Kompetenz ist jedoch auch zu verstehen als Einsicht in das gesellschaftlich und sozial Machbare und Verantwortbare.

II. Politische Rationalität, ökonomische Effizienz und Wettbewerb der Interessengruppen

Die behandelten Modelle politischer Märkte liefern Ansatzpunkte für die Bestimmung des Einflusses, den Interessengruppen und Unternehmen auf politische Entscheidungen nehmen können. Sie erlauben allerdings auch Aussagen über die ökonomische Effizienz politischer Märkte. Diese sind unter den Einschränkungen zu interpretieren, die Modellen allgemeinen Gleichgewichts entgegengebracht werden müssen.

Bei den im Rahmen dieser Arbeit behandelten Modellen fällt die ökonomische Effizienzprognose dort positiv aus, wo der Wettbewerb der Interessengruppen bzw. der politischen Nachfrager den Wettbewerb der politischen Anbieter dominiert. Nachfragerwettbewerb, so die Vermutung, gewährleistet, daß Umverteilungsforderungen umso stärkerer Widerstand entgegengesetzt wird, je gravierender die Nachteile für die gesamte Ökonomie sind, die eintreten, wenn diesen nachgegeben wird. Dieser Widerstand geht direkt in die Nutzenfunktion, spezieller in die political support function, des monopolistischen Anbieters ein. Die dezidiert optimistische Position Beckers ist als Ausdruck des starken Vertrauens der Chicago School in die universelle Kraft von Wettbewerbsprozessen auch jenseits der Grenzen von ökonomischen Märkten im engeren Sinne zu interpretieren. Sie ist jedoch aus diesem Grund vielfach kritisiert worden.

Modelle der Parteienkonkurrenz betonen dagegen, daß miteinander im Wettbewerb um die Stimmenmehrheit stehende Anbieter angesichts unvollständiger Information der Wähler gezwungen sind, Partikularinteressen in wesentlich größerem Umfang nachzugeben. Dies folgt im Modellrahmen aus der Annahme, daß Parteien von ihnen nahestehenden Gruppen unterstützt werden, während opponierende Gruppen den politischen Gegner finanzieren. Politisch effizient sind daher Parteiprogramme, die denen der Wettbewerber diametral gegenüberstehen. Tatsächlich dürften jedoch auch Parteien Interessengegensätze innerhalb der sie unterstützenden Klientel berücksichtigen müssen.

Die Schlußfolgerung, die mit aller Vorsicht aus diesen Überlegungen gezogen werden kann, lautet, daß lange Legislaturperioden die Erreichung ökonomischer Effizienz begünstigen. Sie hält allerdings nur unter der einschränkenden Annahme, daß unterschiedliche ökonomische Interessen annähernd gleich gut zu organisieren sind. Neigt man wie Olson der These zu, daß hier beträchtliche Asymmetrien vermutet werden müssen, so kann nicht ausgeschlossen werden, daß Partikularinteressen sich im politischen Entscheidungsprozeß dauerhaft und auf Kosten ökonomisch effizienter Politik durchsetzen können.

Die Persistenz politisch zugewiesener Renten ist jedoch bei einem dynamischen Wettbewerbsverständnis nur dann plausibel, wenn diese Asymmetrien dauerhaft sind bzw. wenn der Zugang zum politischen Markt nicht frei ist. Denn grundsätzlich gilt, daß auch Deregulierungs- und Liberalisierungstendenzen durch die Aktivität von pressure groups angestoßen werden können. Faktoren, die ein „lobbying for deregulation" begünstigen, sind in Abschnitt F.III genannt. Langfristig führt dies dazu, daß durch zunehmende Wettbewerbsintensität die Renditen, die auf dem politischen Markt erzielt werden, wieder auf ein Normalmaß zurückgeführt werden. So wie die Politische Ökonomie die Industrieökonomik zu neuen Einsichten führen kann, sind umgekehrt auch deren Analysemethoden wiederum auf den politischen Markt anwendbar. Auch dort kann die Erosion von Renten dadurch verlangsamt werden, daß sich Newcomer Eintrittshemmnissen gegenübersehen, die die Zahl eintrittsfähiger Unternehmen und Allianzen begrenzen.

Die politische Ökonomie des Marktzugangs erlaubt die Prognose, daß Deregulierung als Folge geänderter Kräfteverhältnisse auf dem politischen Markt nicht mit Entstaatlichung oder Entpolitisierung gleichzusetzen ist. Auch in deregulierten Märkten wird staatlicher Einfluß langfristig fühlbar bleiben, so daß politische Kompetenz auch weiterhin als Schlüsselressource wettbewerbsfähiger Unternehmen gelten muß. Dies läßt sich am Beispiel der Deregulierung des Telekommunikationsmarktes in der Bundesrepublik belegen.

Theoretiker der rent seeking-society verweisen auf die umfangreichen Wohlfahrtsverluste, die drohen, wenn Unternehmen einen immer größeren Teil ihres Budgets in politische Aktivitäten lenken, statt ihrer genuinen Aufgabe, der Produktion von Gütern und Dienstleistungen nachzukommen. Dabei schwingt die Auffassung mit, daß politisches Engagement von Unternehmen und Verbänden zuallererst auf Umverteilung oder Beschränkungen des Wettbewerb abziele. Es liegt nahe, auf Basis dieser Argumente die vielfältigen Aktivitäten von Interessengruppen als soziale Verschwendung zu brandmarken, da letztlich nichts produziert wird, was der Gesellschaft nützt.

Dieses „social waste"-Argument ist mit dem Hinweis darauf kritisiert worden, daß es Werturteile enthalte, die nicht objektivierbar und zudem zweifelhaft seien. In der Tat ist wohl zu konzedieren, daß auch Interessengruppen Güter produzieren, die aus Sicht der Gesellschaft positiv zu bewerten sind. Interessengruppen sind nicht zuletzt auch eine unverzichtbare Schnittstelle zwischen politischem und ökonomischem Sektor einer Gesellschaft. Sie fungieren als Mediatoren zwischen einzelnen Wirtschaftseinheiten und den Institutionen der Legislative und Exekutive. Lobbys stellen Informationen über die Präferenzen der von ihnen repräsentierten gesellschaftlichen Gruppen bereit, die im Rahmen allgemeiner Wahlen nicht zu gewinnen sind und ohne die eine ökonomisch rationale Wirtschaftspolitik nicht möglich ist. Sie vermitteln umgekehrt ihren Mitgliedern Wissen über die politische und soziale Dimension ihres ökonomischen Handelns und über die Ansprüche, die an sie von den politischen bzw. gesellschaftlichen stakeholdern gestellt werden.

Eine administrative Begrenzung der Lobbyaktivität scheint daher nicht geboten. Wie auf ökonomischen Märkten stellt auch auf politischen Märkten Marktmacht das zentrale Problem dar und nicht die Ressourcen, die im Wettbewerb eingesetzt werden und deren Einsatz stets erst ex-post als Verschwendung gekennzeichnet werden kann.

Anzustreben ist somit ein politischer Markt, der frei von Markteintrittsbarrieren ist und auf dem sich folglich ein wirksamer Wettbewerb pluraler Interessen entfalten kann. Dieser Wettbewerb soll den Wähler als eigentlichen Souverän nicht entmachten, sondern sinnvoll ergänzen. Zu diesem Zweck ist der Interessengruppenwettbewerb so transparent wie möglich zu gestalten. Institutionalisierte Einflußkanäle, wie Verbändeanhörungen u.ä. sind informellen Verfahren der Einflußnahme vorzuziehen. Bestechung und Korruption sind keine sinnvollen Formen politischen Wettbewerbs, da ihnen die geforderte Transparenz fehlt. Politische Wettbewerbsfähigkeit beschränkt sich im Falle korrupter politischer Anbieter auf Zahlungsfähigkeit, was finanzstarken Gruppen unakzeptable Wettbewerbsvorteile verschaffen würde.

Politische Renten sind zwar nicht gegen Erosion geschützt; sie sind jedoch ebenso sicher nicht grundsätzlich angreifbar im Sinne der Theorie bestreitbarer Märkte. Es ist daher nicht auszuschließen, daß erfolgreiche rent seeker den Marktzugang beschränken, ohne Gefahr zu laufen, ihren Vorteil durch Wirksamwerden von Gegenmacht rasch wieder zu verlieren. Will man die Errichtung institutioneller Markteintrittsschranken verhindern, so sind deren politische Kosten auf konstitutioneller Ebene zu erhöhen. So könnte das Recht auf Markteintritt konstitutionell verankert werden. Einschränkungen müßten an qualifizierte parlamentarische Mehrheiten gebunden werden und zudem zeitlich befristet sein. Ein derartiges Vorgehen kann jedoch lediglich formelle Zugangsbeschränkungen erfassen, gegenüber materiellen Beschränkungen des Marktzugangs läuft es ins Leere.

Ambivalent ist schließlich der Vorschlag zu beurteilen, die Verbändekonkurrenz durch Verbändekooperation zu ersetzen oder wenigstens zu ergänzen. Einerseits mag dies dazu beitragen, rent seeking-Verluste zu begrenzen; andererseits entsteht die Gefahr, daß an die Stelle von Wettbewerbslösungen Kartellösungen auf der Basis des kleinsten gemeinsamen Nenners treten, die gegen Veränderungen weitgehend immunisiert sind.

Unternehmen agieren allein oder in Zusammenarbeit mit anderen auf ökonomischen wie auf politischen Märkten. Die umfassende Politisierung vieler Wirtschaftssektoren macht politische Kompetenz zu einer Schlüsselressource strategischen Managements. Diese Arbeit versucht, zu einem differenzierten Verständnis unternehmerischer Aktivitäten auf politischen Märkten beizutragen. Eine Trennung zwischen gesellschaftlich gewünschtem profit seeking auf ökonomischen Märkten und mit einem generellen Unwerturteil belegten rent seeking auf politischen Märkten ist aus Sicht des Verfassers nicht haltbar.

Die Botschaft der Neuen Politischen Ökonomie an die ökonomische Profession schließlich lautet, daß die Belehrung der politisch Handelnden über das wirtschaftspolitisch Rationale wenig Sinn macht. Statt dessen gilt es, die politischen Kosten ineffizienter Staatseingriffe zu erhöhen, indem ihre ökonomischen Kosten transparent gemacht werden. Die Verantwortung der Wissenschaft ist hier nicht zu unterschätzen. Das Beispiel der Theorie der „Strategischen Handelspolitik", die als ökonomische Rechtfertigung für Protektionismus interpretiert worden ist, zeigt, allerdings im umgekehrten, weniger rühmlichen Sinne, daß wissenschaftliche Ideen politische Kostenfunktionen signifikant beeinflussen können.

Literaturverzeichnis

Becker, G.S., 1983, A theory of competition among pressure groups for political influence, in: Quarterly Journal of Economics, Vol. 98, No. 3, S. 371-400.

Ben-Zion, U., *Eytan*, Z., 1974, On money, votes, and policy in a democratic society, in: Public Choice, Vol. 36(1), S. 3-10.

Bernholz, P.; *Breyer*, F., 1994, Grundlagen der Politischen Ökonomie, Bd. 2, Ökonomische Theorie der Politik, 3.A., Tübingen.

Bhagwati, J.N., 1971, The generalized theory of distortions and welfare, in: *Bhagwati*, J.N. (Hrsg.), 1971.

— 1982, Directly unproductive, profit seeking (DUP) activities, in: Journal of Political Economy, Vol. 90, S. 988-1002.

— (Hrsg.), 1971, Trade, balance of payments and growth, Amsterdam.

— (Hrsg.), 1982, Import competition and response, Chicago.

Bhagwati, J.N.; *Brecher*, R.A.; *Srinivasan*, T.N., 1984, DUP activities and economic theory, in: *Colander*, D.C. (Hrsg.), 1984, S. 93-115.

Bhagwati, J.N.; *Srinivasan*, T.N., 1980, Revenue seeking: A generalization of the theory of tariffs, in: Journal of Political Economy, Vol. 88, S. 1069-1087.

Bletschacher, G.; *Klodt*, H., 1992, Strategische Handels- und Industriepolitik, Tübingen.

Brainard, S.L.; *Vernier*, T., 1994, Lobbying and adjustment in declining industries, in: European Economic Review, Vol. 38, S. 586-595.

Brams, S.J.; *Schotter*, A.; *Schwödiauer*, G. (Hrsg.), 1979, Applied game theory, Würzburg-Wien.

Brander, J.A.; *Spencer*, B.J., 1981, Tariffs and the extraction of foreign monopoly rents under potential entry, in: Canadian Journal of Economics, Vol. 14, S. 371-389.

Brander, J.A.; *Spencer*, B.J., 1985, Export subsidies and international market share rivalry, in: Journal of International Economics, Vol. 18, S. 83-100.

Braulke, M., 1992, Quo vadis I.O.? Stand und Entwicklungsperspektiven der Industrieökonomik, in: IFO-Studien, Jg. 38, H.1-4, S. 255-269.

Buchanan, J.M., 1980, Rent seeking and profit seeking, in: *Buchanan*, J.M., u.a. (Hrsg.), 1980, S. 3-15.

Buchanan, J.M.; *Tollison*, R.D.; *Tullock*, G. (Hrsg), 1980, Toward a theory of the rent-seeking society, College Station.

Bulow, J.I.; *Geanakoplos*, J.D.; *Klemperer*, P.D., 1985, Multimarket oligopoly: Strategic substitutes and complements, in: Journal of Political Economy, Vol. 93, No. 3, S. 488-511.

— 1985, Holding idle capacity to deter entry, in: Economic Journal, Vol. 95, S. 178-182.

Bundeskartellamt, 1990, Marktbeherrschung in der Fusionskontrolle, Köln, FIW Dokumentation.

— 1995, Enstehung einer marktbeherrschenden Stellung auf dem Markt für Großprojekte der Bauwirtschaft; „Hochtief/Philip Holzmann", in: WuW/E BKartA 2729-2760.

Bunch, D.S.; *Smiley*, R., 1992, Who deters entry? Evidence on the use of strategic entry deterrents, in: Review of Economics and Statistics, Vol. 74, S. 509-521.

Caves, R.E.; *Porter*, M.E., 1977, From entry barriers to mobility barriers: Conjectural decisions and contrived deterrence to new competition, in: Quarterly Journal of Economics, Vol. 91, S. 241-261.

Chamberlin, E. H., 1933, The theory of monopolistic competition, Cambridge. (Mass.)

Chipman, J.S.; *Moore*, J.C., 1978, The new welfare economics 1939-1974, in: International Economic Review, Vol. 19, S. 547-584.

Clark, J.M., 1940, Toward a concept of workable competition, in: American Economic Review. Vol. 30, S. 241-256.

Colander, D.C. (Hrsg.), 1984, Neoclassical political economy, Cambridge (Mass.).

Crain, W.M.; *Tollison*, R.D.; (Hrsg.), 1990, Predicting politics - essays in empirical public choice, Ann Arbor.

Crew, M.A.; *Rowley*, C.K., 1988, Toward a public choice theory of monopoly regulation, in: Public Choice, Vol. 57, S. 49-67.

Demsetz, H., 1974, Two systems of belief about monopoly, in: *Demsetz*, H., 1989, S. 91-111.

— 1979, Accounting for advertising as a barrier to entry, in: Journal of Business, Vol. 52, No. 3, S. 345-360

— 1982, Barriers to entry, in: American Economic Review, Vol. 72, S. 47-57.

— 1989, Efficiency, competition and policy. The organization of economic activity, Vol. II, Oxford.

Denzau, A.T.; *Munger*, M.M., 1986, Legislators and interest groups: How unorganized interests get represented, in: American Political Science Review, Vol. 80, No. 1, S. 89 - 106.

Dixit, A., 1979, A model of duopoly suggesting a theory of entry barriers, in: Bell Journal of Economics, Vol. 10, S. 20-32.

Dixit, A., 1980, The role of investment in entry-deterrence, in: The Economic Journal, Vol. 90, S. 95-106.

Downs, A., 1957, An economic theory of democracy, New York.

Eaton, B.C.; *Lipsey*, R.G., 1979, The theory of market pre-emption: The persistence of excess capacity and monopoly in growing spatial markets, in: Economica, Vol. 46, S. 149-158.

— 1980, Exit barriers are entry barriers: the durability of capital as a barrier to entry, in: The Bell Journal of Economics, Vol. 11, S. 721-729.

— 1989, Product differentiation, in: *Schmalensee*, R.; *Willig*, R., (Hrsg.) 1989, S. 723-768.

Eaton, B.C.; *Ware*, R., 1987, A theory of market structure wih sequential entry, in: Rand Journal of Economics, Vol. 18, No. 1, S. 1-16.

Eickhof, N., 1986, Staatliche Regulierung zwischen Marktversagen und Gruppeninteressen, in: Jahrbuch für neue Politische Ökonomie, Bd. 5, S. 122-139.

Enelow, J.M.; *Hinich*, M.J., 1984, The spatial theory of voting, Cambridge (Mass.).

Farnel, F.J., 1994, Am richtigen Hebel - Strategie und Taktik des Lobbying, Landsberg/ Lech.

Farrell, J., 1986, Moral hazard as an entry barrier, in: Rand Journal of Economics, Vol. 17, No. 3, S. 440-449.

Farrell, J.; *Saloner*, G., 1986, Installed base and compatibility: Innovation, product preannouncement, and predation, in: American Economic Review. Vol. 76, S. 940-955

Findlay, R.; *Wellisz*, S., 1983, Some aspects of the political economy of trade restrictions, in: Kyklos, Vol. 36, S. 469-481.

— 1986, Tariffs, quotas and domestic content protection: some political economy considerations, in: Public Choice, Vol. 50, S. 221-242.

Finger, J.M.; *Hall*, H.K.; *Nelson*, D.R., 1982, The political economy of administered protection, in: American Economic Review, Vol. 72, No. 3, S. 452-466.

Freeman, R.E., 1984, Strategic management, Boston.

Frey, B.; *Pommerehne*, W.; *Schneider*, F.; *Gilbert*, G., 1984, Consensus and dissensus among economists, in: American Economic Review, Vol. 74, S. 986-994.

Friedman, J.W., 1979, On entry preventing behavior and limit price models of entry, in: *Brams*, S.J. u.a. (Hrsg.) 1979, S. 45-78.

Fritsch, M.; *Wein*, T.; *Evers*, H.-J., 1992, Marktversagen und Wirtschaftspolitik, München.

Fudenberg, D.; *Tirole*, J., 1983, Capital as a commitment: Strategic investment to deter mobility, in: Journal of Economic Theory, Vol. 31, S. 227-250.

— 1986, Dynamic models of oligopoly, Chur.

Geroski, P.; *Gilbert*, R.J.; *Jaquemin*, A., 1990, Barriers to entry and strategic competition, Chur.

Geroski, P.A., 1991, Maket dynamics and entry, Oxford.

Gilbert, R.J., 1989, The role of potential competition in industrial organization, in: Journal of Economic Perspectives, Vol. 3, No. 3, S. 107-123.

— 1989, Mobility barriers and the value of incumbency, in: *Schmalensee*, R.; *Willig*, R. (Hrsg.) 1989, S. 475-535.

Glazer, A., 1993, On the incentives to establish and play political rent-seeking games, Public Choice, Vol. 75, H.2, S. 139-148.

Grier, K.B.; *Munger*, M.C., 1991, Commitee assignments, constituent preferences, and campaign contributions, in: Economic Inquiry, Vol. 24, S. 24-43.

Gröner, H.; *Smeets*, H.-D., 1988, Regulierung der leitungsgebundenen Energiewirtschaft, in: *Krakowski*, M. (Hrsg.), 1988, S. 117-194.

Grossman, G.M.; *Helpman*, E., 1994, Protection for sale, in: American Economic Review, Vol.84, No.4, S. 833-850.

Grossman, G.M.; *Shapiro*, C., 1984, Informative advertising with differentiated products, in: Review of Economic Studies, Vol. 51, S. 63-82.

Guttman, J.M., 1991, Voluntary collective action, in: *Hillman*, A. (Hrsg.), 1991, S. 27-42.

Harrington, J. E. Jr., 1986, Limit pricing when the potential entrant is uncertain of its cost function, in: Econometrica, Vol. 54, S. 429-437.

Harris, C.; *Vickers*, J., 1985, Perfect equilibrium in a model of a race, in: Review of Economic Studies, Vol. 52, S. 193-209.

Hay, D.A.; *Morris*, D.J., 1991, industrial economics and organization - theory and evidence, Oxford.

Hayek, F.A.v., 1968, Der Wettbewerb als Entdeckungsverfahren, Kiel.

Herder-Dorneich, P., 1980, Konkurrenzdemokratie - Verhandlungsdemokratie, Stuttgart.

Herder-Dorneich, P.; *Groser*, M., 1977, Ökonomische Theorie des politischen Wettbewerbs, Göttingen.

Higgins, R.S.; *Shugart*, W.F.; *Tollison*, R.D., 1985, Free entry and efficient rent seeking, in: Public Choice, Vol. 46, S. 247-258.

Hillman, A.L., 1982, Declining industries and political-support motives, in: American Economic Review, Vol. 72, S. 1180-1187.

— (Hrsg.), 1991, Markets and politicians - Politicized economic choice, Boston.

Hillman, A.L., *Riley,* J.G., 1989, Politically contestable rents and transfers, in: Economics and Politics, Vol. 1, S. 17-39.

Hillman, A.L., *Samet*, D., 1987, Dissipation of contestable rents by a small number of contenders, in: Public Choice, Vol. 54, S. 63-82.

Hillman, A.L.; *Ursprung*, H.W., 1988, Domestic politics, foreign interests, and international trade policy, in: American Economic Review. Vol. 78, No. 4, S. 729-745.

Hirschman, A.O., 1970, Exit, voice, and loyalty, Cambridge (Mass).

Hotelling, H., 1929, Stability in competition, in: Economic Journal, Vol. 39, S. 41-57.

Jacobson, G.C., 1978, The effects of campaign spending in congressional elections, in: American Political Science Review, Vol. 72, S. 469-491.

— 1985, Money and votes reconsidered: Congressional elections, 1972-1982, in: Public Choice, Vol. 47 (1), S. 7-62.

Jäger, B., 1993, Gemeinwohl, Gruppen- und Eigeninteresse: Die gradualistische Ordnungspolitik in der deutschen Telekommunikation, (Diss.) Köln.

— 1994, „Postreform II" Ökonomische Analyse der Reformgründe und -eckpunkte, in: ZfW, Jg. 43, H.1, S. 15-46.

Kahn, A.E., 1970, The economics of regulation: Principles and institutions, New York.

Kalt, J.P.; *Zupan*, M., 1984, Capture and ideology in the economic theory of politics, in: American Economic Review, Vol. 74, S. 279-300.

Kantzenbach, E., 1967, Die Funktionsfähigkeit des Wettbewerbs, 2.A Göttingen.

Karakaya, F.; *Stahl*, M.J., 1991, Entry barriers and market entry decisions, New York.

Katz, M.L.; *Shapiro*, C., 1985, Network externalities, competition, and compatibility, in: American Economic Review, Vol. 75, S. 424-440.

Kessler, M., 1995, Fremde Strippen, in: Wirtschaftswoche, Nr. 8 v. 16.2.1995, S. 24-27.

Kierzkowski, H. (Hrsg.), 1984, Monopolistic competition and international trade, Oxford.

Kolbe, C., 1991, Eintrittsbarrieren und die Eintrittsfähigkeit potentieller Konkurrenten, Göttingen.

Krakowski, M., 1988, Theoretische Grundlagen der Regulierung, in: *Krakowski*, M. (Hrsg.) 1988, S. 19-116.

— (Hrsg.), 1988, Regulierung in der Bundesrepublik Deutschland, Hamburg.

Kreps, D.M.; *Wilson*, R., 1982, Reputation and imperfect information, in: Journal of Economic Theory, Vol. 27, S. 253-279.

Krueger, A.O., 1974, The political economy of the rent seeking society, in: American Economic Review, Vol. 64, S. 291-303.

Krugman, P., 1979, Increasing returns, monopolistic competition, and international trade, in: Journal of International Economics; Vol. 10, S. 469-479.

— 1984, Import protection as export promotion: international competition in the presence of oligopoly and economics of scale, in: *Kierzkowski*, H. (Hrsg.), 1984, S. 180-193.

Kruse, J., 1985, Ökonomie der Monopolregulierung, Göttingen.

Lancaster, K., 1966, A new approach to consumer theory, in: Journal of Political Economy, Vol. 74, S. 132-157.

Landes, W. M.; *Posner*, R. A., 1975, The independent judiciary in an interest-group perspective, in: Journal of Law and Economics, Vol. 18, S. 875-901.

Lehner, F., 1992, Interessenstrukturen und Wirtschaftspolitik: Leistungen und Defizite von Olsons Theorie, in: *Schubert*, K. (Hrsg.), 1992, S. 79-87.

Leininger, W., 1991, Patent competition, rent dissipation, and the persistence of monopoly: The role of research budgets, in: Journal of Economic Theory, Vol. 53, S. 146-172.

Leininger, W., *Yang*, C.-L., 1994, Dynamic rent-seeking games, in: Games and Economic Behavior, Vol. 7, S. 406-427.

Lindbeck, A., 1985, Redistribution theory and expansion of the public sector, in: Journal of Public Economics; Vol. 28, S. 309-328.

MacKay, R.J.; *Miller*, J.C. III; *Yandle*, B. (Hrsg.), 1987, Public Choice and regulation: A view from inside the federal trade commission, Stanford.

Magee, S.P.; *Brock*, W.A.; *Young*, L., 1989, Black hole tariffs and endogenous policy theory - Political economy in general equilibrium, Cambridge (Mass.).

Malbin, M.J., 1979, Campaign financing and the „special interests", in: Public Interest, Vol. 56, S. 21-42.

Maloney, M.T.; *McCormick*, R.E., 1982, A positive theory of environmental quality regulation, in: Journal of Law and Economics, Vol. 25, S. 98-123.

Mayer, W., 1984, Endogenous tariff formation, in: American Economic Review, Vol. 74, S. 970-985.

Mayer, W.; *Riezman*, R.G., 1987, Endogenous choice of trade policy instruments, in: Journal of International Economics, Vol. 23, S. 377-381.

McChesney, F.S., 1987, Rent extraction and rent creation in the economic theory of regulation, in: Journal of Legal Studies, Vol. 16, S. 101-118.

McCormick, R.E.; *Tollison*, R.D., 1978, Legislatures as unions, in: Journal of Political Economy, Vol. 86, No. 1, S. 63-78.

— 1981, Politicians, legislation, and the economy, Boston.

Merger Guidelines, 1984, zitiert nach: FIW-Dokumentation H.6, Köln, 1985.

Messerlin, P.A., 1981, The political economy of protectionism: The bureaucratic case, in: Weltwirtschaftliches Archiv, Bd. 117, S. 469-496.

Michaelis, P., 1994, Regulate us, please! On strategic lobbying in Cournot-Nash oligopoly, in: Journal of Institutional and Theoretical Economics, Vol. 150, H.4, S. 693-709.

— 1988, The design of rent-seeking competitions, in: Public Choice, Vol. 56, S. 17-29.

Milgrom, P.; *Roberts*, J., 1982a, Limit pricing and entry under incomplete information: An equilibrium analysis, in: Econometrica, Vol. 50, No. 2, S. 443-459.

— 1982b, Predation, reputation, and entry deterrence, in: Journal of Economic Theory, Vol. 27, S. 280-312.

— 1986, Price and advertising signals of product quality, in: Journal of Political Economy, Vol. 94, S. 796-821.

— 1987, Informational asymmetries, strategic behavior, and industrial organization, in: American Economic Review, Vol. 77, Nr. 2, S. 184-193.

Modigliani, F., 1958, New developments on the oligopoly front, in: Journal of Political Economy, Vol. 66, S. 215-232.

Moe, T.M., 1980, The organization of interests, Chicago

— 1981, Toward a broader view of interest groups, in: Journal of Politics, Vol. 43, S. 531-543.

Monopolkommission, 1984, Ökonomische Kriterien der Rechtsanwendung; V. Hauptgutachten 1982/83, Baden Baden.

— 1994, Mehr Wettbewerb auf allen Märkten; X. Hauptgutachten 1992/93, Baden Baden.

Mueller, D.C., 1976, Public Choice: A survey, in: Journal of Economic Literature, Vol. 14, S. 395-433.

Müller, J.; *Vogelsang*, I., 1979, Staatliche Regulierung, Baden Baden.

Munger, M.C., 1988, On the political participation of the firm in the electoral process: An update, in: Public Choice, Vol. 56 (3), S. 295-298.

Narver, J.C., 1970, Supply space and horizontality in firms and mergers, in: St. Johns Law Review, Vol. 44, S. 316-340.

Nelson, D., 1988, Endogenous tariff theory: a critical survey, in: American Political Science Review, Vol. 32/3, S. 796-837.

Neven, D.J., 1989, Strategic entry deterrence: recent developments in the economics of industry, in: Journal of Economic Surveys, Vol. 3, No. 3, 213-233.

Niskanen, W.A., 1971, Bureaucracy and representative government, Chicago.

— 1975, Bureaucrats and politicians, in: Journal of Law and Economics, Vol. 18, S. 617-643.

Noll, R., 1983, The political foundations of regulatory policy, in: Journal of Institutional and Theoretical Economics, Vol. 139, S. 377-404.

OECD, 1993, Hindernisse für Handel und Wettbewerb, Paris.

Olson, M., 1965, The logic of collective action, Cambridge (Mass), dt.: Die Logik kollektiven Handelns, Tübingen 1982.

— 1982, The rise and decline of nations, New Haven; dt.: Aufstieg und Niedergang von Nationen, Tübingen 1985.

Omori, T,; *Yarrow*, G., 1982, Product diversification, entry prevention and limit pricing, in: Bell Journal of Economics, Vol. 13, S. 242-248.

o.V., 1994, „Katastrophe für das Unternehmen und Deutschland", in: Süddeutsche Zeitung, Nr. 210 v. 12.9.1994, S. 20.

— 1995, „EU sollte schnelleren Gang einlegen", in: Süddeutsche Zeitung, Nr. 75. v. 30.3.1995, S. 25.

Panzar, J.C.; *Willig*, R.D., 1981, Economies of scope, in: American Economic Review, Vol. 71, No. 2, S. 268-272.

Peltzman, S., 1976, Toward a more general theory of regulation, in: Journal of Law and Economics, Vol. 19, S. 211-240.

Porter, R.H., 1980, Competitive strategy: Techniques for analyzing industries and competitors, New York.

Posner, R.A., 1974, Theories of economic regulation, in: The Bell Journal of Economics, Vol. 5, S. 335-358.

— 1975, The social cost of monopoly and regulation, in: Journal of Political Economy, Vol 83, S. 807-827.

Reszat, B., 1988, Regulierung der Banken, in: *Krakowski*, M., (Hrsg.), 1988, S. 347-422.

Rittaler, J.B., 1989, Industrial concentration and the Chicago School of antitrust analysis, Frankfurt a.M.

Rose-Ackerman, S., 1978, Corruption, New York.

Rowley, C.K., 1988, Rent-seeking versus directly unproductive profit-seeking activities, in: *Rowley*, C.K. u.a. (Hrsg.), 1988, S. 15-26.

Rowley, C.K.; *Tollison*, R.D.; *Tullock*, G., (Hrsg.), 1988, The political economy of rent-seeking, Boston.

Salop, S.C., 1979, Strategic entry deterrence, in: AEA Papers and Proceedings, S. 335-338.

Salop, S.C.; *Scheffman*, D.T., 1983, Raising rivals' costs, in: American Economic Review, Vol. 73, Bd. 1, S. 267-271.

Scherer, F.M.; *Ross*, D., 1990, Industrial market structure and economic performance, 3.A. Boston.

Schmalensee, R., 1974, Brand loyalty and barriers to entry, in: Southern Economic Journal, Vol. 40, S. 579-591.

— 1978, Entry deterrence in the ready-to-eat breakfast cereal industry, in: Bell Journal of Economics, Vol. 9, No. 2, S. 305-327.

— 1981, Economies of scale and barriers to entry, in: Journal of Political Economy, Vol. 89, No. 6, S. 1228-1232.

Schmalensee, R.; *Willig*, R. (Hrsg.), 1989, Handbook of industrial organization, 2 Vol., Amsterdam.

Schmidt, I., 1993, Wettbewerbspolitik und Kartellrecht, 3.A. Stuttgart.

Schneider, F., 1985, Der Einfluss von Interessengruppen auf die Wirtschaftspolitik, Bern.

Schubert, K. (Hrsg.), 1992, Leistungen und Grenzen politisch-ökonomischer Theorie: Eine kritische Bestandsaufnahme zu Mancur Olson, Darmstadt.

Schultze, J.-M., 1988, Marktzutrittsschranken in der Fusionskontrolle, Köln.

Schwemmle, M.; *Sattler*, H.-J., 1995, Steuerung durch Regulierung? Post- und Telekommunikationspolitik nach der Privatisierung der Deutschen Bundespost, in: WSI-Mitteilungen, H.3, S. 189-196.

Selten, R., 1978, The chain store paradox, in: Theory and Decision, Vol. 7, S. 127-159.

Shapiro, C., 1983, Premiums for high quality products as returns to reputations, in: Quarterly Journal of Economics, Vol. 98, S. 659-679.

Sharkey. W.W., 1982, The theory of natural monopoly, Cambridge (Mass.).

Sheperd, W.G., 1984, „Contestability“ vs. competition, in: American Economic Review, Vol. 74, S. 572-587.

Shughart, W.F.II, 1990, Antitrust policy and interest-group politics, New York.

Siebert, H., 1994, Außenwirtschaft, 6.A. Stuttgart.

Spence, M. A., 1977, Entry, capacity, investment and oligopolistic pricing, in: The Bell Journal of Economics, Vol. 8, S. 534-544.

— 1979, Investment strategy and growth in a new market, in: The Bell Journal of Economics, in: The Bell Journal of Economics, Vol. 10, S. 1-19.

— 1980, Notes on advertising, economies of scale and entry barriers, in: Quarterly Journal of Economics, Vol. 95, S. 493-507.

Stegemann, K., 1988, Wirtschaftspolitische Rivalität zwischen Industriestaaten: Neue Erkenntnisse durch Modelle strategischer Handelspolitik?, in: *Streit*, M. (Hrsg.), 1988, S. 3-26.

Stigler, G.J., 1968, The organization of industry, Homewood.

— 1971, The theory of economic regulation, in: The Bell Journal of Economics, Vol. 2, S. 3-21.

Streit, M. (Hrsg.), 1988, Wirtschaftspolitik zwischen ökonomischer und politischer Rationalität, Wiesbaden.

— 1988, Wohlfahrtsstaatlicher Interessenpluralismus und marktwirtschaftliche Ordnung - Eine Kritik verbändestaatlicher Ordnungsvorstellungen in: *Streit*, M.E. (Hrsg.), 1988, S. 253-274.

Sylos-Labini, P., 1957, Oligopolio e progresso tecnico, Mailand, engl.: Oligopoly and technical progress, 1962.

Tetens, G.; *Voß* A., 1995, Der neue Ordnungsrahmen für die Telekommunikation, in: Wirtschaftsdienst, 75 Jg., H.7, S. 443-450.

Thaler, R., 1980, Toward a positive theory of consumer choice, in: Journal of Economic Behavior and Organization, Vol. 1, S. 39-60.

Tirole, J., 1988, The theory of industrial organization, Cambridge (Mass.).

Tollison, R.D., 1990, Public Choice and legislation, in: *Crain*, W.M., u.a., 1990, S. 15-44.

Tullock, G., 1967, The welfare costs of tariffs, monopolies and theft, in: Western Economic Journal, Vol. 5, S. 224-232.

1971, The cost of transfers, in: Kyklos; Vol. 4, S. 629-643.

— 1980, Efficient rent seeking, *Buchanan*, J.M., u.a. (Hrsg.), 1980, S. 97-112.

— 1986, Industrial organization and rent seeking in dictatorships, in: Journal of Institutional and Theoretical Economics, Vol. 142, S. 4-15.

— 1988, Future directions for rent-seeking research, *Rowley*, C.K.; u.a. (Hrsg.), 1988, S. 465-480.

Ursprung, H., 1991, Economic policies and political competition, in: *Hillmann*, A. (Hrsg.), Markets and Politicians, S. 1-26.

Vernon, R., 1966, International investment and international trade in the product cycle, in: Quarterly Journal of Economics, Vol. 80, S. 190-207.

Viner, J., 1923, Dumping: A problem in international trade, London.

Weck-Hannemann, H., 1992, Politische Ökonomie des Protektionismus - Eine institutionelle und empirische Analyse, Frankfurt a.M.

Weitzman, M. L., 1983, Contestable Markets: an uprising in the theory of industry structure: comment, in: American Economic Review, Vol. 73, S. 486-487

Weizsäcker, C.C. v., 1980a, A welfare analysis of barriers to entry, in: The Bell Journal of Economics, Vol. 11, S. 399-420.

— 1980b, Barriers to entry - a theoretical treatment, Berlin.

— 1982, Staatliche Regulierung - positive und normative Theorie, in: Schweizerische Zeitschrift für Volkswirtschaft und Statistik, H.3, S. 325-343.

Welch, W.P., 1974, The economics of campaign funds, in: Public Choice, Vol. 20, S. 83-97.

Williamson, O.E., 1968, Wage rates as a barrier to entry, in: Quarterly Journal of Economics, Vol. 85, S. 85-116.

Williamson, O.E; *Wachter*, M.L.; *Harris*, J.E., 1975, Understanding the employment relation: The analysis of idiosyncratic exchange, in: The Bell Journal of Economics, Vol. 6, S. 250-278.

Sachwortverzeichnis